上海著名中学师生推荐书系

唤醒尘世间的上帝

莎士比亚作品选读

黄荣华　主编　司保峰　编注

中国出版集团

东方出版中心

图书在版编目（CIP）数据

唤醒尘世间的上帝：莎士比亚作品选读 / 黄荣华主编；司保峰编注. －上海：东方出版中心, 2019.11（2020.7重印）
ISBN 978-7-5473-1521-7

Ⅰ.①唤… Ⅱ.①黄… ②司… Ⅲ.①阅读课－中学－教学参考资料 Ⅳ.①G634.333

中国版本图书馆CIP数据核字（2019）第159248号

唤醒尘世间的上帝——莎士比亚作品选读

主　　编　黄荣华
编　　注　司保峰
责任编辑　李梦溪
封面设计　丫　头

出版发行　东方出版中心
地　　址　上海市仙霞路345号
邮政编码　200336
电　　话　021－62417400
印 刷 者　永清县晔盛亚胶印有限公司

开　　本　890mm×1240mm　1/32
印　　张　10
字　　数　268千字
版　　次　2019年11月第1版
印　　次　2020年7月第3次印刷
定　　价　28.00元

"上海著名中学师生推荐书系——影响我高中生活的一本好书"
编注委员会名单

主　编　黄荣华

编　委

复旦大学附属中学	黄荣华	王希明
	李　郦	司保峰
交通大学附属中学	顾　岗	沈文婕
华东师大第一附属中学	褚亿钦	
华东师大第二附属中学	江　汇	孙　彧
上海师范大学附属中学	陈　佳	
建平中学	谢海颖	查　立
进才中学	刘茂盾	王云帆
杨浦高级中学	李　琳	
敬业中学	王飞红	
控江中学	程　刚	
吴淞中学	赵　晖	
行知中学	宋晴晴	
复旦大学附属中学青浦分校	葛琪琪	
复旦大学附属中学浦东分校	王欣悦	

代总序

"人类发展的关键性瞬间是持续不断的"

"人类发展的关键性瞬间是持续不断的。"这是卡夫卡箴言第六条的第一句，也是我写这篇序时想到的第一句话。

还是五年前吧，我们这一群语文老师就想到要编这样一套丛书——"中学生外国文化读本"，最初的念头就是要将西方文化中"人的发展"这一线索，用中学生能较好接受的方式介绍给中学生。现在，这套丛书的第一辑即将出版，在这里借这句话对这套丛书的编注作几点说明。

切入的角度——"文化"

大家都清楚，人有两性：自然性与文化性。对一个人来说，两者密不可分。但与其他动物比，人因为文化性而显出了他的卓尔不群。或者说，人因为有文化而区别于其他动物，由此也可以说文化性即人性，人性即人的文化性。正是从文化与人性关系的角度出发，人们看到了文化对人性发展的意义。因此，我们在编注这套丛书时，期待从文化的角度来看待人类的经典，述说这些经典对人性发展的影响，进而述说对人类文明进程的影响。

选编的线索——"人的发现史"

人们在谈论东西方文化的不同时，总会谈到两种文化中有关"人的发现"的问题。在东方，"人"一开始就被发现了，如"人本"思想，如"博爱"思想，如西方现代性精神的三个重要支点——"开放、自省、反叛"，都是中华传统文化的重要基因，只是因为封建专制的强大的压制力，这些精神因素不断地被挤压，以至于我们的传统文化在这一方面显得很孱弱。

而在西方，"人的发现"却经历了一个漫长的过程：

古希腊时期，人与神是模糊不清的，所以无论是神话故事，还是英雄传奇，塑造的神或人都是神人混合或曰人神一体的，像宙斯、阿波罗、雅典娜，像阿喀琉斯、俄底修斯、俄狄浦斯……无不如此。

古罗马时期，人得到了肯定。朗加纳斯在《论崇高》中说："做庸俗卑陋的生物并不是大自然为我们人类所订定的计划；它生了我们，把我们生在这宇宙间，犹如将我们放在某种伟大的竞赛场中，要我们既做它的丰功伟绩的观众，又做它的雄心勃勃、力争上游的竞赛者；它一开始就在我们的灵魂中植有一种所向无敌的，对一切伟大事物、一切比我们自己更神圣的事物的热爱。因此，即使整个世界，作为人类思维的飞翔领域，还是不够宽广，人的心灵还常常超过整个空间的边缘。"这是西方第一次将"人"提到神的高度，对"人"的尊严给予了肯定与歌颂。

但随着公元 476 年西罗马帝国的灭亡，东罗马帝国的建立，漫长的中世纪来到了，神开始全面统治世界。马克思说，在中世纪，政治学、经济学、文学艺术等都从属于神学。此时，世间一切，都成了上帝的词典。人匍匐在神的脚下，成了上帝的奴婢。

14—16 世纪，文艺复兴从意大利开始，逐步蔓延到整个欧洲，"人"逐步向中世纪告别，向神告别。特别是在但丁唱响《神曲》100 多年之后的 1453 年，土耳其人攻陷了君士坦丁堡，东罗马帝国覆灭。一大批学者携带着古希腊的文献与学术资料来到意大利，同时人们在古罗马废墟中发现了大量的古希腊与古罗马时期的艺术珍品。这些学术输入和考古发现一下子打开了人们的眼界，如恩格斯所说："在它的光辉形象面前，中世纪的幽灵消逝了。"于是,达·芬奇、薄伽丘、塞万提斯、培根、莎士比亚……一大批英雄一路高唱"人"的赞歌,终于使"人"作为"宇宙的精华,万物的灵长"站立起来了。

18世纪,继文艺复兴之后,欧洲发生了一次重要的资产阶级思想文化运动——启蒙运动。"启蒙"即"照亮","启蒙运动"即"光明观念"的运动,即以资产阶级倡导的以个人为目的的"自由、平等、博爱"的理性原则,反对封建专制、宗教蒙昧,使"人"的个性得到充分的解放。伏尔泰、狄德罗、卢梭,是这一运动的杰出代表。

18世纪末至19世纪中叶发生的浪漫主义思潮,是西方中世纪与现代意识对话的结果。浪漫主义主张自我表现,崇尚理想主义、想象力和崇高美。雪莱说:"诗是一柄闪着电光的剑,永远没有剑鞘,因为电光会把剑鞘焚毁。"在这一文艺思潮中,人彻底战胜了神,人成了人的最高本质。此后,神再回到人间时,不再是束缚人的力量,不再是救世主,而是人的朋友、亲人、恋人。毫无疑问,雨果是浪漫主义最伟大的代表。

19世纪30年代开始的现实主义思潮,是浪漫主义之后西方又一次重要的文艺思潮。它关注人与人的分离,上层与下层、贫与富的矛盾对立,以强烈的主体性观照现实:由个人到社会,为全社会人寻求发展个性、实现个性的途径;由个性到人道,重视对不同个性的理解与同情,带着魔性(批判性)重新寻找神性(人道)。在这一思潮中,巴尔扎克、托尔斯泰将"人"引向了人道主义的高峰。

1857年波德莱尔出版《恶之花》之后,西方发生了现代主义运动,至今已历近160年的风雨。现代主义通过不懈的努力,将文学表达由人的情感发展到人的意识、人的全部精神活动,使作品内涵得到了很大的拓展、深化;现代主义从重视对客观世界的主观体验,到把这种体验发展成为作品的"唯一现实",由此发现人的真正声音往往被历史的声音掩盖、压抑,甚至为历史的声音所吞没。于是,在现代主义作品中,人的意识与人的内心活动的原貌、最真实的原始状态得到了真实、生动的表现。在这样的探索中,现代主义发现了"人"与世界的分离,发现了"人"与"人"的交流与理解的不可能实现,发现了"人"的不可能完美及其荒诞的绝对真实性,发现了"存在"与"虚无"的统一是"人"的唯一现实。在这样的发现面前,卡夫卡只能感叹:"目标虽有,却无路可循;我们谓之路者,不过是彷徨而已。""无论我转向何方,都有黑浪向我扑来。"卡夫卡的感叹几乎影响了此后所有的现代主义作家。

正是在"人的发现史"这一线索上,"中学生外国文化读本"选取了"希腊神话""莎士比亚""托尔斯泰""卡夫卡"这几个重要节点,以期呈现西方文化中"人神不分→神统治人→人告别神→人与人分离→人与世界分离、人与自身分离"这样的文化景观。

推介的期待——"让读者成为一个'完整'人"

随着现代商品文化对人的控制和西方后现代理论对人性的解构,现在的许多人也包括不少中学生,对人类几千年建立起来的基本信条、价值、秩序表现出厌倦、怀疑,甚至嘲笑的态度,以多元消解中心,以他者消解主体,以相对消解绝对,以变动不居消解永恒,以随心所欲、纷乱无序的生活来消解人性中的美丽,如崇高感、悲剧意识、拼搏精神等。最终,人就在不同意义的碎片中生存,虚无而荒诞,就像洛夫的《唐诗解构》所言一样虚无:"昨日/我偶然穿上这一袭华美的袍/我脱去昨日,留下了袍//今日/我被迫穿上这一袭华美的袍/我脱去今日,留下袍//明日/我无意中又穿上这一袭华美的袍/我脱去明日,留下了袍子/便留下了虱子/留下了虱子/便留下历史和/痒。"在这样的"解构"中,生活充满着"偶然""被迫"和"无意","袍子"美与不美都一个样,"穿上"与"脱下"都无所谓,因为"袍子"与"虱子"同体,"虱子"和"历史"同体,"历史"和"痒"同体。这样虚无的人生,正是现代人"碎片化人生"的表征。

当人类几千年建立起来的那些永恒的意义被消解,历史就不再有它可"究"的"天人之际",不再有它可"通"的"古今之变",更不会有它可"成"

唤醒尘世间的上帝

的"一家之言";现实人生也就不再需要去追问"我为何而活"之类的本质意义,更不需要去思索"我自哪里来""我到哪里去"这些"白痴"式的永远无法解答的终极之问,只需要"即时"性的"酷""爽""超赞",说"过把瘾就死"还是低端,最高级的是"无可无不可""生即是死,死即是生",一副"悠然人世中,潇然人世外"的模样。

不难看出,"碎片化人生"与"无信仰"有极深的关联。信仰是有中心的,信仰是一元的,信仰有历史建构的,信仰是有绝对价值的,信仰最终托起人生的整体性意义。若无信仰,生命就一定是此一时彼一时的"即时"挥霍,人就会变为一头为觅食而东奔西突的兽,就会成为与社会失去必然关联的"失忆人"。

当我们看到了这样的"时代病症"之后,作为语文教师,我们不愿意我们的学生沉溺其中。我们期待,通过积极而有效的引导,使学生有较为完整的阅读,并在阅读中找回失落的信仰,找回人生的整体性意义,"成为一个'完整'的人"。

我们认为,作为一名现代中学生,要"成为一个'完整'人",就一定要将"现代"看作人类文明大河的入海口,然后"溯洄从之",一直抵达大河的发祥地。这样,才可能完整地感受、体察、认识、理解这条大河,真正地感受、体察、认识、理解这条大河的伟大之处、辉煌之所,以及与自己人生的契合之点,从而叹之服之赞之,献身之,皈依之。反之,如果只是站在"现代"这个入海口,没有完整地拥抱文明大河的愿望与行动,那将永远不可能欣赏到大河的真正的生命伟力,也就永远不可能真正获得这种生命伟力,并以之充盈自己的人生、"完满"自己的人生。

流淌到"现代"的人类文明大河由两大支流汇合而成,一大支流是中华文明,一大支流是外国文明。"中学生外国文化读本"正是要引导读者在外国文明支流上"溯洄从之",形成较为完整的外国文明概念,获得从"碎片化人生"走向"完整人"的一种推力。也许这种推力极其微小,但我们也乐在其中。

卡夫卡说:"人类发展的关键性瞬间是持续不断的。"我们也要说:一个人的发展的关键性瞬间也是持续不断的。当沉浸于一本好书，为这本好书所激励时，一个人的发展的一个关键性瞬间也就出现了。倘若"中学生外国文化读本"能给读者带来这种"关键性瞬间"，我们将感到非常幸福！

黄荣华

2013 年 6 月 6 日

唤醒尘世间的上帝

■ 目　录

"人类发展的关键性瞬间是持续不断的"(代总序)………… 黄荣华　1

师生推荐的 N 个理由

这里有人世间的一切——永不落幕的莎士比亚

………………………………………………… 司保峰　3

穿越时光,啼笑皆从戏中来 ●●●●●●●●●●●●●●● 朱蔚婷　10

欢笑戏谑,喜剧魅力不可挡 ●●●●●●●●●●●● 屈杨冰洁　12

第一单元　"人"的觉醒与发现

1. 人类是多么美丽 ●●●●●●●●●●●●●●●●●●●●●●●●●●●●●●● 3

2. 宇宙的精华,万物的灵长 ●●●●●●●●●●●●●●●●●●●●●● 10

3. 这诗将长存,并且赐给你生命 ●●●●●●●●●●●●●●●●● 24

4. 我这纯洁的心灵,照旧是清白无辜 ●●●●●●●●●●●● 28

5. 你是一个正直的人,决不愿靠着卑鄙的手段苟全生命 ●●●●●● 34

第二单元　亲　情　与　友　情

1. 只要那刻我想起你,挚友,损失全收回,悲哀也化为乌有 ●●●●● 43

2. 我爱您只是按照我的名分,一分不多,一分不少 ●●●●●●●●● 46

3. 我愿意丧失一切,来救出你的生命 ●●●●●●●●●●●●● 65

4. 你们是我心上最亲近的人 ●●●●●●●●●●●●●●●●● 78

5. 自己的朋友竟会变成最坏的仇敌 ●●●●●●●●●●●●● 92

第三单元　爱　情　与　幸　福

1. 爱人又被爱,我多么幸福 ●●●●●●●●●●●●●●●●●●● 103

2. 爱情不过是一种疯狂 ··· 111

3. 想不到爱神蒙着眼睛，却会一直闯进人们的心灵 ········ 120

4. 您要留心嫉妒啊，那是一个绿眼的妖魔 ················· 131

5. 无罪的纯洁一定可以使伪妄的诬蔑惭愧，暴虐将会对含忍
战栗 ·· 140

6. 你生气、你笑、你哭，都是那么可爱 ·················· 148

7. 我甘心愿受一千次死罪，只要您的心里得到安慰 ········· 154

8. 最聪明人的心里，才会有蛀蚀心灵的爱情 ············· 166

9. 爱情是不用眼睛而用心灵看着的 ······················ 173

第四单元　金钱与权力

1. 我只是叫它像母羊生小羊一样地快快生利息 ·········· 183

2. 金子！黄黄的、发光的、宝贵的金子 ················· 194

3. 整个大海的海水也洗不净我手上的鲜血 ··············· 207

4. 他要是不倒，我们的权力也要动摇 ··················· 217

5. 我的权力得自那至高无上的法官 ····················· 225

第五单元　法制、君王与邦国

1. 掌握到暂时的权力，却会忘记了自己琉璃易碎的
本来面目 ·· 241

2. 让一切按照着真理而行，把他们的权力推下尘土里去吧 ···· 250

3. 我生下来就跟凯撒同样的自由 ······················· 259

4. 没有一只凡人的血肉之手可以攫夺我的神圣的御杖 ········ 269

5. 就像一颗彗星一般，受到众人的惊愕 ················· 276

6. 皇上就跟我一样，也是一个人罢了 ··················· 281

7. 我要照着这样的理想统治，足以媲美往古的黄金时代 ······ 289

唤醒尘世间的上帝

师生推荐的N个理由

SHI SHENG TUI JIAN DE N GE LI YOU

单元导语

莎士比亚的作品中有人世间的一切！

莎士比亚唤醒了人世间的上帝！

莎士比亚的剧作永不落幕！

——司保峰

让我们穿越时光，由莎剧中的人物相伴，舞出自己绚丽的人生！

——朱蔚婷

莎士比亚敏锐地捕捉到了人性中最具感染力的爱与美，并通过巧妙的构思和生动的语言在戏剧中的主要人物身上体现。

——屈杨冰洁

这里有人世间的一切

——永不落幕的莎士比亚

复旦大学附属中学　司保峰

莎士比亚的作品中有人世间的一切!

莎士比亚唤醒了人世间的上帝!

莎士比亚的剧作永不落幕!

这是通读《莎士比亚全集》后所带给我的强烈感受。林林总总,包罗万象,莎士比亚的作品就像是一面魔镜,映射出人性中的喜怒哀乐贪嗔痴恨爱恶欲,其中既有嫉妒、暴怒、贪婪、虚伪、凶残,也有仁慈、宽容、慷慨、从容,还有人们对真、善、美的不懈追寻。此外,它还折射出政治、经济、文化、历史、法律、军事、风俗、习惯……莎士比亚的作品犹如天风海雨,涛卷霜雪,荡涤着旧日之我的心灵,就像上帝般,"将人打碎,再重塑"。它博大精深,如天堑无涯,它历久弥新,将永不落幕,它与我国的《红楼梦》一样是说不清、道不尽的人世间最奇伟的巨著!

康德在《实践理性批判》的末章中说:"有两种东西,我对它们的思考越是深沉和持久,他们在我心灵中唤起的赞叹和敬畏就会越来越历久弥新,一是我们头顶浩瀚灿烂的星空,一是我们心中崇高的道德法则。"而我认为,能够引发人们赞叹与敬畏之情的应该还有人类历史、文化的星空,其中就包括那些世界级的人文与科技大师,他们如同颗颗明亮的大星,熠熠闪耀。而一旦提起文学巨匠,中国的屈原、李白、杜甫、曹雪芹、鲁迅……国外的荷马、但丁、莎士比亚、托尔斯泰、卡夫卡……就会猛然跃入你的心间,油然而生的敬意就会在你的心头激荡。

一、莎士比亚生平掠影

伟大的时代产生伟大的人物。仰望历史的星空,文艺复兴时期就是这样一个伟大的时代。恩格斯称之为:"这是一个需要巨人而且产生了巨人的时期。"在这场"人类从来没有经历过的最伟大的、进步的变革"运动中,的确涌现了许多"巨人",而莎士比亚就是其中一位佼佼者。威廉·莎士比亚(William Shakespeare),生于1564年,卒于1616年。他并非朝臣,也非大学才子,本是个受教育不多的乡下青年,出生于英国埃文河边斯特拉特福镇的一个小商人家庭,就读过当地的文法学校,学过一些拉丁文、希腊文。25岁左右,他奔赴伦敦,做过杂务,跑过龙套,编过剧本,但很快就展现出了过人的才华,28岁时已经誉满伦敦,以至于当时的大学才子派剧作家格林也不无嫉妒地讥嘲他是"用我们的羽毛美化了的暴发户乌鸦"和"地地道道的打杂工"。后来,莎士比亚与贵族和女王的宠臣过往甚密,其剧团也得到庇护,他也成为"环球剧院"的股东之一。他于1613年荣归故里,1616年在家乡去世。七年之后,才由戏剧界的友人搜集其遗作,出版了第一部莎士比亚戏剧集,即"第一对折本"。他的一生,创作了至少两首长诗、154首十四行诗、37部剧本和若干其他题材的短诗。莎士比亚是欧洲文艺复兴时期最伟大的剧作家和人文主义杰出代表,他的作品也成为全人类的宝贵财富,四百多年来对世界文学产生的巨大影响可谓无与伦比。

无数伟人、名人的赞誉证明了他在世界戏剧发展史上的崇高地位。马克思"无限制地赞赏莎士比亚,他对莎士比亚有深邃的研究。他无一例外地了解莎士比亚的人物"。此外,马克思还认为,"埃斯库罗斯和莎士比亚是任何时代都最伟大的两位戏剧天才"。歌德也称赞莎士比亚及其作品是:"说不尽的莎士比亚。"别林斯基说:"莎士比亚是戏剧界的荷马。"本·琼生称之为"时代的灵魂",说他"不属于一个时代,而属于所有的世纪"。查尔斯·兰姆则说,莎士比亚的剧作"永不落幕"……

唤醒尘世间的上帝

二、莎士比亚与"文艺复兴"

"文艺复兴",英文为 Renaissance,意为"再生""复兴"。由意大利艺术世家乔治奥·瓦萨里提出,他认为,艺术和文化在中世纪已经死亡,后来意大利人文主义者将其唤醒。伏尔泰则认为,文艺复兴的意义不在于复古,而在于创造。雅各布·布克哈特则认为,文艺复兴的重要意义在于"人的发现"。

"文艺复兴"既是一场新文化运动,又代表一个伟大的时代。"文艺复兴运动"是发生在欧洲 14 至 16 世纪的一场伟大的社会革新运动,其精神实质则是一场反封建反教会的文化、学术、宗教改革运动。在此之前,欧洲纵然经历了辉煌灿烂的古希腊、古罗马时代,其中的古希腊神话和戏剧、荷马史诗、古罗马戏剧和史诗甚至成为后来欧洲文艺的源头,但随之而来的公元 5 世纪到 15 世纪的欧洲中世纪仍然给欧洲文明带来了巨大的灾难。尤其是 5 到 10 世纪的"黑暗时期",几乎将欧洲文明摧残殆尽。而教会和神学则大行其道,使得当时的学术、教育等几乎全都为宗教服务。哲学成为"神学的婢女",科学成为"宗教的仆人",仿佛一切真理都集于《圣经》……由此也可以看出,无论是希腊神话中奥林匹斯山上的众神,还是中世纪的基督教圣经文化中全知全能的上帝,"神"的地位都是至高无上、不容置疑的,他们承受着世间臣民的顶礼膜拜,而"人"的形象则微乎其微,不值一提,人只能虔诚地或是无奈地匍匐于神灵的脚下……

而这一切,都将在"文艺复兴运动"中得以改变。15 世纪末的地理大发现和环球航行扩大了人们的视野,给人们展示了一片崭新的宽广的天地。人们开始觉悟到自己无限的潜力、智慧和才能,也开始关心个人权利、需求、能力、思想和美德。新兴的资产阶级逐渐发现,人们可以掌握自己的命运,人们需要那些适合"人"的文化、学术和宗教以及生活的准则,开始研究有关人的学术、文化,进一步发展人的智慧、能力,发现人的

尊严与价值。

古希腊哲学家普鲁泰古拉说:"人是万物的尺度,是存在的事物存在的尺度,也是不存在的事物不存在的尺度。"较早地肯定了人和人性。意大利文艺复兴的先驱但丁说:"人的高贵,就其许许多多的成果而言,超过了天使的高贵。"人文主义之父彼特拉克说:"我是凡人,我只要求凡人的幸福。"英国人文主义者莎士比亚在《哈姆莱特》中说:"人是多么了不起的一件作品……宇宙的精华,万物的灵长!"这些对于"人"的认识都是一脉相承的,"人文主义"也应运而生。

三、莎士比亚与"人文主义"

人文主义(humanism)一词最早出现在古罗马作家西塞罗和格利乌斯的著作中,意思是指"人性"和"万物之灵"。人文主义者倡导:1. 以"人"为中心,反对以"神"为中心。提倡以"人性"反对"神性",以"人权"反对"神权"。2. 提倡个性自由和平等,反对神权和专制。3. 提倡现实生活和享受,反对禁欲主义和来世主义。4. 提倡科学和理性,反对愚昧主义和神秘主义。总之,人文主义者重视人和人的价值,要求人们从封建神学观念的重重束缚中摆脱出来,追求个人的权利和幸福,满足个人的要求和欲望。

莎士比亚作品大都渗透着浓郁的人文主义气息,充分体现了他"以人为本"的创作理念。

1590年至1600年是莎士比亚创作的第一时期,主要创作了喜剧、历史剧和诗歌。莎士比亚的喜剧不但嘲笑一些低贱、庸俗、恶劣、陈腐、保守、落后的事物,也敢于揭示生活中一些错误的、不合理的现象,肯定了女性的解放和女性追求爱情幸福的权利,这是莎士比亚的作品中人文主义精神的光辉体现。莎士比亚的喜剧还讽刺、批判了封建家长专横暴力以及当时保守的社会习俗,也以人文主义道德为基础,赞美了理想化的友谊和爱情生活,提倡两性平等、自由恋爱,崇尚纯洁、忠贞的爱情。如

《仲夏夜之梦》《第十二夜》《皆大欢喜》《无事生非》《温莎的风流娘们儿》《威尼斯商人》等剧中,女人是以和男人平等的"人"的身份出现,她们智勇双全,勇敢追求属于自己的爱情和幸福,敢于为了争取权利而抗争,并最终战胜了邪恶与苦难,获得了友谊和爱情,取得了胜利。莎士比亚笔下流光溢彩的女性形象,都不再是中世纪文学里的玩偶,而是有着独立的人格和鲜明的个性的大写的人。在他的悲剧作品中,莎士比亚更是张扬人文主义思想,歌颂人文主义理想,展示人文主义的理想同黑暗现实的冲突和斗争,发出了时代的最强音。

在这一时期创作的九部历史剧中,《理查三世》《亨利四世》和《亨利五世》水平更高,成就更大,堪为代表。其历史剧揭露和批判了暴君的冷酷和凶残,但又描写了君王性格中善良仁慈的一面,表达剧作者寄希望于道德改善,向往明君、仁政的人文主义理想。如理查二世虽魁伟却不够坚毅,也缺乏聪明才干,排斥功臣,放逐贵族,最终被逼退位,揭示了喜好杀戮的暴君必然灭亡这一道理,表明了作者人文主义的思想。亨利四世虽通过非法手段继位,但精明老练,能使得国家安定,却无法遏制贵族们的叛乱,在战争中其子哈利王子,也就是后来的亨利五世,大获全胜。这个浪荡公子很快成长为一位治国安邦的贤君明主,可以说是莎士比亚心目中理想的君王。他宽厚仁慈,机智勇敢,亲贤臣,远小人,平内乱,御外侮,在政治、军事、外交各方面都显示了过人的才能。此外,莎士比亚的历史剧洋溢着爱国主义和民族自豪感,表达了他反对封建割据、追求国家统一的人文主义理想。

莎士比亚创作的第二个时期是1601年至1608年,这一期间的喜剧如《特洛伊罗斯与克瑞西达》《终成眷属》《一报还一报》已经丧失了先前的欢乐气氛,充满了背叛等罪恶因素,而其悲剧却取得了巨大的成就。

莎士比亚的悲剧作品大多对人性作了深入的探讨,充分肯定人的尊严和价值,歌颂正义和理性。如同有的论者所说,在剧中他对嗜杀、骄奢、贪婪、虚伪、欺诈、狂暴、凶恶、纵欲、金钱至上,都进行了无情的揭露和批判,当然,也对理想人物的"公平、正直、节俭、镇定、慷慨、坚毅、仁慈、谦恭、宽容、勇敢、刚强"等优秀品德进行了热烈颂扬和尽情赞美。莎士比亚采取曲折的故事情节，沿用希腊悲剧英雄的命运模式，来博取叹息、怜悯与尊敬。忧郁软弱的哈姆莱特，野心勃勃、权欲熏心的麦克白，轻信、嫉妒的奥瑟罗，刚愎自用的李尔王，令人扼腕叹息的罗密欧与朱丽叶……正是他们的人性弱点，导致了他们的毁灭，他们的悲剧性格决定了他们的悲剧命运。人或者说人的性格和心理是莎翁悲剧的着眼点和归宿。而这些也正是人文主义所探讨和关心的问题。

莎士比亚创作的第三个时期是1609年至1613年，其主要作品是传奇剧《辛白林》《冬天的故事》和《暴风雨》等。这一时期的作品既没有第一时期喜剧的那种充满青春气息的愉悦、欢快图景，也没有第二时期悲剧的阴郁氛围，而是进入了一种神话般美丽的浪漫的理想境界，这一世界往往是海外仙山。莎士比亚把人文主义理想寄托在了神秘主义和未来的乌托邦式的世界之中，如《暴风雨》就倡导宽恕和谅解，希望能通过道德感化的方式来改造人类，达到止恶扬善的目的。

因此，可以这么说，莎士比亚不是属于哪一个阶级、哪一个国家和哪一个时代的，而是属于全世界和整个人类历史文化的。在莎士比亚的作品中，无论是他的悲剧、喜剧、历史剧，还是十四行诗，无不包含着人文主义思想。

四、莎士比亚与"莎士比亚化"

莎士比亚所取得的成就无愧于他的民族、国家和时代。他是英国的，又是世界的。他是新诗剧的创立者和完善者；他能够脱胎换骨，点铁成金，具有化腐朽为神奇的本领，使得旧剧本具有新颖而深刻的意义；他最熟悉各种题材的戏剧，也最懂得演员和观众；他善于创造人物，马克思、恩格斯用"莎士比亚化"来高度评价他的创作原则，即不从抽象的概念而从现实生活出发，通过生动丰富的情节去塑造性格鲜明的典型人物。普希金也称赞他说："莎士比亚所创造的角色，是活生生的人类的典型,具有多种情欲和罪恶;每个人物都有爱憎、悲伤和欢乐,但每个人的方式各自不同。"莎士比亚还是语言的巨匠,其词汇之丰富甚为惊人。据统计,意大利歌剧家只用600—700个词汇,英国绅士用到3 000个左右,出色的演说家不超过10 000个,《旧约圣经》只有5 642个,而莎士比亚用到15 000个词汇!此外,其语言还极具个性,别林斯基评价说:"他的剧本里没有一个人说过一句他不应说的话。"如同金圣叹评价《水浒传》时所言:《水浒》所叙,叙一百八人,人有其性情,人有其气质,人有其形状,人有其声口。"其语言精练也无出其右,且富有哲理,灵活多变,风格多样,甚至成为格言警句。

五、唤醒人世间的上帝

约翰逊早在1765年为《莎士比亚戏剧集》写序言时就指出莎士比亚的戏剧"是生活的镜子"。他还说:"除了荷马,也许不容易找到一个作家能像莎士比亚那样创作丰富,像他那样把自己研究的科目大步推进,或者把那么多的新鲜东西注输给他自己的时代或自己的国家。"对我们而言,莎士比亚仍旧是一个谜。他宏大而不沉重;他既古典又现代,既高雅又世俗;他写尽人间的悲惨和不幸,也写尽高尚与纯真;他给我们震撼,也给我们安慰;他发掘了人性,使人们脱离了神性束缚,同时唤醒了人世间的上帝——人类自己……他使得全人类都能从其作品中得到思想上的启迪,精神上的感悟和艺术上的享受。

阅读莎士比亚吧,莎士比亚的作品中有人世间的一切!

莎士比亚唤醒了人世间的上帝!

莎士比亚的剧作永不落幕!

穿越时光，啼笑皆从戏中来

复旦附中 2015 届学生　朱蔚婷

　　终于拜读了莎翁的戏剧大作，爱情、战争、死亡、阴谋、权力、欲望所展现出的另一番景象，让我仿佛从十多岁的孩童时代穿过时光隧道，走过壮年，走到六七十岁的老年，尝够了人间的心酸之后，又触到了天国般高尚的情感。

　　正是莎士比亚笔下的古代传说，那些从史诗中走出来的鲜活人物，能有这样穿越时光的"功用"，并且让我为他们流泪，为他们微笑。

　　不知为什么，我总感到悲剧有着比喜剧更震撼人心的力量。《哈姆莱特》中的丹麦王子哈姆莱特勇敢正直，当他杀了歹毒的叔父派来偷听的大臣波洛涅斯后，这位善良的王子为自己的鲁莽而痛哭。复仇之路，生存还是死亡，这个古老的哲学命题摆在王子面前，其实每个人都可能是既忧郁又犹豫的王子哈姆莱特。

　　《奥瑟罗》中的悲剧更令人痛彻心扉。描写奥瑟罗与苔丝狄蒙娜琴瑟和谐的场面是多好的铺垫！然而当猜忌与嫉妒的毒刺扎进一个人的心中，仇恨便蒙蔽了善良的双眼，铸就了无可挽回的大错。《麦克白》与《李尔王》带给我的更多的是人性的思考。麦克白在外界的诱惑下放纵贪念，弑君篡位，最终身败名裂。《李尔王》则对人伦纲常发出质问。其实，大爱无须过多的语言表达，只是肤浅的人们爱听花言巧语。当看到刚烈的法兰西王毅然娶了没有嫁妆的考狄利娅，我不禁心生敬佩：看，这才是真正的爱情！面对勃艮第公爵，莎翁笔下的考狄利娅说"你爱的只是财产，并不是我"，那个年代，女子有这样的思想实属难能可贵。

　　《罗密欧与朱丽叶》这部绝世的经典之作，也是莎翁所写的一部凄美哀婉、缠绵悱恻的爱情悲剧，堪称千古绝唱。维洛那城亲王在全剧结束时说:"清晨带来了凄凉的和解,太阳也惨得在云中躲闪。大家先回去发几声感慨,该恕的、该罚的再听宣判。古往今来多少离合悲欢,谁曾见这样的哀怨辛酸!"他们用生命去爱,以生命殉情,并不亚于"有情人终成眷属"。

若是悲剧代表警钟与哀悼,那么喜剧则预示着讽刺与赞歌。譬如《威尼斯商人》中夏洛克的残忍与可笑,《仲夏夜之梦》中赫米娅与拉山德的勇气,《第十二夜》中奥西诺公爵、薇奥拉等人因爱而生的喜悦与烦恼……

阅读莎翁的戏剧,你的确可以获得几十年的阅历。莎翁既以颂歌来支持人性的自由与思想的解放,与当时唯神论风气不同,他又大胆地让人与社会的阴暗面暴露;他借罗密欧与朱丽叶之口赞美爱情的忠贞,以麦克白为例警示世人勿放纵贪念,让安东尼奥与巴萨尼奥演绎患难与共的友情,却让伊阿古主导了奥瑟罗的悲剧来告诫我们要有防小人之心,勿轻信,勿猜忌……

你还可以在戏剧中获得年轻的激情与渴望,就仿若赫米娅挣脱了封建的枷锁自由翱翔,安东尼与克莉奥佩特拉沉溺爱情之中遗忘了战争,考狄利娅对老父李尔王的尽孝尽责……这些真情流露,并不只存在于史诗的传唱中,它必可以激励我们去摈弃现代社会中人性的冷漠疏远、猜忌怀疑,去重温感动,重归纯朴。

感谢莎翁为我们留下这些传世经典。进入他所建构的戏剧王宫,你会为这些真实可信的人,为那爱恨一念间的差错、充满了欢乐的大团圆结局,抑或是有些遗憾的收场等,或哭或笑,或怒或悲。这也是现实中的生活。

都说人生如戏,戏如人生,其实,每个人都是自己舞台上的主角。让我们穿越时光,由莎剧中的人物相伴,舞出自己绚丽的人生!

欢笑戏谑，喜剧魅力不可挡

复旦附中 2015 届学生　屈杨冰洁

柏拉图曾说，悲剧具有震撼人心的力量，它可以通过眼泪净化人的心灵。的确，莎士比亚是文艺复兴时期英国最杰出的剧作家，他的戏剧成就令人瞩目——无论其悲剧、历史剧，都以博大、深刻、诗意和哲理著称。最近读过莎翁的喜剧之后，不得不感慨：其嬉笑怒骂，欢乐戏谑，假痴不癫，语言之精妙绝伦，风格之多姿多彩，构思之巧妙曲折，令人眼界大开，赞不绝口。

然而，莎士比亚的喜剧不在于它的讽刺性，他的喜剧是浪漫的。这类喜剧富于抒情诗意和田园牧歌气息，常着眼于激发观众的同情心和热情。莎士比亚的喜剧通常以亲情、爱情、友情等人类的普遍美好情感为主题，人物鲜明，情节紧凑。主人公大多是善良、正直、聪慧的青年，不惧封建势力和世俗观念的束缚，为争取自由和幸福而与命运抗争并最终取得了圆满结局，其艺术魅力势不可挡。

首先，莎士比亚的喜剧构思巧妙，情节曲折，内容丰富多彩。莎士比亚善于运用误会和巧合，使情节跌宕起伏，故事一波三折，人物形象也更趋丰满。《错误的喜剧》中失散多年的安提福勒斯和德洛米奥两对孪生兄弟由于相貌相同，产生了许多意想不到的曲折，最终化解误会，一家人团聚，讴歌了亲情的伟大力量。《仲夏夜之梦》的情节具有很强的梦幻色彩，本是一个略显俗套的"有情人终成眷属"的故事，却通过仙境与凡界的穿插变幻，以及"剧中剧"的新颖形式令人眼前一亮，展现出一种浪漫轻盈的喜剧氛围。几条线索交错发展，然又多而不乱，莎翁的构思技巧可见一斑。《温莎的风流娘儿们》寓意多讽，图谋不轨的福斯塔夫一次又一次成为被戏弄的对象，显示出浓郁的现实主义气息。《第十二夜》更是

唤醒尘世间的上帝

在构思安排上多次运用乔装、误会、偷看等桥段,在作者的灵活调配下,碰撞出了丰富多彩的情节。在喜剧中,他安排一个接一个的惊奇,虽然未必合理,但却令人捧腹大笑,在让人愉悦的同时又给人以深刻的启迪。因此其剧作被称为"人(性)的百科全书"。

其次,莎士比亚的喜剧用形象生动的语言塑造了一批栩栩如生的人物形象。莎翁善于按照人物的身份与处境,恰到好处地配以不同的语句,从而呈现出人物丰富细腻的内心世界。他广泛采用民间俚俗谚语,还大量运用隐喻和双关制造诙谐,尤其是独白和十四行诗抑扬格的运用,极大地充实了戏剧的抒情效果和张力,当然,总体来说这些都是为人物的塑造服务的。此外,喜剧中还有很多格言警句都因其思想的深度而成为经典。譬如,在《威尼斯商人》中,他写道:"懦夫在未死以前,就已经死了好多次;勇士一生只死一次。"在《皆大欢喜》中说:"赞美倘若从被赞美者自己的嘴里发出,是会减去赞美的价值的;从敌人的嘴里发出的赞美才是真正的光荣。"这些语句中都包含着奇思妙想和深邃的人生哲理。

莎翁作品中的语言时而典雅如诗,时而风趣幽默,目的都是使人物形象更栩栩如生。不同人物的语言都会随着身份的差异、场合的更迭、机缘的巧合发生一定变化,从中体现人物鲜明的个性。如福斯塔夫的贪婪狡狯、奥丽维娅的纯洁热情、赫米娅的忠贞不渝等,都通过他们在不同场合的对白和动作跃然纸上。甚至于侍从安德鲁的粗鄙和管家马伏里奥的愚蠢,以及多次出现的能言善辩的小丑,无不被刻画得活灵活现,令人叹为观止。

第三,莎士比亚的喜剧彰显美丽聪慧的女性与高尚独立的人格。在这些喜剧中,女性的心灵美与外貌美达到了极度的和谐与统一:有的聪慧多才,如《威尼斯商人》中的鲍西娅,凭借过人的胆识,在法庭上巧舌如簧,战胜了自私贪婪的守财奴夏洛克,解救了心上人的挚友安东尼奥。她不让须眉的正直与才华委实令人钦佩。有的勇敢无私,如《第十二夜》中的薇奥拉,明知侯爵喜欢的是奥丽维娅,仍然义无反顾,甚至隐瞒自己女子的身份,乔装成俊美青年,替侯爵向心上人奥丽维娅求婚。还有的善良无私，如《错误的喜剧》中的阿德里安娜，对丈夫无怨无悔，然而她又不同于传统意义上的贤妻良母，在发现丈夫不忠于自己时(后来证明是场误会)，她并没有一味忍耐服从，而是向修道院求助，运用法律武器捍卫自己的权利和尊严。她们其实都是文艺复兴时期女性的缩影，这体现了伊丽莎白一世时期社会的革新和初步的女权主义思想。

这些有着美丽外表与聪颖内心的女子，不再是中世纪油画上端庄地坐在窗前，穿着昂贵服饰的贵妇小姐，在她们身上，关于"人"的价值观念开始体现。文艺复兴时期的艺术家们越来越深刻地意识到，人不应该是封建制度下的一颗棋子，人的价值与情感应该得到理解与尊重，人性中的真善美比封建礼教的金科玉律散发出更耀眼的光芒。这些女子身上熠熠生辉的美好品质不正是人性光辉的外化体现吗？莎士比亚敏锐地捕捉到了人性中最具感染力的爱与美，并通过巧妙的构思和生动的语言在戏剧中的主要人物身上体现。在他的笔下，挺立着一个大写的"人"。

莎士比亚的喜剧上至天文，下至地理，外现异国他乡，内涉朝堂宫闱，悲喜交融，雅俗共赏。他的喜剧充满了乐观的基调和明朗的色彩。颂扬真善美，揭露假丑恶，提倡人文主义的道德理想——这也是莎剧流传至今经久不衰的原因吧。

唤醒尘世间的上帝

第一单元 「人」的觉醒与发现

DI YI DAN YUAN

单元导语

在蒙昧时期，人为了生存而奔走，在相对狭小和封闭的环境里几乎完全忽略了自己的存在。封建主义和基督教统治下的中世纪，原罪学说、禁欲主义、愚昧主义等甚嚣尘上，人们不敢也不能去探究自己存在的意义。而15世纪末的地理大发现和环球航行扩大了人们的视野，人们开始觉悟到自己无限的潜力、智慧和才能，开始从神灵的威压之下逃逸，显现出了他们所特有的人的价值和尊严、人的力量和精神、人的智慧和理性。无论是《暴风雨》中米兰达赞美人类多么"美丽"，还是《哈姆莱特》中对"宇宙的精华，万物的灵长"发出振聋发聩的浩叹，人文主义者开始将人视作宇宙的中心，倡导以人为本。他们第一次发现，原来，抛开虚无缥缈的神灵，人类可以如此伟大！

在发现人类的价值、尊严与伟大的同时，人们也无不悲哀、痛苦地发现自己的生命之短暂。具有了生命意识，对于生命的不断追问，正表明人类向自身心灵与精神深处的探寻。

1. 人类是多么美丽

第一幕　第二场　岛上。
普洛斯彼罗所居洞室之前

米兰达　那是什么？一个精灵吗？啊上帝，它是怎样向着四周瞧望啊！相信我的话，父亲，它生得这样美！但那一定是一个精灵。

普洛斯彼罗　不是，女儿，他会吃也会睡，和我们一样有各种知觉。你所看见的这个年轻汉子就是遭到船难的一人；要不是因为忧伤损害了他的美貌——美貌最怕忧伤来损害——你确实可以称他为一个美男子。他因为失去了他的同伴，正在四处徘徊着寻找他们呢。

米兰达　我简直要说他是个神；因为我从来不曾见过宇宙中有这样出色的人物。

普洛斯彼罗　（旁白）哈！有几分意思了；这正是我心中所愿望的。好精灵！为了你这次功劳，我要在两天之内恢复你的自由。

腓迪南　再不用疑惑，这一定是这些乐曲所奏奉的女神了！——请你俯允我的祈求，告诉我你是否属于这个岛上；指点我怎样在这里安身；我的最后的最大的一个请求是你——神奇啊！请你告诉我

人类是美丽的，而忧伤却是美丽的杀手。欧阳修《秋声赋》："人为动物，惟物之灵。百忧感其心，万事劳其形，有动于中，必摇其精。而况思其力之所不及，忧其智之所不能……"

米兰达将人的尊严、价值、地位抬高到神灵一般，视人为宇宙的中心。这也表现了人本主义者莎士比亚对美好人类前景的憧憬。

《庄子·逍遥游》："藐姑射之山有神人居焉，肌肤若冰雪，绰约若处子。"可谓餐风饮露，不食人间烟火的仙子。曹植《洛神赋》中有"凌波微步，罗袜生尘"的洛神。两者大约可与米兰达相媲美。

你是不是一位处女？

米兰达　并没什么神奇,先生;不过我确实是一个
处女。

腓迪南　天啊！她说着和我同样的言语！唉！我在
我的本国,在说这种言语的人们中间,我要算是最
尊贵的人。

普洛斯彼罗　什么！最尊贵的？假如给那不勒斯的
国王听见了,他将怎么说呢？请问你将成为何等
样的人？

腓迪南　我是一个孤独的人,如同你现在所看见的,
但听你说起那不勒斯,我感到惊异。我的话,那不
勒斯的国王已经听见了;就因为给他听见了,我才
要哭;因为我正是那不勒斯的国王,亲眼看见我的
父亲随船覆溺;我的眼泪到现在还不曾干过。

米兰达　唉,可怜!

> "金风玉露一相
> 逢,便胜却人间无数。"
> (秦观《鹊桥仙》)

腓迪南　是的,溺死的还有他的一切大臣,其中有两
人是米兰的公爵和他的卓越的儿子。

普洛斯彼罗　(旁白)假如现在是适当的时机,米兰
的公爵和他的更卓越的女儿就可以把你驳倒了。
<u>才第一次见面他们便已在眉目传情了。</u>可爱的爱
丽儿！为着这我要使你自由。(向腓迪南)且慢,
老兄,我觉得你有些转错了念头！我有话跟你说。

> 此可谓"一见钟
> 情"。

米兰达　(旁白)为什么我的父亲说得这样暴戾？这
是我一生中所见到的第三个人;而且是第一个让
我为他叹息的人。但愿怜悯激动我父亲的心,使
他也和我抱同样的感觉才好!

腓迪南　(旁白)啊！假如你是个还没有爱上别人的
闺女,我愿意立你做那不勒斯的王后。

> 唤醒尘世间的上帝

普洛斯彼罗 且慢,老兄,有话跟你讲。(旁白)他们已经彼此情丝互缚了;但是这样顺利的事儿我需要给他们一点障碍,因为恐怕太不费力的获得会使人看不起他的追求对象。(向腓迪南)一句话,我命令你用心听好。你在这里僭窃着不属于你的名号,到这岛上来做密探,想要从我——这海岛的主人——手里盗取海岛,是不是?

腓迪南 凭着堂堂男子的名义,我否认。

米兰达 这样一座殿堂里是不会容留邪恶的;要是邪恶的精神占有这么美好的一所宅屋,善良的美德也必定会努力住进去的。

至理名言。事物往来之易,失之易。

"里仁为美",德为贵。堂堂的相貌和形体如果没有美德居于其中,那么这也不是人文主义者所要的。

第五幕　第一场　普洛斯彼罗洞室之前

普洛斯彼罗穿法衣上;爱丽儿随上。

普洛斯彼罗 现在我的计划将告完成;我的魔法毫无差失;我的精灵们俯首听命;一切按部就班顺利地过去。是什么时候了?

爱丽儿 将近六点钟。你曾经说过,主人,在这时候我们的工作应当完毕。

普洛斯彼罗 当我刚兴起这场暴风雨的时候,我曾经这样说过。告诉我,我的精灵,国王和他的从者们怎么样啦?

爱丽儿 按照着你的吩咐,他们仍旧照样因禁在一起,同你离开他们的时候一样,在荫蔽着你的洞室的那一列大菩提树底下聚集着这一群囚徒;你要是不把他们释放,他们便一步路也不能移动。国王、他的弟弟和你的弟弟,三个人都疯了;其余的

5

小精灵爱丽儿经过普洛斯彼罗多年教化,也产生了丰富的情感,学会了感恩,懂得了以人为中心考虑问题,具有仁爱之心。

此句可谓名言,体现了剧中人及作者的人文精神。

中国传统文化也倡导"仁恕"之道,主张"以德报怨"或"以德服人"。

《老子》六十三章:"为无为,事无事,味无味。大小多少,报怨以德。"

孔子对此有自己的见解。《论语·宪问》:"或曰:'以德报怨,何如?'子曰:'何以报德?以直报怨,以德报德。'"

唤醒尘世间的上帝

人在为他们悲泣,充满了忧伤和惊骇;尤其是那位你所称为"善良的老大臣贡柴罗"的,他的眼泪一直从他的胡须上淋了下来,就像从茅檐上流下来的冬天的滴水一样。你在他们身上所施的魔术的力量是这么大,要是你现在看见了他们,你的心也一定会软下来。

普洛斯彼罗　你这样想吗,精灵?

爱丽儿　<u>如果我是人类,主人,我会觉得不忍的。</u>

普洛斯彼罗　我的心也将会觉得不忍。你不过是一阵空气罢了,居然也会感觉到他们的痛苦;我是他们的同类,跟他们一样敏锐地感知到一切,和他们有着同样的感情,难道我的心反会比你硬吗?虽然他们给我这样大的迫害,使我痛心切齿,但是我宁愿压伏我的愤恨而听从我的更高尚的理性;<u>道德的行动较仇恨的行动是可贵得多的</u>。要是他们已经悔过,我的唯一的目的也就达到终点,不再对他们更有一点怨恨。去把他们释放了吧,爱丽儿。我要给他们解去我的魔法,唤醒他们的知觉,让他们仍旧恢复本来的面目。

爱丽儿　我去领他们来,主人。(下)

普洛斯彼罗　你们山河林沼的小妖们;踏沙无痕、追逐着退潮时的海神而等他一转身来便又倏然逃去的精灵们;在月下的草地上留下了环舞的圈迹,使羊群不敢走近的小神仙们;以及在半夜中以制造菌蕈为乐事,一听见肃穆的晚钟便雀跃起来的你们:虽然你们不过是些弱小的精灵,但我借着你们的帮助,才能遮暗中天的太阳,唤起作乱的狂风,在青天碧海之间激起浩荡的战争。我把火给予震雷,用乔武大神的霹雳劈碎了他自己那株粗干的橡树;我使稳固的海岬震动,连根拔起松树和杉柏。因着我的法力无边的命令,坟墓中的长眠者也被惊醒,打开了墓门出来。<u>但现在我要捐弃这种狂暴的魔术,仅仅再要求一些微妙的天乐,化导他们的心性,使我能得到我所希望的结果;以后我便将折断我的魔杖,把它埋在幽深的地底,把我的书投向深不可测的海心。</u>

　　庄严的音乐。爱丽儿重上;他的后面跟随着神情狂乱的阿隆佐,由贡柴罗随侍;西巴斯辛与安东尼奥也和阿隆佐一样,由阿德里安及弗兰西斯科随侍;他们都步入普洛斯彼罗在地上所画的圆圈中,被魔法所禁,呆立不动。普洛斯彼罗看见此情此景,开口说道。

普洛斯彼罗　庄严的音乐是对于昏迷的幻觉的无上安慰,愿它医治好你们那在煎炙着的失去作用的脑筋!站在那儿吧,因为你们已经被魔法所制伏了。圣人一样的贡柴罗,可尊敬的人!我的眼睛一看见了你,便油然坠下同情的眼泪来。魔术的力量在很快地消失,如同晨光悄悄掩袭暮夜,把黑暗消解了一样,他们那开始抬头的知觉已经在驱除那蒙蔽住他们清明的理智的迷糊的烟雾了。啊,善良的贡柴罗!不单是我的真正的救命恩人,也是你所跟随着的君主的一位忠心耿耿的臣子,我要在名义上在实际上重重报答你的好处。你,阿隆佐,对待我们父女的手段未免太残酷了!你的兄弟也是一个帮凶。你现在也受到惩罚了,西巴斯辛!你,我的骨肉之亲的兄弟,为着野心,忘

中国儒家思想提倡:仁者爱人,克己恕人。

《圣经》中有言:要爱你的仇敌。也令人想起西方学者房龙所写的《〈宽容〉序言》。

普洛斯彼罗希望通过美妙的上天的音乐感化恶人,并最终宽恕了仇敌,放弃自己的魔法,这正是他自我提升,自我感化,人性和灵魂得以升华的过程。

好比喻。
如同基督教所说的"洗礼"。

知觉如浪潮,将将冲刷掉那些如同黄泥般蒙蔽人类性灵的欲望,洗净理智的海岸。

却了怜悯和天性;在这里又要和西巴斯辛谋弒你们的君王,为着这缘故,他的良心的受罚是十分厉害的;我宽恕了你,虽然你的天性是这样刻薄!他们的知觉的浪潮已经在渐渐激涨起来,不久便要冲上了现在还是一片黄泥的理智的海岸。在他们中间还不曾有一个人看见我,或者会认识我。爱丽儿,给我到我的洞里去把我的帽子和佩剑拿来。(爱丽儿下)我要显出我的本来面目,重新打扮作旧时的米兰公爵的样子。快一些,精灵!你不久就可以自由了。

……

洞门开启,腓迪南与米兰达在内对弈。

米兰达 好人,你在安排着作弄我。

腓迪南 不,我的最亲爱的,即使给我整个的世界我也不愿欺弄你。

米兰达 我说你作弄我;可是就算你并吞了我二十个王国,我还是认为这是一场公正的游戏。

阿隆佐 倘使这不过是这岛上的一场幻景,那么我将要两次失去我的亲爱的孩子了。

西巴斯辛 不可思议的奇迹!

腓迪南 海水虽然似乎那样凶暴,然而却是仁慈的;我错怨了它们。(向阿隆佐跪下)

阿隆佐 让一个快乐的父亲的所有的祝福拥抱着你!起来,告诉我你是怎么到这里来的。

米兰达 神奇啊!这里有多少好看的人!人类是多么美丽!啊,新奇的世界,有这么出色的人物!

普洛斯彼罗 对于你这是新奇的。

阿隆佐 和你一起玩着的这姑娘是谁?你们的认识

唤醒尘世间的上帝

普洛斯彼罗虽经迫害,但并未教给自己的女儿以阴暗与邪恶,使得她仍是个"自然人",对新世界和人类充满好奇,并对其充满乐观与喜爱。令人想起沈从文笔下,那个湘西边城的如"小兽"般纯净的姑娘翠翠。

8

顶多也不过三个钟头罢了。她是不是就是把我们拆散了又使我们重新聚合的女神？

腓迪南 父亲，她是凡人，但借着上天的旨意她是属于我的；我选中她的时候，无法征询父亲的意见，而且那时我也不相信我还有一位父亲。她就是这位著名的米兰公爵的女儿；我常常听见别人说起过他的名字，但从没有看见过他一面。从他的手里我得到了第二次生命；而现在这位小姐使他成为我的第二个父亲。

阿隆佐 那么我也是她的父亲了；但是唉，听起来多么奇怪，我必须向我的孩子请求宽恕！

普洛斯彼罗 好了，大王，别再说了；让我们不要把过去的不幸重压在我们的记忆上。

贡柴罗 我的心中感激得说不出话来，否则我早就开口了。天上的神明们，请俯视尘寰，把一顶幸福的冠冕降临在这一对少年的头上；因为把我们带到这里来相聚的，完全是上天的主意！

阿隆佐 让我跟着你说"阿门"，贡柴罗！

贡柴罗 米兰的主人被逐出米兰，而他的后裔将成为那不勒斯的王族吗？啊，这是超乎寻常喜事的喜事，应当用金字把它铭刻在柱上，好让它传至永久。在一次航程中，克拉莉贝尔在突尼斯获得了她的丈夫；她的兄弟腓迪南又在他迷失的岛上找到了一位妻子；普洛斯彼罗在一座荒岛上收回了他的公国；而我们大家呢，在每个人迷失了本性的时候，重新找着了各人自己。

（选自《暴风雨》）

"美丽"一词足以涵盖对人类的一切美好品性的赞誉。

此可谓"迷途知返"。陶渊明《归去来兮辞》："实迷途其未远，觉今是而昨非。"

2. 宇宙的精华，万物的灵长

第一幕　第二场　城堡中的大厅

国王　为什么愁云依旧笼罩在你的身上？

哈姆莱特　不，陛下；我已经在太阳里晒得太久了。

王后　好，哈姆莱特，抛开你阴郁的神气吧，对丹麦王应该和颜悦色一点；不要老是垂下眼皮，在泥土之中找寻你的高贵的父亲。你知道这是一件很普通的事情，活着的人谁都要死去，从生活踏进永久的宁静。

哈姆莱特　嗯，母亲，这是一件很普通的事情。

王后　既然是很普通的，那么你为什么瞧上去好像老是这样郁郁于心呢？

哈姆莱特　好像，母亲！不，是这样，就是这样，我不知道什么"好像"不"好像"。好妈妈，我的墨黑的外套、礼俗上规定的丧服、难以吐出来的叹气、像滚滚江流一样的眼泪、悲苦沮丧的脸色，以及一切仪式、外表和忧伤的流露，都不能表示出我的真实的情绪。这些才真是给人瞧的，因为谁也可以做作成这种样子。它们不过是悲哀的装饰和衣服；可是我的郁结的心事却是无法表现出来的。

国王 哈姆莱特，你这样孝思不匮，原是你天性中纯笃过人之处；可是你要知道，你的父亲也曾失去过一个父亲，那失去的父亲自己也失去过父亲；那后死的儿子为了尽他的孝道，必须有一个时期服丧守制，然而固执不变的哀伤，却是一种逆天悖理的愚行，不是堂堂男子所应有的举动；它表现出一个不肯安于天命的意志，一个经不起艰难痛苦的心，一个缺少忍耐的头脑和一个简单愚昧的理性。既然我们知道那是无可避免的事，无论谁都要遭遇到同样的经验，那么我们为什么要这样固执地对它耿耿于怀呢？嘿！那是对上天的罪戾，对死者的罪戾，也是违反人情的罪戾；在理智上它是完全荒谬的，因为从第一个死了的父亲起，直到今天死去的最后一个父亲为止，理智永远在呼喊，"这是无可避免的"。我请你抛弃这种无益的悲伤，把我当作你的父亲；因为我要让全世界知道，你是王位的直接的继承者，我要给你的尊荣和恩宠，不亚于一个最慈爱的父亲之于他的儿子。至于你要回到威登堡去继续求学的意思，那是完全违反我们的愿望的；请你听从我的劝告，不要离开这里，在朝廷上领袖群臣，做我们最亲近的国亲和王子，使我们因为每天能看见你而感到欢欣。

王后 不要让你母亲的祈求全归无用，哈姆莱特；请你不要离开我们，不要到威登堡去。

哈姆莱特 我将要勉力服从您的意志，母亲。

国王 啊，那才是一句有孝心的答复；你将在丹麦享有和我同等的尊荣。御妻，来。哈姆莱特这一种

中国礼制文化中也有丧服制度，对亲疏远近关系不同的亲人有不同的服丧规定，并主张实行"中庸之丧"，避免过度哀伤，有"节哀顺变"之说，倡导以人为本，反对因为服丧而伤害自身，否则便认为也是一种不孝。

这段话显示了哈姆莱特内心极度痛苦，有轻生厌世思想，但基督教规定，自杀是一种罪恶，人不得随意放弃自身的性命。

11

自动的顺从使我非常高兴；为了表示庆祝，今天丹麦王每一次举杯祝饮的时候，都要放一响高入云霄的祝炮，让上天应和着地上的雷鸣，发出欢乐的回声。来。（除哈姆莱特外均下）

哈姆莱特 啊，但愿这一个太坚实的肉体会融解、消散，化成一堆露水！或者那永生的真神未曾制定禁止自杀的律法！上帝啊！上帝啊！人世间的一切在我看来是多么可厌、陈腐、乏味而无聊！哼！哼！那是一个荒芜不治的花园，长满了恶毒的莠草。想不到居然会有这种事情！刚死了两个月！不，两个月还不满！这样好的一个国王，比起当前这个来，简直是天神和丑怪；这样爱我的母亲，甚至于不愿让天风吹痛了她的脸。天地呀！我必须记着吗？嘿，她会依偎在他的身旁，好像吃了美味的食物，格外促进了食欲一般；可是，只有一个月的时间，我不能再想下去了！脆弱啊，你的名字就是女人！短短的一个月以前，她哭得像个泪人儿似的，送我那可怜的父亲下葬；她在送葬的时候所穿的那双鞋子还没有破旧，她就，她就——上帝啊！一头没有理性的畜生也要悲伤得长久一些——她就嫁给我的叔父，我的父亲的弟弟，可是他一点不像我的父亲，正像我一点不像赫刺克勒斯一样。只有一个月的时间，她那流着虚伪之泪的眼睛还没有消去红肿，她就嫁了人了。啊，罪恶的匆促，这样迫不及待地钻进了乱伦的衾被！那不是好事，也不会有好结果；可是碎了吧，我的心，因为我必须噤住我的嘴！

屈原诗作中"美人香草以喻君子"，此处的莠草则指奸恶的国王、大臣无疑。

哈姆莱特痛恨母亲经不住情欲的诱惑而迅速再嫁，因此说她脆弱。

中外文学作品多把女子比喻成美丽的花或者是流动的水，因为她们具有柔美的特质。却不知，女子看似柔弱，实则如老子所说，柔弱胜刚强。

唤醒尘世间的上帝

12

第二幕　第二场　城堡中一室

哈姆莱特　丹麦是一所牢狱。

罗森格兰兹　那么世界也是一所牢狱。

哈姆莱特　一所很大的牢狱，里面有许多监房、囚室、地牢；丹麦是其中最坏的一间。

罗森格兰兹　我们倒不这样想，殿下。

哈姆莱特　啊，那么对于你们它并不是牢狱；因为世上的事情本来没有善恶，都是各人的思想把它们分别出来的；对于我它是一所牢狱。

罗森格兰兹　啊，那是因为您的雄心太大，丹麦是个狭小的地方，不够给您发展，所以您把它看成一所牢狱啦。

哈姆莱特　上帝啊！倘不是因为我总做噩梦，那么即使把我关在一个果壳里，我也会把自己当作一个拥有着无限空间的君王的。

吉尔登斯吞　那种噩梦便是您的野心；因为野心家本身的存在，也不过是一个梦的影子。

哈姆莱特　一个梦的本身便是一个影子。

罗森格兰兹　不错，因为野心是那么空虚轻浮的东西，所以我认为它不过是影子的影子。

哈姆莱特　那么我们的乞丐是实体，我们的帝王和大言不惭的英雄，却是乞丐的影子了。我们进宫去好不好？因为我实在不能陪着你们谈玄说理。

罗森格兰兹

吉尔登斯吞　我们愿意侍候殿下。

哈姆莱特　没有的事，我不愿把你们当作我的仆人

霍金著有《果壳中的宇宙》，书名即源于此。

梦与影的共同点是虚无缥缈，不可捉摸，难以长久。东坡诗云："人似秋鸿来有信，事如春梦了无痕。"

一样看待;老实对你们说吧,在我旁边侍候我的人全很不成样子。可是,凭着我们多年的交情,老实告诉我,你们到艾尔西诺来有什么贵干?

罗森格兰兹　我们是来拜访您来的,殿下;没有别的原因。

……

哈姆莱特　让我代你们说明来意,免得你们泄漏了自己的秘密,有负国王、王后的付托。我近来不知为了什么缘故,一点兴致都提不起来,什么游乐的事都懒得过问;在这一种抑郁的心境之下,仿佛负载万物的大地,这一座美好的框架,只是一个不毛的荒岬;这个覆盖众生的苍穹,这一顶壮丽的帐幕,这个金黄色的火球点缀着的庄严的屋宇,只是一大堆污浊的瘴气的集合。<u>人类是一件多么了不得的杰作! 多么高贵的理性! 多么伟大的力量! 多么优美的仪表! 多么文雅的举动! 在行为上多么像一个天使! 在智慧上多么像一个天神! 宇宙的精华! 万物的灵长!</u> 可是在我看来,这一个泥土塑成的生命算得了什么? 人类不能使我发生兴趣;不,女人也不能使我发生兴趣,虽然从你现在的微笑之中,我可以看到你在这样想。

高贵、伟大、优美、文雅、有理性、有智慧……哈姆莱特发现了在摆脱了中世纪的偏见和迷信,从神性的枷锁之下逃离出来后人的独特的价值与魅力,并予以全面的高度的赞美。

这是人类一次具有里程碑意义的伟大的发现。

第三幕　第一场　城堡中一室

哈姆莱特上。

哈姆莱特　<u>生存还是毁灭,这是一个值得考虑的问题</u>;默然忍受命运的暴虐的毒箭,或是挺身反抗人世的无涯的苦难,通过斗争把它们扫清,这两种行

唤醒尘世间的上帝

14

为，哪一种更高贵？死了；睡着了；什么都完了；要是在这一种睡眠之中，我们心头的创痛，以及其他无数血肉之躯所不能避免的打击，都可以从此消失，那正是我们求之不得的结局。死了；睡着了；睡着了也许还会做梦；嗯，阻碍就在这儿：因为当我们摆脱了这一具朽腐的皮囊以后，在那死的睡眠里，究竟将要做些什么梦，那不能不使我们踌躇顾虑。人们甘心久困于患难之中，也就是为了这个缘故；谁愿意忍受人世的鞭挞和讥嘲、压迫者的凌辱、傲慢者的冷眼、被轻蔑的爱情的惨痛、法律的迁延、官吏的横暴和费尽辛勤所换来的小人的鄙视？要是他只要用一柄小小的刀子，就可以清算他自己的一生，谁愿意负着这样的重担，在烦劳的生命的压迫下呻吟流汗？因为惧怕不可知的死后，惧怕那从来不曾有一个旅人回来过的神秘之国，是它迷惑了我们的意志，使我们宁愿忍受目前的折磨，不敢向我们所不知道的痛苦飞去，<u>这样，重重的顾虑使我们全变成了懦夫，决心的赤热的光彩，被审慎的思维盖上了一层灰色，伟大的事业在这一种考虑之下，也会逆流而退，失去了行动的意义。</u>且慢！美丽的奥菲利娅！——女神，在你的祈祷之中，不要忘记替我忏悔我的罪孽。

奥菲利娅　我的好殿下，您这许多天来贵体安好吗？

哈姆莱特　谢谢你，很好，很好，很好。

奥菲利娅　殿下，我有几件您送给我的纪念品，我早就想把它们还给您；请您现在收回去吧。

哈姆莱特　不，我不要；我从来没有给你什么东西。

奥菲利娅　殿下，我记得很清楚您把它们送给了我，

关于生死，中国儒家有"舍生取义，杀身成仁"之说。

太史公说，人固有一死，或重于泰山，或轻于鸿毛。

鲁迅说，不在沉默中爆发，就在沉默中灭亡。

哈姆莱特明知会导致肉体的毁灭，但仍然为拯救人文精神而战，慷慨赴死。

哈姆莱特的毁灭凸显了人的价值，告诉世人，精神生存比肉体的生存更为宝贵，更有意义！

那时候您还向我说了许多甜言蜜语，使这些东西格外显得贵重；现在它们的芳香已经消散，请您拿回去吧，因为在有骨气的人看来，送礼的人要是变了心，礼物虽贵，也会失去了价值。拿去吧，殿下。

哈姆莱特 哈哈！你贞洁吗？

奥菲利娅 殿下！

哈姆莱特 你美丽吗？

奥菲利娅 殿下是什么意思？

哈姆莱特 要是你既贞洁又美丽，那么你的贞洁应该断绝跟你的美丽来往。

奥菲利娅 殿下，难道美丽除了贞洁以外，还有什么更好的伴侣吗？

哈姆莱特 嗯，真的；因为美丽可以使贞洁变成淫荡，贞洁却未必能使美丽受它自己的感化；这句话从前像是怪诞之谈，可是现在时间已经把它证实了。我的确曾经爱过你。

奥菲利娅 真的，殿下，您曾经使我相信您爱我。

哈姆莱特 你当初就不应该相信我，因为美德不能熏陶我们罪恶的本性；我没有爱过你。

奥菲利娅 那么我真是受了骗了。

哈姆莱特 进修道院去吧；为什么你要生一群罪人出来呢？我自己还不算是一个顶坏的人；可是我可以指出我的许多过失，一个人有了那些过失，他的母亲还是不要生下他来的好。我很骄傲，有仇必报，富于野心，我的罪恶是那么多，连我的思想也容纳不下，我的想象也不能给它们形象，甚至于我都没有充分的时间可以把它们实行出来。像我这样的家伙，匍匐于天地之间，有什么用处呢？我

古今中外，多要求女子"守贞"，却不知忠义二字屈死多少豪杰；贞洁二字，枉杀多少女子。而美丽，却多被视为红颜祸水、红颜薄命。

孟子认为人性本善，荀子则认为人性本恶，这成为中国几千年来争讼不休的话题。

此处"人性本恶"来自基督教"原罪"说。亚当、夏娃受引诱偷吃禁果被上帝逐出伊甸园，所以作为其后代的人类生来便具有罪恶感。

哈姆莱特坦诚地道出了人类内心深处也有阴暗、罪恶的一面，并表达了对自我存在意义的质疑。

唤醒尘世间的上帝

们都是些<u>十足的坏人</u>；一个也不要相信我们。进修道院去吧。你的父亲呢？

奥菲利娅　在家里，殿下。

哈姆莱特　把他关起来，让他只好在家里发发傻劲儿。再会！

奥菲利娅　哎哟，天哪！救救他！

哈姆莱特　要是你一定要嫁人，我就把这一个诅咒送给你做嫁妆：尽管你像冰一样坚贞，像雪一样纯洁，你还是逃不过谗人的诽谤。进修道院去吧，去；再会！或者要是你必须嫁人的话，就嫁给一个傻瓜吧；因为聪明人都明白你们会叫他们变成怎样的怪物。进修道院去吧，去；越快越好。再会！

奥菲利娅　天上的神明啊，让他清醒过来吧！

哈姆莱特　我也知道你们会怎样涂脂抹粉；上帝给了你们一张脸，你们又替自己另外造了一张。你们烟视媚行，淫声浪气，替上帝造下的生物乱取名字，卖弄你们不懂事的风骚。算了吧，我再也不敢领教了；它已经使我发了狂。我说，我们以后再不要结什么婚了；已经结过婚的，除了一个人以外，都可以让他们活下去；没有结婚的不准再结婚，进修道院去吧，去。（下）

奥菲利娅　啊，一颗多么高贵的心是这样陨落了！<u>朝臣的眼睛、学者的辩舌、军人的利剑、国家所瞩望的一朵娇花；时流的明镜、人伦的雅范、举世瞩目的中心</u>，这样无可挽回地陨落了！我是一切妇女中间最伤心而不幸的，我曾经从他音乐一般的盟誓中吮吸芬芳的甘蜜，现在却眼看着他的高贵无上的理智，像一串美妙的银铃失去了和谐的音

出身高贵，聪明睿智，富有学识，清醒理智，勇敢无畏，文武双全……

此类人正是人文主义者心目中的典范。

17

调,无比的青春美貌,在疯狂中凋谢! 啊! 我好苦,谁料过去的繁华,变作今朝的泥土!

第五幕 第二场 城堡中的厅堂

霍拉旭 殿下,您在这一回打赌中间,多半要失败的。

哈姆莱特 我想我不会失败。自从他到法国去以后,我练习得很勤;我一定可以把他打败。可是你不知道我的心里是多么不舒服;那也不用说了。

霍拉旭 啊,我的好殿下——

哈姆莱特 那不过是一种傻气的心理;可是一个女人也许会因为这种莫名其妙的疑虑而惶惑。

霍拉旭 要是您心里不愿意做一件事,那么就不要做吧。我可以去通知他们不用到这儿来,说您现在不能比赛。

哈姆莱特 不,我们不要害怕什么预兆;<u>一只雀子的死生,都是命运预先注定的。注定在今天,就不会是明天,不是明天,就是今天;逃过了今天,明天还是逃不了,随时准备着就是了。一个人既然在离开世界的时候,只能一无所有,那么早早脱身而去,不是更好吗?</u> 随它去。

　　国王、王后、雷欧提斯、众贵族、奥斯里克及侍从等持钝剑上。

国王 来,哈姆莱特,来,让我替你们两人和解和解。

(牵雷欧提斯、哈姆莱特二人手使相握)

哈姆莱特 原谅我,雷欧提斯;我得罪了你,可是你是个堂堂男子,请你原谅我吧。这儿在场的众人都知道,你也一定听见人家说起,我是怎样被疯狂

"生死有命,富贵在天。"

"尽人事,听天命。"

面对神秘莫测、冥冥之中自有安排的命运,不少人顺天应命,顺其自然,这并非是完全屈服于命运。

当然也有人认为"人定胜天",绝不向命运低头,要"扼住命运的咽喉"。

唤醒尘世间的上帝

18

害苦了。凡是我的所作所为，足以伤害你的感情和荣誉、激起你的愤怒来的，我现在声明都是我在疯狂中犯下的过失。难道哈姆莱特会做对不起雷欧提斯的事吗？哈姆莱特绝不会做这种事。要是哈姆莱特在丧失他自己的心神的时候，做了对不起雷欧提斯的事，那样的事不是哈姆莱特做的，哈姆莱特不能承认。那么是谁做的呢？是他的疯狂。既然是这样，那么哈姆莱特也是属于受害的一方，他的疯狂是可怜的哈姆莱特的敌人。当着在座众人之前，我承认我在无心中射出的箭，误伤了我的兄弟；我现在要向他请求大度包涵，宽恕我的不是出于故意的罪恶。

雷欧提斯 按理讲，对这件事情，我的感情应该是激励我复仇的主要力量，现在我在感情上总算满意了；但是另外还有荣誉这一关，除非有什么为众人所敬仰的长者，告诉我可以跟你捐除宿怨，指出这样的事是有前例可援的，不至于损害我的名誉，那时我才可以跟你言归于好。目前我且先接受你友好的表示，并且保证绝不会辜负你的盛情。

哈姆莱特 我绝对信任你的诚意，愿意奉陪你举行这一次友谊的比赛。把钝剑给我们。来。

雷欧提斯 来，给我一柄。

哈姆莱特 雷欧提斯，我的剑术荒疏已久，只能给你帮场；正像最黑暗的夜里一颗吐耀的明星一般，彼此相形之下，一定更显得你的本领的高强。

雷欧提斯 殿下不要取笑。

哈姆莱特 不，我可以举手起誓，这不是取笑。

国王 奥斯里克，把钝剑分给他们。哈姆莱特侄儿，

绝妙辩词。作恶的，不是我，而是"疯"。

弗洛伊德将人格分为本我（id）、自我（ego）与超我（superego）三个部分。只有三个"我"和睦相处，保持平衡，人才会健康发展。否则三我持续冲突会引发神经症。

《世说新语》记载，桓温问东晋名士殷浩："卿何如我？"（你和我相比怎么样？）殷浩妙语回答："我与我周旋久，宁作我。"

哈姆莱特谦逊有礼，真挚恳切，而非惺惺作态。

19

你知道我们怎样打赌吗？

哈姆莱特 我知道，陛下；您把赌注下在实力较弱的一方了。

国王 我想我的判断不会有错。你们两人的技术我都领教过；但是后来他又有了进步，所以才规定他必须多赢几招。

雷欧提斯 这一柄太重了；换一柄给我。

哈姆莱特 这一柄我很满意。这些钝剑都是同样长短的吗？

奥斯里克 是，殿下。（二人准备比剑）

国王 替我在那桌子上斟下几杯酒。要是哈姆莱特击中了第一剑或是第二剑，或者在第三次交锋的时候争得上风，让所有的碉堡上一齐鸣起炮来；国王将要饮酒慰劳哈姆莱特，他还要拿一颗比丹麦四代国王戴在王冠上的更贵重的珍珠丢在酒杯里。把杯子给我；鼓声一起，喇叭就接着吹响，通知外面的炮手，让炮声震彻天地，报告这一个消息，"现在国王为哈姆莱特祝饮了！"来，开始比赛吧；你们在场裁判的都要留心看着。

哈姆莱特 请了。

雷欧提斯 请了，殿下。（二人比剑）

哈姆莱特 一剑。

雷欧提斯 不，没有击中。

哈姆莱特 请裁判员公断。

奥斯里克 中了，很明显的一剑。

雷欧提斯 好；再来。

国王 且慢；拿酒来。哈姆莱特，这一颗珍珠是你的；祝你健康！把这一杯酒给他。（喇叭齐奏。内鸣炮。)

哈姆莱特　让我先赛完这一局；暂时把它放在一旁。来。(二人比剑)又是一剑；你怎么说？

雷欧提斯　我承认给你碰着了。

国王　我们的孩子一定会胜利。

王后　他身体太胖，有些喘不过气来。来，哈姆莱特，把我的手巾拿去，揩干你额上的汗。王后为你饮下这一杯酒，祝你胜利，哈姆莱特。

哈姆莱特　好妈妈！

国王　乔特鲁德，不要喝。

王后　我要喝的，陛下；请您原谅我。

国王　(旁白)<u>这一杯酒里有毒；太迟了！</u>

哈姆莱特　母亲，我现在还不敢喝酒；等一等再喝吧。

王后　来，让我擦干你的脸。

雷欧提斯　陛下，现在我一定要击中他了。

国王　我怕你击不中他。

雷欧提斯　(旁白)可是我的良心却不赞成我干这件事。

哈姆莱特　来，该第三个回合了，雷欧提斯。你怎么一点不起劲？请你使出你全身的本领来吧；我怕你在开我的玩笑哩。

雷欧提斯　你这样说吗？来。(二人比剑)

奥斯里克　两边都没有中。

雷欧提斯　受我这一剑！(雷欧提斯挺剑刺伤哈姆莱特；二人在争夺中彼此手中之剑各为对方夺去，哈姆莱特以夺来之剑刺雷欧提斯，雷欧提斯亦受伤)

国王　分开他们！他们动起火来了。

哈姆莱特　来，再试一下。(王后倒地)

奥斯里克　哎哟，瞧王后怎么啦！

机关算尽太聪明，
反误了卿卿性命。

霍拉旭 他们两人都在流血。您怎么啦,殿下?

奥斯里克 您怎么啦,雷欧提斯?

雷欧提斯 唉,奥斯里克,正像一只自投罗网的山鹬,我用诡计害人,反而害了自己,这也是我应得的报应。

哈姆莱特 王后怎么啦?

国王 她看见他们流血,昏了过去了。

王后 不,不,那杯酒,那杯酒——啊,我的亲爱的哈姆莱特!那杯酒,那杯酒;我中毒了。(死)

哈姆莱特 啊,奸恶的阴谋!喂!把门锁上!阴谋!查出来是哪一个人干的。(雷欧提斯倒地)

雷欧提斯 凶手就在这儿,哈姆莱特。哈姆莱特,你已经不能活命了;世上没有一种药可以救治你,不到半小时,你就要死去。那杀人的凶器就在你的手里,它的锋利的刃上还涂着毒药。这奸恶的诡计已经回转来害了我自己;瞧!我躺在这儿,再也不会站起来了。你的母亲也中了毒。我说不下去了。国王——国王——都是他一个人的罪恶。

哈姆莱特 锋利的刃上还涂着毒药!——好,毒药,发挥你的力量吧!(刺国王)

众人 反了!反了!

国王 啊!帮帮我,朋友们;我不过受了点伤。

哈姆莱特 好,你这败坏伦常、嗜杀贪淫、万恶不赦的丹麦奸王!喝干了这杯毒药——你那颗珍珠是在这儿吗?——跟我的母亲一道去吧!(国王死)

雷欧提斯 他死得应该;这毒药是他亲手调下的。尊贵的哈姆莱特,让我们互相宽恕;我不怪你杀死我和我的父亲,你也不要怪我杀死你!(死)

（左侧批注）

害人者,必害己。自作孽,不可活。自投罗网,自作自受,作法自毙……

人之将死,其言也善。鸟之将死,其鸣也哀。

根据基督教文化,人去世前应该宽恕别人也应求得别人的宽恕,升入天堂。

唤醒尘世间的上帝

鲁迅去世前说的名言:"让他们怨恨去,我一个都不宽恕。"

哈姆莱特 愿上天赦免你的错误！我也跟着你来了。我死了，霍拉旭。不幸的王后，别了！你们这些看见这一幕意外的惨变而战栗失色的无言的观众，倘不是因为死神的拘捕不给人片刻的停留，啊！我可以告诉你们——可是随它去吧。霍拉旭，我死了，你还活在世上；请你把我的行事的始末根由昭告世人，解除他们的疑惑。

霍拉旭 不，我虽然是个丹麦人，可是在精神上我却更是个古代的罗马人；这儿还留剩着一些毒药。

哈姆莱特 你是个汉子，把那杯子给我；放手；凭着上天起誓，你必须把它给我。啊，上帝！霍拉旭，我一死之后，要是世人不明白这一切事情的真相，我的名誉将要永远蒙着怎样的损伤！你倘然爱我，请你暂时牺牲一下天堂上的幸福，留在这一个冷酷的人间，替我传述我的故事吧。（内军队自远处行进及鸣炮声）这是哪儿来的战场上的声音？

奥斯里克 年轻的福丁布拉斯从波兰奏凯班师，这是他对英国来的钦使所发的礼炮。

哈姆莱特 啊！我死了，霍拉旭；猛烈的毒药已经克服了我的精神，我不能活着听见英国来的消息。可是我可以预言福丁布拉斯将被推戴为王，他已经得到我这临死之人的同意；你可以把这儿所发生的一切事实告诉他。此外仅余沉默而已。（死）

霍拉旭 一颗高贵的心现在碎裂了！晚安，亲爱的王子，愿成群的天使们用歌唱抚慰你安息！

（选自《哈姆莱特》）

"雁过留声，人过留名。"

无论是决斗还是遗言，都可以看出他们几人谈及自己的"荣誉""名誉"，这正是人文主义者所非常看重的。

哈姆莱特临死前不忘国事的安排，仍然以天下事为己任。

3. 这诗将长存,并且赐给你生命

二

当四十个冬天围攻你的朱颜,
在你美的园地挖下深的战壕,
你青春的华服,那么被人艳羡,
将成褴褛的败絮,谁也不要瞧:
那时人若问起你的美在何处,
哪里是你那少壮年华的宝藏,
你说:"在我这双深陷的眼眶里,
是贪婪的羞耻,和无益的颂扬。"
你的美的用途会更值得赞美,
如果你能够说:"我这宁馨小童
将总结我的账,宽恕我的老迈。"
证实他的美在继承你的血统!
这将使你在衰老的暮年更生,
并使你垂冷的血液感到重温。

五

那些时辰曾经用轻盈的细工

织就这众目共注的可爱明眸，
终有天对它摆出魔王的面孔，
把绝代佳丽剃成龙钟的老丑：
因为不舍昼夜的时光把盛夏
带到狰狞的冬天去把它结果；
生机被严霜窒息，绿叶又全下，
白雪掩埋了美，满目是赤裸裸：
那时候如果夏天尚未经提炼，
让它凝成香露锁在玻璃瓶里，
美和美的流泽将一起被截断，
美，和美的记忆都无人再提起：
但提炼过的花，纵和冬天抗衡，
只失掉颜色，却永远吐着清芬。

一二

当我数着壁上报时的自鸣钟，
见明媚的白昼坠入狰狞的夜，
当我凝望着紫罗兰老了春容，
青丝的卷发遍洒着皑皑白雪；
当我看见参天的树枝叶尽脱，
它不久前曾荫蔽喘息的牛羊；
夏天的青翠一束一束地就缚，
带着坚挺的白须被异上殓床；
于是我不禁为你的朱颜焦虑：
终有天你要加入时光的废堆，
既然美和芳菲都把自己抛弃，
眼看着别人生长自己却枯萎；

子在川上曰："逝者如斯夫，不舍昼夜。"
英雄末路，美人迟暮，谁能抗拒？只有经过提炼的美才能永久。

李白《将进酒》："君不见高堂明镜悲白发，朝如青丝暮成雪。"

没什么抵挡得住时光的毒手，
除了生育，当他来要把你拘走。

一五

"人生一世，草木
一秋。"生命短暂如《庄
子·逍遥游》所说："朝
菌不知晦朔，蟪蛄不知
春秋。"朝菌是朝生夕
死，所以它不知道阴历
的月初（朔）月底（晦）。
蟪蛄，寒蝉也，夏生而
秋死，所以不知春秋。

当我默察一切活泼泼的生机，
保持它们的芳菲都不过一瞬，
宇宙的舞台只搬弄一些把戏，
被上苍的星宿在冥冥中牵引；
当我发觉人和草木一样繁衍，
任同一的天把他鼓励和阻挠，
少壮时欣欣向荣，盛极又必反，
繁华和璀璨都被从记忆抹掉；
于是这一切奄忽浮生的征候，
便把妙龄的你在我眼前呈列，
眼见残暴的时光与腐朽同谋，
要把你青春的白昼化作黑夜；
为了你的爱我将和时光争持：
他摧折你，我要把你重新接枝。

六〇

《长歌行》："百川
东到海，何时复西归？
少壮不努力，老大徒伤
悲。"

像波浪滔滔不息地滚向沙滩：
我们的光阴息息奔赴着终点；
后浪和前浪不断地循环替换，
前推后拥，一个个在奋勇争先。
生辰，一度涌现于光明的金海，
爬行到壮年，然后，既登上极顶，

凶冥的日食便遮没它的光彩，
时光又撕毁了它从前的赠品。
时光戳破了青春颊上的光艳，
在美的前额挖下深陷的战壕，
自然的至珍都被它肆意狂喊，
一切挺立的都难逃它的镰刀：
<u>可是我的诗未来将屹立千古，</u>
<u>歌颂你的美德，不管它多残酷！</u>

一二三

不，时光，你断不能夸说我在变：
你新建的金字塔，不管多雄壮，
对我一点不稀奇，一点不新鲜；
它们只是旧景象披上了新装。
我们的生命太短促，所以羡慕
你拿来蒙骗我们的那些旧货；
幻想它们是我们心愿的产物，
不肯信从前曾经有人谈起过。
对你和你的纪录我同样不买账，
过去和现在都不能使我惊奇，
因为你的记载和我所见都扯谎，
有多少是你疾驰中造下的孽迹。
<u>我敢这样发誓：我将万古不渝，</u>
<u>不管你和你的镰刀多么锋利。</u>

（选自《十四行诗》）

三不朽："太上有立德，其次有立功，其次有立言。"可见，生命虽短暂，但人类可以通过文字留赠来者，以达不朽。

曹丕《典论·论文》："年寿有时而尽，荣乐止乎其身。二者必至之常期，未若文章之无穷。是以古之作者，寄身于翰墨，见意于篇籍，不假良史之辞，不托飞驰之势，而声名自传于后。"

古希腊神话中有如此传说，死神以镰刀割取人的性命。

4. 我这纯洁的心灵，照旧是清白无辜

这是关于"贞节"或者是"贞洁"命题的叙事长诗。

中国古代曾有"饿死事小，失节事大"的说法。

有人说，人类是唯一会脸红的动物。

人看重名节、荣誉有时会超过自己的生命。

为了喷吐悲思，她已长叹了三次，
但要倾诉苦难，她却说不出一字。
最后她打定主意，听从柯拉廷的嘱示，
于是含羞抱愧地试图让他们闻知，
她的清白的名节，业已被强敌拘絷；
她说的时候，柯拉廷，还有同来的绅士，
心情沉重而急切，倾听着她的言词。

在她湿漉漉的窠里，这只惨白的天鹅，
为她必然的陨灭，唱出凄恻的哀歌：
"没有什么言语，能形容这种罪恶，
也没有任何辩白，能矫饰这桩过错；
我只有少许言词，却有这许多灾祸；
靠这根疲敝的舌头，来把这一切诉说，
那么我的哭诉呵，只怕会太长太多。

"那么，这些话就是我必须说出的全部。
有一个生人窜来，侵占了你的床褥，
他匍匐在这枕头上（哦，亲爱的夫主！
你惯于在这枕头上，憩息你困倦的头颅），
他还靠卑污的胁迫，施加了其他凌辱——

是一些什么凌辱，你可以想象得出，
你的鲁克丽丝呵，未能免遭荼毒！

"在那墨黑的午夜，静悄悄，阴森可怖，
一个潜行的动物，潜入了我的寝处，
带着贼亮的短剑，和一支点燃的明烛，
向我的耳边低唤：醒来，罗马的贵妇，
快接受我的爱情；若是你敢于违忤
我的情欲的要求，我就要向你报复，
叫你和你的家族，蒙受绵长的耻辱。

"他说：你若是不肯听命于我的意志，
我就要刺杀你家的某一个粗陋的小厮，
接着我要杀掉你，还要当众起誓，
说你们正在干着那种淫邪的丑事，
就在那幽会的地方，我发现了这一对贼，
在你们犯罪的时候，把你们双双杀死；
结果呢，我名节无亏，你却要永蒙羞耻。

"我听了他说的这些，正要跳起来叫嚷，
他就将他的利剑，对准了我的胸膛，
发誓说：除非依了他，让他如愿以偿，
我就休想活下去，半句话也休想再讲；
那么，我的耻辱，将永远留在史册上，
在这伟大的罗马，人们将永远不忘：
鲁克丽丝这淫妇，与贱奴淫乱而死亡。

"我自己这样软弱，敌人却这样强横；
面对这强横的恐怖，我更加软弱无能。

莎士比亚主张真正的爱情是两情相悦，而非原始的、兽性的行为，保护、尊重女性的权益也显得愈来愈重要。

在奸恶的计谋下，鲁克丽丝可谓求生不得，求死不能，但一时的屈从并不意味着永远的顺从。

那法官凶蛮残忍,不许我口舌出声;
更没有公正的辩护士,能为我据理力争;
他那猩红的肉欲,当法官又当证人,
<u>起誓说:是我的美色,引诱了他的眼睛,</u>
<u>既然法官被诱骗,犯人必得判死刑。</u>

"告诉我,找什么理由,来为我自身辩护;
至少,让我这么想,也好减轻点痛苦:
<u>虽然我血肉之躯,已为暴行所玷辱,</u>
<u>我这纯洁的心灵,照旧是清白无辜;</u>
<u>它不曾遭受强暴,它不甘同流合污,</u>
<u>在已遭败坏的腔腔里,它依然不屈如故,</u>
<u>它那完美的贞德,始终保持牢固。"</u>

"皎如山上雪,皎
若云间月。"古人常用
"冰清玉洁"来形容女
子的素雅、贞洁。

看他呵,真好似遭受惨重损失的商贾,
嗓音因痛苦而哽塞,头颈因哀伤而低俯,
不幸的双臂抱起,眼神凄恻而凝固,
两片嘴唇褪了色,苍白如白蜡新涂;
嘴唇想吹开悲痛,免得将话儿壅阻,
但悲痛难以吹开,他徒然费尽辛苦,
刚吐出一口叹息,吸气时又重新吸入。
有如咆哮的怒潮,一进入桥洞里边,
向它注视的眼睛,便让它逃出了视线;
这潮水卷入涡流,昂昂然腾跃回旋,
又回到逼它狂奔的那一道狭窄的水面;
怒气冲冲地进发,又怒气冲冲地退转;
就这样,他的怆痛,像往返拉锯一般,
驱使悲叹出动,又引这悲叹回还。

鲁克丽丝察见了柯拉廷无言的怆痛，
便说出这番话来,将他从昏乱中唤醒:
"夫主呵,你的悲苦,给我的悲苦加了劲;
下了了雨,洪水不会退,只会涨得更凶。
我的苦处太敏感,一见你这样伤心,
便更加痛不可忍;不如让这场厄运
仅仅淹没一个人,一双悲泣的眼睛。

"你若肯垂爱于我(我原是你的爱妻),
请看在我的分上,注意听我的主意:
要向那仇敌报复,立即给他以痛击——
他是你的,我的,也是他自身的仇敌;
设想你是在保护我,免受奸贼的侵袭;
你的保护来迟了;要把他置于死地!
姑息宽纵的法官,只能够助长不义。"

她转向那些陪同柯拉廷来家的人们,
"当我还不曾说出那个奸贼的姓名,
请务必向我,"她说,"保证你们的忠信,
火急地追击敌人,为我申冤雪恨;
用复仇的武器除奸,是光明正大的功勋:
骑士们凭着誓言,凭着豪侠的身份,
理所当然要解救柔弱妇人的不幸。"

到场的各位贵人,都以慷慨的气质
答应了她的恳求,愿助她复仇雪耻,
对于她这项吩咐,骑士们义不容辞,
他们都急于听她揭露那恶贼的名字。

《鲁克丽丝受辱
记》反映出了文艺复兴
时期的社会风气:强调
以人为中心,以人为主
体,美貌与道德相统
一,表现了对于暴力、
男权的批评。

鲁克丽丝与中国古代的"贞洁烈女"有所区别。后者多是因为封建礼教的毒害而亡，前者却是为了争取"人"的"尊严"和"名誉"而牺牲，更是为了防止今后类似的妇人受害而要求报仇雪恨。

唤醒尘世间的上帝

宁为玉碎，不为瓦全。

这名字尚未说出，她却欲言又止；
"哦，请说吧，"她说，"请你们向我明示，
怎样才能从我身，拭去这强加的污渍？
既然我这桩罪过，是可怖的处境所逼成，
对这桩罪过的性质，应该怎样来判定？
我的洁白的心地，能不能抵消这丑行，
能不能挽救我的倾颓扫地的名声？
有没有什么说辞，能帮我摆脱这厄运？
被毒物染污的泉水，能将它自身涤清，
我又为什么不能把强加的污浊洗净？"

听了她这番话语，绅士们立即答复，
说她无垢的心灵，淘洗了皮肉的垢污；
以一丝无欢的苦笑，她把脸庞转过去——
这脸庞犹如一幅画，画满了人间惨苦，
厄运的深深印记，由泪水刻入肌肤。
"不行，"她说，"今后，绝不让一个贵妇
以我的失足为借口，要求宽宥她失足。"
这时，她长叹一声，仿佛心房要爆炸，
啐出了塔昆的名字，"是他，"她说，"是他。"
但她疲弱的唇舌，再也说不出别的话；
经过多少次迟延，声调的多少次变化，
多少次非时的停顿，衰惫而短促的挣扎，
最后她说出："是他，公正的大人们，
是他指引我的这只手，来将我自身刺杀。"
她向无害的胸脯，插入有害的尖刀，
尖刀在胸口入了鞘，灵魂从胸口出了鞘；
这一刀使灵魂得救，离开这秽亵的监牢，

32

也就从此摆脱了深重的忧惶困恼；
她的悔恨的叹息，送幽魂飞向云霄；
永恒不朽的生命，见人世尘缘已了，
便从她绽裂的伤口，悄悄飞出、潜逃。
为这一惨变所震骇，像化石一样死寂，
柯拉廷和那些贵人，全都愕然僵立；
鲁克丽丝的父亲，看到她鲜血涌溢，
才把他自身投向她那自戕的躯体；
这时候，勃鲁托斯，从那殷红的泉源里
拔出了行凶的尖刀——这刀锋刚一拔离，
她的血，好像要报仇，奔出来向它追击。
只见殷红的热血，汩汩地往外直涌，
涌出她的胸前，一边流，一边分成
两股徐缓的血川，环匝了她的周身——
这身躯像一座荒岛，被洪水团团围困，
岛上已洗劫一空，不见居民的踪影。
她的一部分血液，照旧是鲜红纯净，
还有一部分变黑了——那污秽来自塔昆。

凄凄惨惨的黑血，凝固了，不再流荡，
有一圈汪汪的浆液，环绕在它的四旁，
恰似汪汪的泪水，悲泣那染污的地方；
自那时以来，污血，总是要渗出水浆，
仿佛是含泪怜恤鲁克丽丝的祸殃；
未遭沾染的净血，却鲜红浓酽如常，
宛如因见到污秽，不禁羞红了脸庞。

> 颜之推在《颜氏家训·养生》中说："生不可不惜，不可苟惜。"意思就是，生命是可贵的，不可不珍惜，也不可胡乱地过于顾惜。可以说鲁克丽丝的确做到了这一点。

（选自《鲁克丽丝受辱记》）

5. 你是一个正直的人，决不愿靠着卑鄙的手段苟全生命

第三幕　第一场　狱中一室

公爵作教士装及克劳狄奥、狱吏同上。

公爵　那么你在希望安哲鲁大人的赦免吗？

克劳狄奥　希望是不幸者的唯一药饵；我希望活，可是也准备着死。

公爵　能够抱着必死之念，那么活果然好，死也无所惶虑。对于生命应当作这样的譬解：要是我失去了你，我所失去的，只是一件愚人才会加以爱惜的东西，你不过是一口气，寄托在一个多灾多难的躯壳里，受着一切天时变化的支配。你不过是被死神戏弄的愚人，逃避着死，结果却奔进它的怀里，你并不高贵，因为你所有的一切配备，都沾濡着污浊下贱。你并不勇敢，因为你畏惧着微弱的蛆虫的柔软的触角。睡眠是你所渴慕的最好的休息，可是死是永恒的宁静，你却对它心惊胆战。你不是你自己，因为你的生存全赖着泥土中所生的谷粒。你并不快乐，因为你永远追求着你所没有的

"希望是本无所谓有，无所谓无的。"它能麻醉人的感知，给人带来幻想。

佛家认为，人的躯体不过是一个皮囊而已，所谓死亡就是早登极乐世界，摆脱了这个臭皮囊。

古人云：生有何欢，死有何惧？但人们往往对死亡缺乏深刻认识，成为忧生畏死之徒。

唤醒尘世间的上帝

事物,而遗忘了你所已有的事物。你并不固定,因为你的脾气像月亮一样随时变化。你即使富有,也和穷苦无异,因为你正像一头不胜重负的驴子,背上驮载着金块在旅途上跋涉,直等死来替你卸下负荷。你没有朋友,因为即使是你自己的骨血,嘴里称你为父亲尊长,心里也在诅咒着你不早早伤风发疹而死。你没有青春也没有年老,二者都只不过是你在餐后的睡眠中的一场梦境;因为你在年轻的时候,必须像一个衰老无用的人一样,向你的长者乞讨周济;到你年老有钱的时候,你的感情已经冰冷,你的四肢已经麻痹,你的容貌已经丑陋,纵有财富,也享不到丝毫乐趣。<u>那么所谓生命这东西,究竟有什么值得宝爱呢? 在我们的生命中隐藏着千万次的死亡,可是我们对于结束一切痛苦的死亡却那样害怕。</u>

克劳狄奥 谢谢您的教诲。我本来希望活命,现在却唯求速死;我要在死亡中寻求永生,让它临到我的身上吧。

依莎贝拉 (在内)有人吗? 愿这里平安有福!

狱吏 是谁? 进来吧,这样的祝颂是应该得到欢迎的。

公爵 先生,不久我会再来看你。

克劳狄奥 谢谢师傅。

依莎贝拉上。

依莎贝拉 我要跟克劳狄奥说两句话儿。

狱吏 欢迎得很。瞧,先生,你的姐姐来了。

公爵 狱官,让我跟你说句话儿。

狱吏 您尽管说吧。

古希腊柏拉图《斐多篇》说:"无论什么人,只要他对死亡感到悲哀,这就足以证明他不是一个爱智者,而是一个爱欲者。"公爵的话虽有悲观色彩,却能较为客观地看待死亡,也不失为对克劳狄奥的一种心理安慰。

公爵 把我带到一个地方去,可以听见他们说话,却不让他们看见我。(公爵及狱吏下)

克劳狄奥 姐姐,你给我带些什么安慰来?

依莎贝拉 我给你带了最好的消息来了。安哲鲁大人有事情要跟上天接洽,想差你马上就去,你可以永远住在那边;所以你赶快预备起来吧,明天就要出发了。

克劳狄奥 没有挽回了吗?

依莎贝拉 没有挽回了,除非为了要保全一颗头颅而劈碎了一颗心。

克劳狄奥 那么还有法子想吗?

依莎贝拉 是的,弟弟,你可以活;法官有一种恶魔样的慈悲,你要是恳求他,他可以放你活命,可是你将终身披戴镣铐直到死去。

克劳狄奥 永久的禁锢吗?

依莎贝拉 是的,永久的禁锢;纵使你享有广大的世界,也不能挣脱这一种束缚。

克劳狄奥 是怎样一种束缚呢?

依莎贝拉 你要是屈服应承了,你的廉耻将被完全褫夺,使你毫无面目做人。

克劳狄奥 请明白告诉我吧。

依莎贝拉 啊,克劳狄奥,我在担心着你;我害怕你会爱惜一段狂热的生命,重视有限的岁月,甚于永久的荣誉。你敢毅然就死吗?死的惨痛大部分是心理上造成的恐怖,被我们践踏的一只无知的甲虫,它的肉体上的痛苦,和一个巨人在临死时所感到的并无异样。

克劳狄奥 你为什么要这样羞辱我?你以为温柔的

孟子说:"生亦我所欲,所欲有甚于生者,故不为苟得也。死亦我所恶,所恶有甚于死者,故患有所不辟也。"

大意:生命本是我喜欢的,可我喜欢的东西还有比生命更重要的,所以我不肯干苟且偷生的事。死亡本是我厌恶的,可我厌恶的东西还有比死亡更厉害的,所以遇到灾祸也不躲避呀。

唤醒尘世间的上帝

慰藉,可以坚定我的决心吗?假如我必须死,我会把黑暗当作新娘,把它拥抱在我的怀里。

依莎贝拉 这才是我的好兄弟,父亲地下有知,也一定会这样说的。是的,你必须死,你是一个正直的人,决不愿靠着卑鄙的手段苟全生命。这个外表俨如神圣的摄政,板起面孔摧残着年轻人的生命,像鹰隼一样不放松他人的错误,却不料他自己正是一个魔鬼。他的污浊的灵魂要是揭露出来,就像是一口地狱一样幽黑的深潭。

克劳狄奥 正人君子的安哲鲁,竟是这样一个人吗?

依莎贝拉 啊,这是地狱里狡狯的化装,把罪恶深重的犯人装扮得像一个天神。你想得到吗,克劳狄奥?要是我把我的贞操奉献给他,他就可以把你释放。

克劳狄奥 天啊,那真太岂有此理了!

依莎贝拉 是的,我要是容许他犯这丑恶的罪过,他对你的罪恶就可以置之不顾了。今夜我必须去干那我所不愿把它说出口来的丑事,否则你明天就要死。

克劳狄奥 那你可干不得。

依莎贝拉 唉!他倘然要的是我的命,那我为了救你的缘故,情愿把它毫不介意地抛掷了。

克劳狄奥 谢谢你,亲爱的依莎贝拉。

依莎贝拉 那么,克劳狄奥,你预备着明天死吧。

克劳狄奥 是。他也有感情,使他在执法的时候自己公然犯法吗?那一定不是罪恶;即使是罪恶,在七大重罪中也该是最轻的一项。

依莎贝拉 什么是最轻的一项?

陈寿《三国志·魏书·庞德传》:"良将不怯死以苟免,烈士不毁节以求生。"

安哲鲁这样的人,可以说是"衣冠禽兽""道貌岸然""沐猴而冠"。虽然他具有了人的形体和智慧,但他的内心占上风的却是兽性,而非人类美好的品格。

七大重罪即基督教中的"七宗罪":傲慢、妒忌、暴怒、懒惰、贪婪、暴食及色欲。

有关死后的描绘令人想起但丁的《炼狱》。中国也有关于"地狱"的诸多场景,如下油锅等。古人对死亡的无知,使得他们产生了众多令人恐怖的想象。因此有不少人会有克劳狄奥的想法:好死不如赖活着。

克劳狄奥　倘使那是一件不可赦的罪恶，那么他是一个聪明人，怎么会为了一时的游戏，换来了终身的愧疚？啊，依莎贝拉！

依莎贝拉　弟弟你怎么说？

克劳狄奥　死是可怕的。

依莎贝拉　耻辱的生命是尤其可恼的。

克劳狄奥　是的，可是死了，到我们不知道的地方去，长眠在阴寒的囚牢里发霉腐烂，让这有知觉有温暖的、活跃的生命化为泥土；一个追求着欢乐的灵魂，沐浴在火焰一样的热流里，或者幽禁在寒气砭骨的冰山，无形的飙风把它吞卷，回绕着上下八方肆意狂吹；也许还有比一切无稽的想象所能臆测的更大的惨痛，那太可怕了！只要活在这世上，无论衰老、病痛、穷困和监禁给人怎样的烦恼苦难，比起死的恐怖来，也就像天堂一样幸福了。

人必自爱，然后人爱之；人必自敬，然后人方敬之。

依莎贝拉　唉！唉！

克劳狄奥　好姐姐，让我活着吧！你为了救你弟弟而犯的罪孽，上天不但不会责罚你，而且会把它当作一件善事。

依莎贝拉　呀，你这畜生！没有信心的懦夫！不知廉耻的恶人！你想靠着我的丑行而活命吗？为了苟延你自己的残喘，不惜让你的姐姐蒙污受辱，这不简直是伦常的大变吗？我真想不到！愿上帝保障我母亲不曾失去过贞操；可是像你这样一个下流畸形的不肖子，也太不像我父亲的亲骨肉了！从今以后，我和你义断恩绝，你去死吧！即使我只需一举手之劳可以把你救赎出来，我也宁愿瞧着你死。我要用千万次的祈祷求你快快死去，却不愿说半句话救你活命。

克劳狄奥 不,听我说,依莎贝拉。

依莎贝拉 呸!呸!呸!你的犯罪不是偶然的过失,你已经把它当作一件不足为奇的常事。对你怜悯的,自己也变成了淫媒。你还是快点儿死吧。

(欲去)

(选自《一报还一报》)

第二单元

DI ER DAN YUAN

亲情与友情

单元导语

友情也好，亲情也罢，都属于人伦的范畴。《孟子》对人伦内涵的阐述是："父子有亲，君臣有义，夫妇有别，长幼有序，朋友有信。"

友谊是文艺复兴时期的人文主义作家歌颂的一个重要主题。当时的人文主义者歌颂人的力量、人的价值，主张人们互相尊重，互相敬爱。《威尼斯商人》中，莎士比亚也尽情抒写了友谊和爱情，安东尼奥为了巴萨尼奥的幸福甚至不惧夏洛克的残害，这丝毫也不逊色于鲍西娅对于巴萨尼奥的爱情，可见二者足以并驾齐驱，堪称伟大。当然，对于友谊的背弃者，莎士比亚也予以了讽刺与批判。那些围绕在泰门周围的人只不过是贪图他的金钱，而普洛丢斯不但告发了自己的朋友凡伦丁，还转而去追求朋友的爱人，怎堪称维洛那的"绅士"呢！

人性中的确存有自私自利的因素，但人的行为动机仍需要合乎时代的伦理规范。在《李尔王》中，兄弟互残，姐妹相害，父女反目……李尔王之死不仅是一个政治悲剧，更是人伦的灭亡、秩序的崩塌、人性的丧失。莎士比亚此剧关注了人性及伦理，呼唤属于"人"的真爱，成就了它的独特悲剧价值，更借助个人的命运折射出整个社会的发展趋势，观照了整个人类社会。

1. 只要那刻我想起你,挚友,损失全收回,悲哀也化为乌有

一八

我怎么能够把你来比作夏天?
你不独比它可爱也比它温婉:
狂风把五月宠爱的嫩蕊作践,
夏天出赁的期限又未免太短:
天上的眼睛有时照得太酷烈,
它那炳耀的金颜又常遭掩蔽:
被机缘或无常的天道所摧折,
没有芳艳不终于凋残或销毁。
但是你的长夏永远不会凋落,
也不会损失你这皎洁的红芳,
或死神夸口你在它影里漂泊,
当你在不朽的诗里与时同长。
只要一天有人类,或人有眼睛,
这诗将长存,并且赐给你生命。

夏天是英国最美的季节,如同春天之于中国。

将友人比作夏天,令人想起林徽因的诗句:"你是人间的四月天。"据说此诗是送与曾经的恋人与友人徐志摩的。

春天、夏天虽美好,却短暂,但当诗人将其写入诗歌,流传后世,这份情谊就会长存。

三〇

当我传唤对已往事物的记忆
出庭于那馨香的默想的公堂，
我不禁为命中许多缺陷叹息，
带着旧恨，重新哭蹉跎的时光；
于是我可以淹没那枯涸的眼，
为了那些长埋在夜台的亲朋，
哀悼着许多音容俱渺的美艳，
痛哭那情爱久已勾销的哀痛：
于是我为过去的惆怅而惆怅，
并且一一细算，从痛苦到痛苦，
那许多呜咽过的呜咽的旧账，
仿佛还未付过，现在又来偿付。
但是只要那刻我想起你，挚友，
损失全收回，悲哀也化为乌有。

弗兰西斯·培根在《论友谊》中说："友谊的一大奇特作用是：如果你把快乐告诉一个朋友，你将得到两个快乐；而如果你把忧愁向一个朋友倾吐，你将被分掉一半忧愁。"

唤醒尘世间的上帝

三一

你的胸怀有了那些心而越可亲
（它们的消逝我只道已经死去）；
原来爱，和爱的一切可爱部分，
和埋掉的友谊都在你怀里藏住。
多少为哀思而流的圣洁泪珠，
那虔诚的爱曾从我眼睛偷取
去祭奠死者！我现在才恍然大悟，
他们只离开我去住在你的心里。

你是座收藏以往恩情的芳塚，
满挂着死去的情人的纪念牌，
他们把我的馈赠尽向你呈贡，
你独自享受许多人应得的爱。
在你身上我瞥见他们的倩影，
而你，他们的总和，尽有我的心。

（选自《十四行诗》）

2. 我爱您只是按照我的名分,一分不多,一分不少

第一幕　第一场　李尔王宫中大厅

李尔　现在我要向你们说明我的心事。把那地图给我。告诉你们吧,我已经把我的国土划成三部;我因为自己年纪老了,决心摆脱一切世务的牵萦,把责任交卸给年轻力壮之人,让自己松一松肩,好安安心心地等死。康华尔贤婿,还有同样是我心爱的奥本尼贤婿,为了预防他日的争执,我想还是趁现在把我的几个女儿的嫁妆当众分配清楚。法兰西和勃艮第两位君主正在竞争我的小女儿的爱情,他们为了求婚而住在我们宫廷里,也已经有好多时候了,现在他们就可以得到答复。孩子们,在我还没有把我的政权、领土和国事的重任全部放弃以前,告诉我,你们中间哪一个人最爱我?我要看看谁最有孝心,最有贤德,我就给她最大的恩惠。高纳里尔,我的大女儿,你先说。

高纳里尔　父亲,我对您的爱,不是言语所能表达的;我爱您胜过自己的眼睛、整个的空间和广大的自由;超越一切可以估价的贵重稀有的事物;不亚于赋有淑德、健康、美貌和荣誉的生命;不曾有一

正如老子所说:"信言不美,美言不信;善者不辩,辩者不善。"

巧言令色、阿谀奉承的华美语言正反映出她内心情感的虚假与欺骗。

唤醒尘世间的上帝

46

个儿女这样爱过他的父亲，也不曾有一个父亲这样被他的儿女所爱；这一种爱可以使唇舌无能为力，辩才失去效用；我爱您是不可以数量计算的。

考狄利娅　（旁白）考狄利娅应该怎么好呢？默默地爱着吧。

李尔　在这些疆界以内，从这一条界线起，直到这一条界线为止，所有一切浓密的森林、膏腴的平原、富庶的河流、广大的牧场，都要奉你为它们的女主人；这一块土地永远为你和奥本尼的子孙所保有。我的二女儿，最亲爱的里根，康华尔的夫人，你怎么说？

里根　我跟姐姐具有同样的品质，您凭着她就可以判断我。在我的真心之中，我觉得她刚才所说的话，正是我爱您的实际的情形，可是她还不能充分说明我的心理：我厌弃一切凡是敏锐的知觉所能感受到的快乐，只有爱您才是我的无上的幸福。

考狄利娅　（旁白）那么，考狄利娅，你只好自安于贫穷了！可是我并不贫穷，因为我深信我的爱心比我的口才更富有。

李尔　这一块从我们这美好的王国中划分出来的三分之一的沃壤，是你和你的子孙永远世袭的产业，和高纳里尔所得到的一份同样广大、同样富庶，也同样佳美。现在，我的宝贝，虽然是最后的一个，却并非最不在我的心头；法兰西的葡萄和勃艮第的乳酪都在竞争你的青春之爱；你有些什么话，可以换到一份比你的两个姐姐更富庶的土地？说吧。

考狄利娅　父亲，我没有话说。

"不精不诚，不能动人"，但却能换来富贵。前两个女儿的话把她们的丈夫又置于何地呢？

"不义而富且贵，于我如浮云。"丰厚的亲情才是考狄利娅最宝贵的财富，而非巧舌如簧、夸夸其谈的口才。

子曰："巧言令色，鲜矣仁。"

中国历史上，曹丕比兄弟曹植更有手段，获得了父亲曹操的欢心与信任，从而登基为帝。后来曹丕又不顾兄弟情义，迫害他，要求曹植七步作诗，从而留下"本是同根生，相煎何太急"的千古名句。

李尔 没有？

考狄利娅 没有。

李尔 没有只能换到没有；重新说过。

考狄利娅 我是个笨拙的人，不会把我的心涌上我的嘴里；我爱您只是按照我的名分，一分不多，一分不少。

李尔 怎么，考狄利娅！把你的话修正修正，否则你要毁坏你自己的命运了。

考狄利娅 父亲，您生下我来，把我教养成人，爱惜我、厚待我；我受到您这样的恩德，只有恪尽我的责任，服从您、爱您、敬重您。我的姐姐们要是用她们整个的心来爱您，那么她们为什么要嫁人呢？要是我有一天出嫁了，那接受我的忠诚的誓约的丈夫，将要得到我的一半的爱、我的一半的关心和责任；假如我只爱我的父亲，我一定不会像我的两个姐姐一样再去嫁人的。

李尔 你这些话果然是从心里说出来的吗？

考狄利娅 是的，父亲。

李尔 年纪这样小，却这样没有良心吗？

考狄利娅 父亲，我年纪虽小，我的心却是忠实的。

李尔 好，那么让你的忠实做你的嫁妆吧。凭着太阳神圣的光辉，凭着黑夜的神秘，凭着主宰人类生死的星球的运行，我发誓从现在起，永远和你断绝一切父女之情和血缘亲属的关系，把你当作一个路人看待。啖食自己儿女的生番，比起你，我的旧日的女儿来，也不会更令我憎恨。

肯特 陛下——

李尔 闭嘴，肯特！不要来批怒龙的逆鳞。她是我

传说在龙的颔下有些鳞片如果抚摸它，龙就会发怒杀人。古代君王多以龙自比。"批龙鳞"多会招致"龙颜大怒"的后果，而被降罪、处罚。

最爱的一个，我本来想要在她的殷勤看护之下，终养我的天年。去，不要让我看见你的脸！让坟墓做我安息的眠床吧，我从此割断对她的天伦的慈爱了！叫法兰西王来！都是死人吗？叫勃艮第来！康华尔，奥本尼，你们已经分到我的两个女儿的嫁妆，现在把我第三个女儿那一份也拿去分了吧；让骄傲——她自己所称为坦白的——替她找一个丈夫。我把我的威力、特权和一切君主的尊荣一起给了你们。我自己只保留一百名骑士，在你们两人的地方按月轮流居住，由你们负责供养。除了国王的名义和尊号以外，所有行政的大权、国库的收入和大小事务的处理，完全交在你们手里；为了证实我的话，两位贤婿，我赐给你们这一顶宝冠，归你们两人共同保有。

肯特　尊敬的李尔，我一向敬重您像敬重我的君王，爱您像爱总把您当作我的伟大的恩主——

李尔　弓已经弯好拉满，你留心躲开箭锋吧。

肯特　让它落下来吧，即使箭镞会刺进我的心里。李尔发了疯，肯特也只好不顾礼貌了。你究竟要怎样，老头儿？<u>你以为有权有位的人向谄媚者低头，尽忠守职的臣僚就不敢说话了吗？君主不顾自己的尊严，干下了愚蠢的事情，在朝的端人正士只好直言极谏。</u>保留你的权力，仔细考虑一下你的举措，收回这种鲁莽灭裂的成命。你的小女儿并不是最不孝顺你；有人不会口若悬河，说得天花乱坠，可并不就是无情无义。我的判断要是有错，你尽管取我的命。

李尔　肯特，你要是想活命，赶快闭住你的嘴。

　　"文死谏，武死战。"中国古代的直言劝谏、英勇无畏的正直之臣众多，有因为劝谏而被剖心的比干、屡次劝谏唐太宗李世民的魏徵等。此类人亦可谓"脊梁"。

肯特 我的生命本来是预备向你的仇敌抛掷的;为了你的安全,我也不怕把它失去。

李尔 走开,不要让我看见你!

肯特 瞧明白一些,李尔;还是让我像箭垛上的红心一般永远站在你的眼前吧。

李尔 凭着阿波罗起誓——

肯特 凭着阿波罗,老王,你向神明发誓也是没用的。

李尔 啊,可恶的奴才!（以手按剑）

奥本尼
　　　　　陛下息怒。
康华尔

"良药苦口利于病,忠言逆耳利于行。"进言劝谏者可谓昏君的医生,为其治"病"救命。

肯特 好,杀了你的医生,把你的恶病养得一天比一天厉害吧。赶快撤销你的分土授国的原议;否则只要我的喉舌尚在,我就要大声疾呼,告诉你你做了错事啦。

李尔 听着,逆贼!你给我按照做臣子的道理,好生听着!你想要煽动我毁弃我的不容更改的誓言,凭着你的不法的跋扈,对我的命令和权力妄加阻挠,这一种目无君上的态度,使我忍无可忍;为了维持王命的尊严,不能不给你应得的处分。我现在宽容你五天的时间,让你预备些应用的衣服食物,免得受饥寒的痛苦;在第六天上,你那可憎的身体必须离开我的国境;要是在此后十天之内,我们的领土上再发现了你的踪迹,那时候就要把你当场处死。去!凭着朱庇特发誓,这一个判决是无可改移的。

"言者无罪,闻者足戒。""有则改之,无则加勉。"古代的谏官可以畅所欲言而不受处罚。李尔王却为了所谓的颜面对肯特进行打击报复,实属不该。

肯特 再会,国王;你既不知悔改,
　　　　　囚笼里也没有自由存在。（向考狄利娅）

姑娘,自有神明为你照应:

你心地纯洁,说话真诚!(向里根、高纳里尔)

愿你们的夸口变成实事,

假树上会结下真的果子。

各位王子,肯特从此远去;

到新的国土走他的旧路。(下)

第二幕　第四场　葛罗斯特城堡前

高纳里尔上。

李尔　天啊,要是你爱老人,要是凭着你统治人间的<u>仁爱,你认为子女应该孝顺他们的父母,要是你自己也是老人,那么不要漠然无动于衷,降下你的愤怒来,帮我申雪我的怨恨吧!</u>(向高纳里尔)你看见我这一把胡须,不觉得惭愧吗?啊,里根,你愿意跟她握手吗?

高纳里尔　为什么她不能跟我握手呢!我干了什么错事?难道凭着一张糊涂昏悖的嘴里的胡言乱语,就可以成立我的罪案吗?

李尔　啊,我的胸膛!你还没有胀破吗?我的人怎么给你们枷了起来?

康华尔　陛下,是我把他枷在那儿的;照他狂妄的行为,这样的惩戒还太轻呢。

李尔　你!是你干的事吗?

里根　父亲,您该明白您是一个衰弱的老人,一切只好将就点儿。要是您现在仍旧回去跟姐姐住在一起,裁撤了您的一半的侍从,那么等住满了一个月,再到我这儿来吧。我现在不在自己家里,要供

《论语》中说:"三年无改于父之道,可谓孝矣。"《礼记》中也记载,父母喜爱珍玩、狗马等器物,作为子女也要看重、珍爱它们。

这些要求现在看来有些过时,但却也说明了一点,孝的同时也要顺,不要轻易违背父母的意愿,惹其发怒、伤身。

由此看来,这两个女儿恶意扣押李尔的仆从,削减他的骑士,可谓不敬、不孝。

养您也有许多不便。

李尔 回到她那儿去？裁撤五十名侍从！不，我宁愿什么屋子也不要住，过着风餐露宿的生活，和无情的大自然抗争，和豺狼鸱鸮做伴侣，忍受一切饥寒的痛苦！回去跟她住在一起？嘿，我宁愿到那娶了我的没有嫁妆的小女儿去的热情的法兰西国王的座前匍匐膝行，像一个臣仆一样向他讨一份微薄的恩俸，苟延残喘下去。回去跟她住在一起！你还是劝我在这可恶的仆人手下当奴才、当牛马吧。（指奥斯华德）

高纳里尔 随你的便。

李尔 女儿，请你不要使我发疯；我也不愿再来打扰你了，我的孩子。再会吧；我们从此不再相见。可是你是我的肉、我的血、我的女儿；或者还不如说是我身体上的一个恶瘤，我不能不承认你是我的；你是我的腐败的血液里的一个疖子、一个瘀块、一个肿毒的疔疮。可是我不愿责骂你；让羞辱自己降临到你的身上吧，我没有呼召它；我不要求天雷把你殛死，我也不把你的忤逆向垂察善恶的天神控诉，你回去仔细想一想，趁早痛改前非，还来得及。我可以忍耐；我可以带着我的一百个骑士，跟里根住在一起。

里根 那绝对不行；现在还轮不到我，我也没有预备好招待您的礼数。父亲，听我姐姐的话吧；人家冷眼看着您这种愤怒的神气，他们心里都要说您因为老了，所以——可是姐姐是知道她自己该怎样做的。

李尔 这是你的好意的劝告吗？

唤醒尘世间的上帝

里根 是的,父亲,这是我的真诚的意见。什么! 五十个卫士? 这不是很好吗? 再多一些有什么用处? 就是这么许多人,数目也不少了,别说供养他们不起,而且让他们成群结党,也是一件危险的事。一间屋子里养了这许多人,受着两个主人支配,怎么不会发生争闹? 简直不成话。

高纳里尔 父亲,您为什么不让我们的仆人侍候您呢?

里根 对了,父亲,那不是很好吗? 要是他们怠慢了您,我们也可以训斥他们。您下回到我这儿来的时候,请您只带二十五个人来,因为现在我已经看到了一个危险;超过这个数目,我是恕不招待的。

李尔 我把一切都给了你们——

里根 您幸好及时给了我们。

李尔 叫你们做我的代理人、保管者,我的唯一的条件,只是让我保留这么多的侍从。什么! 我只能带二十五个人,到你这儿来吗? 里根,你是不是这样说?

里根 父亲,我可以再说一遍,我只允许您带这么几个人来。

李尔 恶人的脸相虽然狰狞可怖,要是与比他更恶的人相比,就会显得和蔼可亲;不是绝顶的凶恶,总还有几分可取。(向高纳里尔)我愿意跟你去;你的五十个人还比她的二十五个人多上一倍,你的孝心也比她大一倍。

高纳里尔 父亲,我们家里难道没有两倍这么多的仆人可以侍候您? 依我说,不但用不着二十五个人,就是十个五个也是多余的。

中国与此情况类似的词语有"相形见绌""每况愈下""小巫见大巫"等。可见很多时候美丑、善恶、大小等都是通过比较,相对而言的。

里根 依我看来，一个也不需要。

李尔 啊！不要跟我说什么需要不需要；最卑贱的乞丐，也有他的不值钱的身外之物；<u>人生除了天然的需要以外，要是没有其他的享受，那和畜类的生活有什么分别。</u>你是一位夫人；你穿着这样华丽的衣服，如果你的目的只是保持温暖，那就根本不合你的需要，因为这种盛装艳饰并不能使你温暖。可是，讲到真的需要，那么天啊，给我忍耐吧，我需要忍耐！神啊，你们看见我在这儿，一个可怜的老头子，被忧伤和老迈折磨得好苦！假如是你们鼓动这两个女儿的心，使她们忤逆她们的父亲，那么请你们不要尽是愚弄我，叫我默然忍受吧；让我的心里激起了刚强的怒火，别让妇人所恃为武器的泪点玷污我的男子汉的面颊！不，你们这两个不孝的妖妇，我要向你们复仇，我要做出一些使全世界惊怖的事情来，虽然我现在还不知道我要怎么做。你们以为我将要哭泣；不，我不愿哭泣，我虽然有充分的哭泣的理由，可是我宁愿让这颗心碎成万片，也不愿流下一滴泪来。啊，傻瓜！我要发疯了！（李尔、葛罗斯特及弄人同下）

康华尔 我们进去吧；一场暴风雨将要来了。（远处暴风雨声）

里根 这座房屋太小了，这老头儿带着他那班人来是容纳不下的。

高纳里尔 是他自己不好，放着安逸的日子不过，<u>一定要吃些苦，才知道自己的蠢。</u>

里根 单是他一个人，我倒也很愿意收留他，可是他的那班跟随人，我可一个也不能容纳。

高纳里尔 我也是这个意思。葛罗斯特伯爵呢？

康华尔 跟老头子出去了。他回来了。

　　葛罗斯特重上。

葛罗斯特 王上正在盛怒之中。

康华尔 他要到哪儿去？

葛罗斯特 他叫人备马；可是不让我知道他要到什么地方去。

康华尔 <u>还是不要管他，随他自己的意思吧。</u>

高纳里尔 伯爵，您千万不要留他。

葛罗斯特 唉！天色暗起来了，田野里都在刮着狂风，附近许多英里之内，简直连一株小小的树木都没有。

里根 啊！伯爵，对于刚愎自用的人，只好让他们自<u>己招致的灾祸教训他们。关上您的门；他有一班亡命之徒跟随在身边，他自己又是这样容易受人愚弄，谁也不知道他们会煽动他干出些什么事来。</u>我们还是小心点儿好。

康华尔 关上您的门，伯爵；这是一个狂暴的晚上。我的里根说得一点不错。暴风雨来了，我们进去吧。（同下）

　　"天作孽，犹可活；自作孽，不可活。"李尔当初放弃王权，轻信谄媚的两女，赶走诚信的小女儿，确属咎由自取、作法自毙。

第五幕　第三场　多佛附近英军营地

　　旗鼓前导，爱德蒙凯旋上；李尔、考狄利娅被俘随上；军官、兵士等同上。

爱德蒙 来人，把他们押下去，好生看守，等上面发落下来，再作道理。

考狄利娅 <u>存心良善的反而得到恶报，这样的前例</u>

　　此可谓名句。

　　俗话说："善有善报，恶有恶报，不是不报，时辰未到。"但这无异于受害者的自我安慰，能看到"善有恶报"才是敢于正视现实。

是很多的。我只是为了你，被迫害的国王，才感到悲伤；否则尽管欺人的命运向我横眉怒目，我也不把它的凌辱放在心上。我们要不要去见见这两个女儿和这两个姐姐？

李尔　不，不，不，不！来，让我们到监牢里去。我们两人将要像笼中之鸟一般唱歌；当你求我为你祝福的时候，我要跪下来求你饶恕；我们就这样生活着，祈祷，唱歌，说些古老的故事，嘲笑那班像金翅蝴蝶般的廷臣，听听那些可怜的人讲些宫廷里的消息；我们也要跟他们在一起谈话，谁失败，谁胜利，谁在朝，谁在野，用我们的意见解释各种事情的奥秘，就像我们是上帝的耳目一样；在囚牢的四壁之内，我们将要冷眼看那些朋比为奸的党徒随着月亮的圆缺而升沉。

爱德蒙　把他们带下去。

"路遥知马力，日久见人心。"李尔王此时方知真爱自己的人是谁。

李尔　对于这样的祭物，我的考狄利娅，天神也要焚香致敬的。我果然把你捉住了吗？谁要是想分开我们，必须从天上取下一把火炬来像驱逐狐狸一样把我们赶散。揩干你的眼睛；让恶疮烂掉他们的全身，他们也不能使我们流泪，我们要看他们活活饿死。来。（兵士押李尔、考狄利娅下）

"识时务者为俊杰"，这句话，往往成为劝服别人的名言。"脸厚心黑"却成为奸雄的必备条件。

爱德蒙　过来，队长。听着，把这一通密令拿去；（以一纸授军官）跟着他们到监牢里去。我已经把你提升了一级，要是你能够照这密令上所说的执行，一定大有好处。你要知道，识时务的才是好汉；心肠太软的人不配佩带刀剑。我吩咐你去干这件重要的差使，你不必多问，愿意就做，不愿意就另谋出路吧。

唤醒尘世间的上帝

军官 我愿意,大人。

爱德蒙 那么去吧;你立了这一个功劳,你就是一个幸运的人。听着,事不宜迟,必须照我所写的办法赶快办好。

军官 我不会拖车子,也不会吃干麦;只要是男子汉干的事,我就会干。(下)

喇叭奏花腔。奥本尼、高纳里尔、里根、军官及侍从等上。

奥本尼 伯爵,你今天果然表明了你是一个将门之子;命运眷顾着你,使你克奏肤功,跟我们敌对的人都已经束手就擒。请你把你的俘虏交给我们,让我们一方面按照他们的身份,一方面顾到我们自身的安全,决定一个适当的处置。

爱德蒙 殿下,我已经把那不幸的老王拘禁起来,并且派兵严密监视了;我认为应该这样办:他的高龄和尊号都有一种莫大的魔力,可以吸引人心归附他,要是不加防范,恐怕我们的部下都要受他的煽惑而对我们反戈相向。那王后,我为了同样的理由,也把她一起下了监;他们明天或者迟一两天就可以受你们的审判。<u>现在弟兄们刚刚流过血汗,丧折了不少的朋友亲人,他们感受战争的残酷,未免心中愤激,这场争端无论理由怎样正大,在他们看来也就成为是可诅咒的了</u>;所以审问考狄利娅和她的父亲这一件事,必须在一个更适当的时候举行。

奥本尼 伯爵,说一句不怕你见怪的话,你不过是一个随征的将领,我并没有把你当作一个同等地位的人。

"一将功成万骨枯。""可怜无定河边骨,犹是春闺梦里人。"无数的边塞征战诗表明了战争的可厌、可怖、可憎。

57

里根 假如我愿意,为什么他不能和你分庭抗礼呢? 我想你在说这样的话以前,应该先问问我的意思才是。他带领我们的军队,受到我的全权委任,凭着这一层亲密的关系,也够资格和你称兄道弟了。

高纳里尔 少亲热点儿吧;他的地位是他靠着自己的才能造成的,并不是你给他的恩典。

里根 我把我的权力托付给他,他就能和最尊贵的人匹敌。

古语有"一语成谶"之说。

当然,这句话反过来说更像是一个真理。

高纳里尔 要是他做了你的丈夫,至多也不过如此吧。

里根 笑话往往会变成预言。

高纳里尔 呵呵!看你挤眉弄眼的,果然有点儿邪气。

里根 太太,我现在身子不大舒服,懒得跟你斗嘴了。将军,请你接受我的军队、俘虏和财产;这一切连我自己都由你支配;我是你的献城降服的臣仆;让全世界为我证明,我现在把你立为我的丈夫和君主。

高纳里尔 你想要受用他吗?

奥本尼 那不是你所能阻止的。

爱德蒙 也不是你所能阻止的。

奥本尼 杂种,我可以阻止你们。

古今中外的文化中,蛇多是阴险、狡诈、狠毒的形象。《圣经》中,是它诱使亚当、夏娃偷吃了禁果,自己也被上帝降罪,罚以肚皮行走。可谓害人害己。《伊索寓言》中农夫救了冻僵的蛇,却反被恩将仇报咬死。中国文化中,有"心如蛇蝎"等词语,可见其在人们心目中的形象。

里根 (向爱德蒙)叫鼓手打起鼓来,和他决斗,证明我已经把尊位给了你。

奥本尼 等一等,我还有话说。爱德蒙,你犯有叛逆重罪,我逮捕你;同时我还要逮捕这一条金鳞的毒蛇。(指高纳里尔)贤妹,为了我的妻子,我必须要求您放弃您的权利;她已经跟这位勋爵有约在先,

唤醒尘世间的上帝

所以我,她的丈夫,不得不对你们的婚姻表示异议。要是您想结婚的话,还是把您的爱情用在我的身上吧,我的妻子已经另有所属了。

高纳里尔　这一段穿插真有趣!

奥本尼　葛罗斯特,你现在甲胄在身;让喇叭吹起来;要是没有人出来证明你所犯的无数凶残罪恶,众目昭彰的叛逆重罪,这儿是我的信物;(掷下手套)在我没有剖开你的胸口,证明我此刻所宣布的一切以前,我决不让一些食物接触我的嘴唇。

里根　哎哟!我病了!我病了!

高纳里尔　(旁白)要是你不病,我也从此不相信毒药了。

爱德蒙　这儿是我给你的交换品;(掷下手套)谁骂我是叛徒,他就是个说谎的恶人。叫你的喇叭吹起来吧;谁有胆量,出来,我可以向他、向你、向每一个人证明我的不可动摇的忠心和荣誉。

奥本尼　来,传令官!

爱德蒙　传令官!传令官!

奥本尼　信赖你个人的勇气吧;因为你的军队都是用我的名义征集的,我已经用我的名义把他们遣散了。

里根　我的病越来越厉害啦!

奥本尼　她身体不舒服;把她扶到我的帐里去。(侍从扶里根下)过来,传令官。

　　传令官上。

奥本尼　叫喇叭吹起来。宣读这一道命令。

军官　吹喇叭!(喇叭吹响)

传令官　(宣读)"在本军之中,如有身份高贵的将校官佐,愿意证明爱德蒙——名分未定的葛罗斯特伯爵,是一个罪恶多端的叛徒,让他在第三次喇叭声中出来。该爱德蒙坚决自卫。"

爱德蒙 吹!(喇叭初响)

传令官 再吹!(喇叭再响)

传令官 再吹!(喇叭三响。内喇叭声相应)

喇叭手前导,爱德伽武装上。

奥本尼 问明他的来意,为什么他听了喇叭的呼召到这儿来。

传令官 你是什么人?你叫什么名字?在军中是什么官级?为什么你要应召而来?

爱德伽 我的名字已经被阴谋的毒齿咬啮蛀蚀了;可是我的出身正像我现在所要来面对的敌手同样高贵。

奥本尼 谁是你的敌手?

爱德伽 代表葛罗斯特伯爵爱德蒙的是什么人?

爱德蒙 他自己;你对他有什么话说?

爱德伽 拔出你的剑来,要是我的话激怒了一颗正直的心,你的兵器可以为你辩护;这儿是我的剑。听着,虽然你有的是胆量、勇气、权位和尊荣,虽然你挥着胜利的宝剑,夺到了新的幸运,可是凭着我的荣誉、我的誓言和我的骑士的身份所给我的特权,我当众宣布你是一个叛徒,不忠于你的神明、你的兄长和你的父亲,阴谋倾覆这一位崇高卓越的君王,从你的头顶直到你的足下的尘土,彻头彻尾是一个最可憎的逆贼。要是你说一声"不",这一柄剑、这一只胳臂和我的全身的勇气,都要向你的心口证明你说谎。

"众口铄金,积毁销骨。"在强大的污蔑、诽谤声中,人的名声是如此脆弱不堪,但与生俱来的人的高贵的特质却不会因此而消泯。

"其为人也孝弟,而好犯上者,鲜矣;不好犯上,而好作乱者,未之有也。君子务本,本立而道生。孝弟也者,其为仁之本与!"
(《论语·学而》)

爱德蒙于父不尊,是为不孝;于兄不敬,是为不悌,缺乏为仁之本,是以犯上作乱。

"头顶生疮,脚底流脓"是汉语中形容一个人从头坏到脚的说法,与此句类似。

唤醒尘世间的上帝

60

爱德蒙 照理我应该问你的名字；可是你的外表既然这样英勇，你的出言吐语，也可以表明你不是一个卑微的人，虽然按照骑士的规则，我可以拒绝你的挑战，我却不惜唾弃这些规则，把你所说的那种罪名仍旧丢回到你的头上，让那像地狱一般可憎的谎话吞没你的心；凭着这一柄剑，我要在你的心头挖破一个窟窿，把你的罪恶一起塞进去。吹起来，喇叭！（号角声。二人决斗。爱德蒙倒地）

奥本尼 留他活命，留他活命！

高纳里尔 这是诡计，葛罗斯特；按照决斗的法律，你尽可以不接受一个不知名的对手的挑战；你不是被人打败，你是中了人家的计了。

奥本尼 闭住你的嘴，妇人，否则我要用这一张纸塞住它了。且慢，骑士。你这比一切恶名更恶的恶人，读读你自己的罪恶吧。不要撕，太太；我看你也认识这一封信的。（以信授爱德蒙）

高纳里尔 即使我认识这一封信，又有什么关系！法律在我手中，不在你手中；谁可以控诉我？（下）

奥本尼 岂有此理！你知道这封信吗？

爱德蒙 不要问我知道不知道。

奥本尼 追上她去；她现在情急了，什么事都干得出来；留心看着她。（一军官下）

爱德蒙 你所指斥我的罪状，我全都承认；而且我所干的事，着实不止这一些呢，总有一天会全部暴露的。现在这些事已成过去，我也要永辞人世了。可是你是什么人，我会失败在你的手里？假如你是一个贵族，我愿意对你不记仇恨。

爱德伽 让我们互相宽恕吧。在血统上我并不比你

违反"秩序"和"法则"，公权私用。当法律成为助纣为虐的工具和手段时，结果更为可怕。

关于兄弟关系的诗句有不少，如："兄弟阋于墙，外御其侮。""渡尽劫波兄弟在，相逢一笑泯恩仇。"

但为了自身利益而手足相残的事例也有不少，中国古代隋炀帝杨广、唐太宗李世民皆是。

基督教文化中，只有宽恕他人，忏悔自己，得到别人的宽恕，才能死后上天堂。

低微，爱德蒙；要是我的出身比你更高贵，你尤其不该那样陷害我。我的名字是爱德伽，你的父亲的儿子。公正的天神使我们的风流罪过成为惩罚我们的工具；他在黑暗淫邪的地方生下了你，结果使他丧失了他的眼睛。

爱德蒙　你说得不错；天道的车轮已经循环过来了。

奥本尼　我一看见你的举止行动，就觉得你不是一个凡俗之人。我必须拥抱你；让悔恨碎裂了我的心，要是我曾经憎恨过你和你的父亲。

爱德伽　殿下，我一向知道您的仁慈。

奥本尼　你把自己藏匿在什么地方？你怎么知道你的父亲的灾难？

爱德伽　殿下，我知道他的灾难，因为我就在他的身边照料他，听我讲一段简短的故事；当我说完以后，啊，但愿我的心爆裂了吧！贪生怕死，是我们人类的常情，我们宁愿每小时忍受着死亡的惨痛，也不愿一下子结束自己的生命；我为了逃避那紧迫着我的、残酷的宣判，不得不披上一身疯人的褴褛衣服，改扮成一副连狗儿们也要看不起的样子。在这样的乔装之中，我碰见了我的父亲，他的两个眼眶里淋着血，那宝贵的眼珠已经失去了；我替他做向导，带着他走路，为他向人求乞，把他从绝望之中拯救出来；啊！千不该、万不该，我不该向他瞒住我自己的真相！直到约莫半小时以前，我已经披上甲胄，虽说希望天从人愿，却不知道此行究竟结果如何，便请他为我祝福，才把我的全部经历从头到尾告诉他知道；可是唉！他的破碎的心太脆弱了，载不起这样重大的喜悦和悲伤，在这两种

"天行有常，不为尧存，不为桀亡。"说的是天道运行自有其规则，外力难以影响。

虽然有可能"三十年河东，三十年河西""风水轮流转"，但正义终将战胜邪恶。

俗话说："好死不如赖活着。"贪生怕死，体现的未必全是人的懦弱，也可看出人文主义者对生命的眷恋与热爱，对生命价值的看重。

62

极端的情绪猛烈的冲突之下，他含着微笑死了。

爱德蒙　你这番话很使我感动，说不定对我有好处；可是说下去吧，看上去你还有一些话要说。

奥本尼　要是还有比这更伤心的事，请不要说下去了吧；因为我听了这样的话，已经忍不住热泪盈眶了。

爱德伽　对于不喜欢悲哀的人，这似乎已经是悲哀的顶点；可是在极度的悲哀之上，却还有更大的悲哀。当我正在放声大哭的时候，来了一个人，他认识我就是他所见过的那个疯丐，不敢接近我；可是后来他知道了我究竟是什么人，遭遇到什么样的不幸，他就抱住我的头颈，大放悲声，好像要把天空都震碎一般；他俯伏在我的父亲的尸体上；讲出了关于李尔和他两个人的一段最凄惨的故事；他越讲越伤心，他的生命之弦都要开始颤断了；那时候喇叭的声音已经响过二次，我只好抛下他一个人在那如痴如醉的状态之中。

真可谓"福无双至，祸不单行"。

奥本尼　可是这是什么人？

爱德伽　肯特，殿下，被放逐的肯特；他一路上乔装改貌，跟随那把他视同仇敌的国王，替他躬操奴隶不如的贱役。

　　　　一侍臣持一流血之刀上。

侍臣　救命！救命！救命啊！

爱德伽　救什么命！

奥本尼　说呀，什么事？

爱德伽　那柄血淋淋的刀是什么意思？

侍臣　它还热腾腾地冒着气呢；它是从她的心窝里拔出来的——啊！她死了！

弗朗西斯·培根曾在《说父母子女》一文中说，人之教子，往往采取一种极为愚蠢的办法，在兄弟姐妹之间挑起一番比试竞争，这只会造成他们之间的不和，甚至毁了家庭。从本剧中兄弟、姐妹相残看，此论精当。

奥本尼 谁死了？说呀。

侍臣 您的夫人，殿下，您的夫人；她的妹妹也给她毒死了，她自己承认的。

爱德蒙 我跟她们两人都有婚姻之约，现在我们三个人可以在一块儿做夫妻了。

爱德伽 肯特来了。

奥本尼 把她们的尸体抬出来，不管她们有没有死。这一上天的判决使我们战栗，却不能引起我们的怜悯。（侍臣下）

（选自《李尔王》）

唤醒尘世间的上帝

3. 我愿意丧失一切，来救出你的生命

第四幕　第一场　威尼斯。法庭

公爵、众绅士、安东尼奥、巴萨尼奥、葛莱西安诺、萨拉里诺、萨莱尼奥及余人等同上。

公爵　安东尼奥有没有来?

安东尼奥　有,殿下。

公爵　我很为你不快乐;你是来跟一个心如铁石的对手当庭对质,一个不懂得怜悯、没有一丝慈悲心的不近人情的恶汉。

安东尼奥　听说殿下曾经用尽力量劝他不要过为已甚,可是他一味坚持,不肯略作让步。既然没有合法的手段可以使我脱离他怨毒的掌握,我只有用默忍迎受他的愤怒,安心等待着他的残暴的处置。

公爵　来人,传那犹太人到庭。

萨拉里诺　他在门口等着;他来了,殿下。

夏洛克上。

公爵　大家让开些,让他站在我的面前。夏洛克,人家都以为——我也是这样想——你不过是故意装出这一副凶恶的姿态,到了最后关头,就会显出你的仁慈恻隐来,比你现在这种表面上的残酷更加

如果说夏洛克作为高利贷商人是吝啬、精明、狡猾、贪婪的,而作为一个"人"却是苛刻、冷酷、凶狠、残忍的,因此可以说是"非人文主义者"的代表。

虽然说"人为刀俎,我为鱼肉",但安东尼奥却能为了朋友,也为了"契约"而处之泰然。

出人意料；现在你虽然坚持着照约处罚，一定要从这个不幸的商人身上割下一磅肉来，到了那时候，你不但愿意放弃这一种处罚，而且因为受到良心上的感动，说不定还会豁免他一部分的欠款。你看他最近接连遭逢的巨大损失，足以使无论怎样富有的商人倾家荡产，即使铁石一样的心肠，从来不知道人类同情的野蛮人，也不能不对他的境遇发生怜悯。犹太人，我们都在等候你一句温和的回答。

夏洛克　我的意思已经向殿下告禀过了；我也已经指着我们的圣安息日起誓，一定要照约执行处罚；要是殿下不准许我的请求，那就是蔑视宪章，我要到京城里去上告，要求撤销贵邦的特权。您要是问我为什么不愿接受三千块钱，宁愿拿一块腐烂的臭肉，那我可没有什么理由可以回答您，我只能说我欢喜这样，这是不是一个回答？要是我的屋子里有了耗子，我高兴出一万块钱叫人把它们赶掉，谁管得了我？这不是回答了您吗？有的人不爱看张开嘴的猪，有的人瞧见一只猫就要发脾气，还有人听见人家吹风笛的声音，就忍不住要小便；因为一个人的感情完全受着喜恶的支配，谁也做不了自己的主。现在我就这样回答您：为什么有人受不住一头张开嘴的猪，有人受不住一只有益无害的猫，还有人受不住咿咿唔唔的风笛的声音，这些都是毫无充分的理由的，只是因为天生的癖性，使他们一受到刺激，就会情不自禁地现出丑相来；所以我不能举什么理由，也不愿举什么理由，除了因为我对安东尼奥抱着久积的仇恨和深刻的

安东尼奥具有商业资产阶级中人文主义者的高尚正直、古道热肠、慷慨好义、忠于友情、遵守诺言、勇于牺牲等优良品质。

这可以说是"非人"者为自己罪恶行为的开脱之词。在人文主义者看来，人恰恰应该是有理性和理智的。

两人的冲突，是人文主义者与非人文主义者的冲突，也是商业资产者与高利贷者的冲突。

唤醒尘世间的上帝

66

反感,所以才会向他进行这一场对于我自己并没有好处的诉讼。现在您不是已经得到我的回答了吗?

巴萨尼奥 你这冷酷无情的家伙,这样的回答可不能作为你的残忍的辩解。

夏洛克 我的回答本来不是为了讨你的欢喜。

巴萨尼奥 难道人们对于他们所不喜欢的东西,都一定要置之死地吗?

夏洛克 哪一个人会恨他所不愿意杀死的东西?

巴萨尼奥 初次的冒犯,不应该就引为仇恨。

夏洛克 什么!你愿意给毒蛇咬两次吗?

安东尼奥 请你想一想,你现在跟这个犹太人讲理,就像站在海滩上,叫那大海的怒涛减低它的奔腾的威力,责问豺狼为什么害母羊为了失去它的羔羊而哀啼,或是叫那山上的松柏,在受到天风吹拂的时候,不要摇头摆脑,发出谡谡的声音。要是你能够叫这个犹太人的心变软——世上还有什么东西比它更硬呢?——那么还有什么难事不可以做到?所以我请你不用再跟他商量什么条件,也不用替我想什么办法,让我爽爽快快受到判决,满足这犹太人的心愿吧。

巴萨尼奥 借了你三千块钱,现在拿六千块钱还你好不好?

夏洛克 即使这六千块钱中间的每一块钱都可以分作六份,每一份都可以变成一块钱,我也不要它们;我只要照约处罚。

公爵 你这样一点没有慈悲之心,将来怎么能够希望人家对你慈悲呢?

对犹太人的这种看法有其文化根源。在欧洲中世纪宗教剧中,犹太人的作为必然是灭绝人性的,灵魂是出卖给魔鬼的。在基督徒眼中,犹太人是坏心肠、吝啬鬼的代名词。

两人的冲突,是犹太人与非犹太人的种族冲突,也是犹太教与基督教的宗教冲突。

67

夏洛克 我又不干错事，怕什么刑罚？你们买了许多奴隶，把他们当作驴狗骡马一样看待，叫他们做种种卑贱的工作，因为他们是你们出钱买来的。我可不可以对你们说，让他们自由，叫他们跟你们的子女结婚？为什么他们要在重担之下流着血汗？让他们的床铺得跟你们的床同样柔软，让他们的舌头也尝尝你们所吃的东西吧，你们会回答说："这些奴隶是我们所有的。"所以我也可以回答你们：我向他要求的这一磅肉，是我出了很大的代价买来的；它是属于我的，我一定要把它拿到手里。您要是拒绝了我，那么你们的法律去见鬼吧！威尼斯城的法令等于一纸空文。我现在等候着判决，请快些回答我，我可不可以拿到这一磅肉？

公爵 我已经差人去请培拉里奥，一位有学问的博士，来替我们审判这件案子；要是他今天不来，我可以有权宣布延期判决。

萨拉里诺 殿下，外面有一个使者刚从帕度亚来，带着这位博士的书信，等候着殿下的召唤。

公爵 把信拿来给我；叫那使者进来。

巴萨尼奥 高兴起来吧，安东尼奥！喂，老兄，不要灰心！这犹太人可以把我的肉、我的血、我的骨头、我的一切都拿去，可是我决不让你为了我的缘故流一滴血。

安东尼奥 我是羊群里一头不中用的病羊，死是我的应分；最软弱的果子最先落到地上，让我也就这样结束了我的一生吧。巴萨尼奥，我只要你活下去，将来替我写一篇墓志铭，那你就是做了再好不过的事。

夏洛克深谙犹太教"以牙还牙，以眼还眼"的方式，要求按照"契约""法律"执行，希望得到犹太教所推崇的"正义""公道"。其他人则更为看重的是基督教推崇的"仁慈""博爱"精神。

两人可谓是患难之中见真情。

子曰："盍各言尔志。"子路曰："愿车马衣轻裘，与朋友共，敝之而无憾。"可见子路的慷慨大方、重视朋友情谊，但那只涉及物质方面的牺牲，而安东尼奥与巴萨尼奥的友情却逾越了生死。

唤醒尘世间的上帝

68

> 尼莉莎扮律师书记上。

公爵 你是从帕度亚培拉里奥那里来的吗?

尼莉莎 是,殿下。培拉里奥叫我向殿下致意。(呈上一信)

巴萨尼奥 你这样使劲儿磨着刀干吗?

夏洛克 从那破产的家伙身上割下那磅肉来。

葛莱西安诺 狠心的犹太人,你不是在鞋口上磨刀,你这把刀是放在你的心口上磨;无论哪种铁器,就连刽子手的钢刀,都赶不上你这刻毒的心肠一半的锋利。难道什么恳求都不能打动你吗?

夏洛克 不能,无论你说得多么婉转动听,都没有用。

葛莱西安诺 万恶不赦的狗,看你死后不下地狱!让你这种东西活在世上,真是公道不生眼睛。你简直使我的信仰发生摇动,相信起毕达哥拉斯所说畜生的灵魂可以转生人体的议论来了;你的前生一定是一头豺狼,因为吃了人给人捉住吊死,它那凶恶的灵魂就从绞架上逃了出来,钻进了你那老娘的腌臜的胎里,因为你的性情正像豺狼一样残暴贪婪。

夏洛克 除非你能够把我这一张契约上的印章骂掉,否则像你这样拉开了喉咙直嚷,不过白白伤了你的肺,何苦来呢?好兄弟,我劝你还是让你的脑子休息一下吧,免得它损坏了,将来无法收拾。我在这儿要求法律的裁判。

公爵 培拉里奥在这封信上介绍一位年轻有学问的博士出席我们的法庭。他在什么地方?

尼莉莎 他就在这儿附近等着您的答复,不知道殿

遭受到激烈的咒骂,充分突出了夏洛克的"非人性"的一面,也体现了当时基督徒对犹太人的普遍看法。

69

下准不准许他进来？

公爵 非常欢迎。来，你们去三四个人，恭恭敬敬领他到这儿来。现在让我们把培拉里奥的来信当庭宣读。

书记 （读）"尊翰到时，鄙人抱疾方剧；适有一青年博士鲍尔萨泽君自罗马来此，致其慰问，因与详讨犹太人与安东尼奥一案，遍稽群籍，折中是非，遂恳其为鄙人庖代，以应殿下之召。凡鄙人对此案所具意见，此君已深悉无遗；其学问才识，虽穷极赞辞，亦不足道其万一，务希勿以其年少而忽之，盖如此少年老成之士，实鄙人生平所仅见也。倘蒙延纳，必能不辱使命。敬祈钧裁。"

公爵 你们已经听到了博学的培拉里奥的来信。这儿来的大概就是那位博士了。

　　　鲍西娅扮律师上。

公爵 把您的手给我。足下是从培拉里奥老前辈那儿来的吗？

鲍西娅 正是，殿下。

公爵 欢迎欢迎；请上坐。您有没有明了今天我们在这儿审理的这件案子的两方面的争点？

鲍西娅 我对于这件案子的详细情形已经完全知道了。这儿哪一个是那商人，哪一个是犹太人？

公爵 安东尼奥，夏洛克，你们两人都上来。

鲍西娅 你的名字就叫夏洛克吗？

夏洛克 夏洛克是我的名字。

鲍西娅 你这场官司打得倒也奇怪，可是按照威尼斯的法律，你的控诉是可以成立的。（向安东尼奥）你的生死现在操在他的手里，是不是？

　　鲍西娅女扮男装前来营救夫君的好友，这一母题也是各国文化中常用的。

　　中国黄梅戏中有《女驸马》。

　　中国古代不许女子外出求学，于是祝英台扮作男子与梁山伯一起读书，从而情愫暗生，演出了一部凄恻缠绵、轰轰烈烈的爱情传奇剧。

唤醒尘世间的上帝

安东尼奥 他是这样说的。

鲍西娅 你承认这借约吗？

安东尼奥 我承认。

鲍西娅 那么犹太人应该慈悲一点。

夏洛克 为什么我应该慈悲一点？把您的理由告诉我。

鲍西娅 <u>慈悲不是出于勉强，它是像甘霖一样从天上降下尘世；它不但给幸福于受施的人，也同样给幸福于施与的人；它有超乎一切的无上威力，比皇冠更足以显出一个帝王的高贵：御杖不过象征着俗世的威权，使人民对于君上的尊严凛然生畏；慈悲的力量却高出于权力之上，它深藏在帝王的内心，是一种属于上帝的德行，执法的人倘能把慈悲调剂着公道，人间的权力就和上帝的神力没有差别。</u> 所以，犹太人，虽然你所要求的是公道，可是请你想一想，要是真的按照公道执行起赏罚来，谁也没有死后得救的希望；<u>我们既然祈祷着上帝的慈悲，就应该按照祈祷的指点，自己做一些慈悲的事。</u> 我说了这一番话，为的是希望你能够从你的法律的立场上作几分让步；可是如果你坚持着原来的要求，那么威尼斯的法庭是执法无私的，只好把那商人宣判定罪了。

夏洛克 我自己做的事，我自己当！<u>我只要求法律允许我照约执行处罚。</u>

鲍西娅 他是不是无力偿还这笔借款？

巴萨尼奥 不，我愿意替他当庭还清；照原数加倍也可以；要是这样他还不满足，那么我愿意签署契约，还他十倍的数目，拿我的手、我的头、我的心做

从世界几大宗教来看，佛教主张"慈悲为怀"，基督教主张"仁慈、博爱"。

如按照法律判决则不符合人文道德与基督教教义；如不按照法律判决，则有失公正，会破坏法律的尊严。以"慈悲"调剂，也显示了法律的局限性。

鲍西娅代表着人文主义者的道德和基督教的仁慈。

两人的冲突与对抗其实还是"法"与"情"的冲突与对抗。

一磅肉的"契约"尽管荒唐，但司法却要求"公正"，法律也要求"民主"。虽然不合情理，但法律却不可以任意修改或变通。

71

《威尼斯商人》取材于马洛的《马耳他的犹太人》。

一磅肉契约有其文化根源。古罗马《十二铜表法》规定,如有人不能偿还债务,债权人可以卖掉他,如卖不掉,可以由债权人分割其肢体。而且,这种合同或契约,其效力是大于法律的。

抵押;要是这样还不能使他满足,那就是存心害人,不顾天理了。请堂上运用权力,把法律稍为变通一下,犯一次小小的错误,干一件大大的功德,别让这个残忍的恶魔逞他杀人的兽欲。

鲍西娅 那可不行,在威尼斯谁也没有权力变更既成的法律;要是开了这一个恶例,以后谁都可以借口有例可援,什么坏事情都可以干了。这是不行的。

夏洛克 一个但尼尔来做法官了!真的是但尼尔再世!聪明的青年法官啊,我真佩服你!

鲍西娅 请你让我瞧一瞧那借约。

夏洛克 在这儿,可尊敬的博士;请看吧。

鲍西娅 夏洛克,他们愿意出三倍的钱还你呢。

夏洛克 不行,不行,我已经对天发过誓啦,难道我可以让我的灵魂背上毁誓的罪名吗?不,把整个儿的威尼斯给我,我都不能答应。

鲍西娅 好,那么就应该照约处罚;根据法律,这犹太人有权要求从这商人的胸口割下一磅肉来。还是慈悲一点,把三倍原数的钱拿去,让我撕了这张约吧。

夏洛克 等他按照约中所载条款受罚以后,再撕不迟。您瞧上去像是一个很好的法官;您懂得法律,您讲的话也很有道理,不愧是法律界的中流砥柱,所以现在我就用法律的名义,请您立刻进行宣判,凭着我的灵魂起誓,谁也不能用他的口舌改变我的决心。我现在只等着执行原约。

安东尼奥 我也诚心请求堂上从速宣判。

鲍西娅 好,那么就是这样:你必须准备让他的刀子刺进你的胸膛。

夏洛克　啊,尊严的法官! 好一位优秀的青年!

鲍西娅　因为这约上所订的惩罚,对于法律条文的含义并无抵触。

夏洛克　很对很对! 啊,聪明正直的法官! 想不到你瞧上去这样年轻,见识却这么老练!

鲍西娅　所以你应该把你的胸膛袒露出来。

夏洛克　对了,"他的胸部",约上是这么说的;——不是吗,尊严的法官? ——"附近心口的所在",约上写得明明白白的。

鲍西娅　不错,称肉的天平有没有预备好?

夏洛克　我已经带来了。

鲍西娅　夏洛克,去请一位外科医生来替他堵住伤口,费用归你负担,免得他流血而死。

夏洛克　约上有这样的规定吗?

鲍西娅　约上并没有这样的规定;可是那又有什么相干呢? 肯做一件好事总是好的。

夏洛克　我找不到;约上没有这一条。

鲍西娅　商人,你还有什么话说吗?

安东尼奥　我没有多少话要说;我已经准备好了。把你的手给我,巴萨尼奥,再会吧! 不要因为我为了你的缘故遭到这种结局而悲伤,因为命运对我已经特别照顾了:它往往让一个不幸的人在家产荡尽以后继续活下去,用他凹陷的眼睛和满是皱纹的额角去挨受贫困的暮年;这一种拖延时日的刑罚,它已经把我豁免了。替我向尊夫人致意,告诉她安东尼奥的结局;对她说我怎样爱你,又怎样从容就死;等到你把这一段故事讲完以后,再请她

明代名士苏浚《鸡鸣偶记》把朋友分为四类,曰:"道义相砥,过失相规,畏友也;缓急可共,死生可托,密友也;甘言如饴,游戏征逐,昵友也;利则相攘,患则相倾,贼友也。"

安东尼奥与巴萨尼奥两人生死之交,可谓密友也,甚至也不亚于男女之间的生死之恋。

判断一句,巴萨尼奥是不是曾经有过一个真心爱他的朋友。不要因为你将要失去一个朋友而懊恨,替你还债的人是死而无怨的;只要那犹太人的刀刺得深一点,我就可以在一刹那的时间把那笔债完全还清。

巴萨尼奥 安东尼奥,我爱我的妻子,就像我自己的生命一样;可是我的生命、我的妻子以及整个的世界,在我的眼中都不比你的生命更为贵重;我愿意丧失一切,把它们献给这恶魔做牺牲,来救出你的生命。

鲍西娅 尊夫人要是就在这儿听见您说这样的话,恐怕不见得会感谢您吧。

葛莱西安诺 我有一个妻子,我可以发誓我是爱她的;可是我希望她马上归天,好去求告上帝改变这恶狗一样的犹太人的心。

尼莉莎 幸亏尊驾在她的背后说这样的话,否则府上一定要吵得鸡犬不宁了。

夏洛克 这些便是相信基督教的丈夫!我有一个女儿,我宁愿她嫁给强盗的子孙,不愿她嫁给一个基督徒,别再浪费光阴了;请快些宣判吧。

鲍西娅 那商人身上的一磅肉是你的;法庭判给你,法律许可你。

夏洛克 公平正直的法官!

鲍西娅 你必须从他的胸前割下这磅肉来;法律许可你,法庭判给你。

夏洛克 博学多才的法官!判得好!来,预备!

鲍西娅 且慢,还有别的话哩。这约上并没有允许你取他的一滴血,只是写明着"一磅肉";所以你可

当友谊与爱情发生冲突的时候怎么办?顾及爱情则被视为重色轻友,顾及友谊则被视为负心。

《三国演义》借刘备之口说,女人如衣服,兄弟如手足。这句话鼓舞了多少知心朋友,伤害了多少痴心女性。但后人又给出的另类解释是:手足可以断,衣服不能丢。

唤醒尘世间的上帝

以照约拿一磅肉去,可是在割肉的时候,要是流下一滴基督徒的血,你的土地财产,按照威尼斯的法律,就要全部充公。

葛莱西安诺 啊,公平正直的法官!听着,犹太人;啊,博学多才的法官!

夏洛克 法律上是这样说吗?

鲍西娅 你自己可以去查查明白。既然你要求公道,我就给你公道,而且比你所要求的更地道。

葛莱西安诺 啊,博学多才的法官!听着,犹太人;好一个博学多才的法官!

夏洛克 那么我愿意接受还款;照约上的数目三倍还我,放了那基督徒。

巴萨尼奥 钱在这儿。

鲍西娅 别忙!这犹太人必须得到绝对的公道。别忙!他除了照约处罚以外,不能接受其他的赔偿。

葛莱西安诺 啊,犹太人!一个公平正直的法官,一个博学多才的法官!

鲍西娅 所以你准备着动手割肉吧。不准流一滴血,也不准割得超过或是不足一磅的重量;要是你割下来的肉,比一磅略微轻一点或是重一点,即使相差只有一丝一毫,或者仅仅一根汗毛之微,就要把你抵命,你的财产全部充公。

葛莱西安诺 一个再世的但尼尔,一个但尼尔,犹太人!现在你可掉在我的手里了,你这异教徒!

鲍西娅 那犹太人为什么还不动手?

夏洛克 把我的本钱还我,放我去吧。

巴萨尼奥 钱我已经预备好在这儿,你拿去吧。

鲍西娅 他已经当庭拒绝过了;我们现在只能给他

割去一磅肉就必定要流血,这是题中应有之义。如此看来,"法官"鲍西娅的判决其实并不是真正的"公道"。但作者足可以借助这一故事来劝善惩恶了。

公道,让他履行原约。

葛莱西安诺 好一个但尼尔,一个再世的但尼尔!谢谢你,犹太人,你教会我说这句话。

夏洛克 难道我单单拿回我的本钱都不成吗?

鲍西娅 犹太人,除了冒着你自己生命的危险割下那一磅肉以外,你不能拿一个钱。

夏洛克 好,那么魔鬼保佑他去享用吧! 我不打这场官司了。

鲍西娅 等一等,犹太人,法律上还有一点牵涉你。<u>威尼斯的法律规定:凡是一个异邦人企图用直接或间接手段,谋害任何公民,查明确有实据者,他的财产的半数应当归受害的一方所有,其余的半数没入公库,犯罪者的生命悉听公爵处置,他人不得过问。</u>你现在刚巧陷入这一条法网,因为根据事实的发展,已经足以证明你确有运用直接或间接手段,危害被告生命的企图,所以你已经遭逢着我刚才所说起的那种危险了。快快跪下来,请公爵开恩吧。

葛莱西安诺 求公爵开恩,让你自己去寻死吧;可是你的财产现在充了公,一根绳子也买不起啦,所以还是要让公家破费把你吊死吧。

公爵 <u>让你瞧瞧我们基督徒的精神,你虽然没有向我开口,我自动饶恕了你的死罪。</u>你的财产一半划归安东尼奥,还有一半没入公库;要是你能够诚心悔过,也许还可以减处你一笔较轻的罚款。

鲍西娅 这是说没入公库的一部分,不是说划归安东尼奥的一部分。

夏洛克 不,把我的生命连着财产一起拿了去吧,我

夏洛克作为犹太人、异邦人、异教徒,的确受到了一些屈辱,但他的报复手段属恶意害人,就难免要自食其果了。

害人者必害己。

鲍西娅用理性战胜凶顽,用仁爱战胜邪恶,可谓美与智慧的化身。

唤醒尘世间的上帝

76

不要你们的宽恕。你们拿掉了支撑房子的柱子，就是拆了我的房子；你们夺去了我的养家活命的根本，就是活活要了我的命。

鲍西娅 安东尼奥，你能不能够给他一点慈悲？

葛莱西安诺 白送给他一根上吊的绳子吧；看在上帝的面上，不要给他别的东西！

安东尼奥 要是殿下和堂上愿意从宽发落，免予没收他的财产的一半，我就十分满足了；只要他能够让我接管他的另外一半的财产，等他死了以后，把它交给最近和他的女儿私奔的那位绅士；可是还要有两个附带的条件：第一，他接受了这样的恩典，必须立刻改信基督教；第二，他必须当庭写下一张文契，声明他死了以后，他的全部财产传给他的女婿罗兰佐和他的女儿。

公爵 他必须履行这两个条件，否则我就撤销刚才所宣布的赦令。

鲍西娅 犹太人，你满意吗？你有什么话说？

夏洛克 我满意。

鲍西娅 书记，写下一张授赠产业的文契。

夏洛克 请你们允许我退庭，我身子不大舒服。文契写好了送到我家里，我在上面签名就是了。

公爵 去吧，可是临时变卦是不成的。

葛莱西安诺 你在受洗礼的时候，可以有两个教父；要是我做了法官，我一定给你请十二个教父，不是领你去受洗，是送你上绞架。（夏洛克下）

（选自《威尼斯商人》）

此处的众人对夏洛克还是有同情之心的，也给予了他出路，也希望他能变得正当、有道义。

剧中所描写的一系列人与人之间的友情和关爱，可以说是莎士比亚在雄伟的人文主义乐章中奏出的一曲曲美丽的赞歌。

4. 你们是我心上最亲近的人

第一幕　第二场　同前。泰门家中的宴会厅

高音笛奏闹乐。厅中设盛宴,弗莱维斯及其他仆人侍立;泰门、艾西巴第斯、众贵族元老、文提狄斯及侍从等上;艾帕曼特斯最后上,仍作倨傲不平之态。

文提狄斯　最可尊敬的泰门,神明因为眷念我父亲年老,召唤他去享受永久的安息;他已经安然去世,把他的财产遗留给我。这次多蒙您的大德鸿恩,使我脱离了缧绁之灾,现在我把那几个塔兰特币如数奉还,还要请您接受我的感恩图报的微忱。

泰门　啊!这算什么,正直的文提狄斯?您误会我的诚意了;那笔钱是我送给您的,哪有给了人家再收回来之理?假如比我们高明的人这样做的话,我们也决不敢效法他们;有钱的人缺点也是优点。

文提狄斯　您的心肠太好了。(众垂手恭立,视泰门)

泰门　哎哟,各位大人,一切礼仪,都是为了文饰那些虚应故事的行为、言不由衷的欢迎、出尔反尔的殷勤而设立的;如果有真实的友谊,这些虚伪的形式就该一律摈弃。请坐吧;我的财产欢迎你们分享,甚于我欢迎我自己的财产。(众就座)

交友要慎重。古人云:"始交不慎,后必成仇。"

有人说,利益和需要是所有社交的根本。中国俗话说:"有钱能使鬼推磨。"众人所表现出的礼仪并非为泰门而是为泰门的金钱。

唤醒尘世间的上帝

78

贵族甲 大人,我们也常常这么说。

艾帕曼特斯 呵,呵! 也这么说;哼,你们也这么说吗?

泰门 啊! 艾帕曼特斯,欢迎。

艾帕曼特斯 不,我不要你欢迎;我要你把我撵出门外去。

泰门 呸! 你是个伧夫;你的脾气太乖僻啦。各位大人,人家说,暴怒不终朝;可是这个人老是在发怒。去,给他一个人摆一张桌子,因为他不喜欢跟别人在一起,也不配跟别人在一起。

艾帕曼特斯 泰门,要是你不把我撵走,那你可不要怪我得罪你的客人;我是来做一个旁观者的。

泰门 我不管你说什么;你是一个雅典人,所以我欢迎你。我自己没有力量封住你的嘴,请你让我的肉食使你静默吧。

艾帕曼特斯 我不要吃你的肉食;它会噎住我的喉咙,因为我永远不会谄媚你。神啊! 多少人在吃泰门,他却看不见他们。我看见这许多人把他们的肉放在一个人的血里蘸着吃,我就心里难过;可是发了疯的他,却还在那儿殷勤劝客。我不知道人们怎么敢相信他们的同类;我想他们请客的时候,应当不备刀子,既可以省些肉,又可以防止生命的危险。这样的例子是很多的;现在坐在他的近旁,跟他一同切着面包、喝着同心酒的那个人,也就是第一个动手杀他的人;这种事情早就有证明了。如果我是一个巨人,我一定不敢在进餐的时候喝酒;因为恐怕人家看准我的咽喉上的要害;大人物喝酒是应当用铁甲裹住咽喉的。

泰门 大人,今天一定要尽兴;大家干一杯,互祝健康吧。

贵族乙 好,大人,让酒像潮水一样流着吧。

艾帕曼特斯 像潮水一样流着!好家伙!他倒是惯会迎合潮流的。泰门泰门,这样一杯一杯地干下去,要把你的骨髓和你的家产都吸干了啊!我这儿只有一杯不会害人的淡酒,好水啊,你是不会叫人烂醉如泥的;这样的酒正好配着这样的菜。吃着大鱼大肉的人,是会高兴得忘记感谢神明的。

永生的神,我不要财宝,

我也不愿为别人祈祷:

保佑我不要做个呆子,

相信人们空口的盟誓;

也不要相信娼妓的泪;

也不要相信狗的假寐;

也不要相信我的狱吏,

或是我患难中的知己。

阿门!好,吃吧;有钱的人犯了罪,我只好嚼嚼菜根。(饮酒食肴)愿你好心得好报,艾帕曼特斯!

泰门 艾西巴第斯将军,您的心现在一定在战场上驰骋吧。

艾西巴第斯 我的心是永远乐于供您驱使的,大人。

泰门 您一定喜欢和敌人们在一起早餐,甚于和朋友们在一起宴会。

艾西巴第斯 大人,敌人的血是胜于一切美味的肉食的;我希望我的最好的朋友也能跟我在一起享受这样的盛宴。

艾帕曼特斯 但愿这些诌媚之徒全是你的敌人,那么你就可以把他们一起杀了，让我分享一杯羹。

贵族甲　大人，要是我们能够有那样的幸福，可以让我们的一片赤诚为您尽尺寸之劳，那么我们就可以觉得不虚此生了。

泰门　啊！不要怀疑，我的好朋友们，天神早已注定我将要得到你们许多帮助；否则你们怎么会做我的朋友呢？为什么在千万人中间，只有你们有那样一个名号；不是因为你们是我心上最亲近的人吗？你们因为谦逊而没有向我提起过的关于你们自己的话，我都向我自己说过了；这是我可以向你们证实的。我常常这么想着：神啊！要是我们永远没有需用我们的朋友的时候，那么我们何必要朋友呢？要是我们永远不需要他们的帮助，那么他们便是世上最无用的东西，就像深藏不用的乐器一样，没有人听得见它们美妙的声音。啊，我常常希望我自己再贫穷一些，那么我一定可以格外跟你们亲近一些。天生下我们来，就是要我们乐善好施；什么东西比我们朋友的财产更适宜于被称为我们自己的呢？啊！能够有这么许多人像自己的兄弟一样，彼此支配着各人的财产，这是一件多么可贵的乐事！呵，快乐还未诞生就已经消化了！我的眼睛里忍不住要流出眼泪来了；原谅我的软弱，我为各位干这一杯。

艾帕曼特斯　你简直是涕泣劝酒了，泰门。

贵族乙　我们的眼睛里也因为忍不住快乐，像一个婴孩似的流起泪来了。

艾帕曼特斯　呵，呵！我一想到那个婴孩是个私生子，我就要笑死了。

何谓朋友？有学者如此定义：朋友就是你可以精诚相待的人。

《易经》说："同声相应，同气相求。水流湿，火就燥。"同类的事物相互感应，志趣、意见相同会自然结合。

"嘤其鸣矣，求其友声。"（《诗经·小雅·伐木》）鸟儿嘤嘤鸣叫，是在寻求伙伴。

培根说，人们在交往中寻求安慰、保护与价值。

别林斯基说："真正的朋友不把友谊挂在口上，他们并不为了友谊而互相要求一点什么，而是彼此为对方做一切办得到的事。"

鲁迅先生为瞿秋白题曰："人生得一知己足矣，斯世当以同怀视之。"

贵族丙　大人,您使我非常感动。

艾帕曼特斯　非常感动!(喇叭奏花腔)

泰门　那喇叭声音是怎么回事?

　　　一仆人上。

泰门　什么事?

仆人　禀大爷,有几位姑娘们在外面求见。

泰门　姑娘们!她们来干什么?

仆人　大爷,她们有一个领班的人,他会告诉您她们的来意。

泰门　请她们进来吧。

　　　一人饰丘匹德上。

丘匹德　祝福你,尊贵的泰门;祝福你席上的嘉宾!人身上最灵敏的五官承认你是它们的恩主,都来向你献奉它们的珍奇。听觉、味觉、触觉、嗅觉,都已经从你的筵席上得到满足了;现在我们还要略呈薄技,贡献你视觉上的欢娱。

泰门　欢迎欢迎;请她们进来吧。音乐,奏起来欢迎她们!(丘匹德下)

贵族甲　大人,您看,您是这样被人敬爱。

　　　音乐;丘匹德率妇女一队扮阿玛宗女战士重上,众女手持琵琶,且弹且舞。

艾帕曼特斯　哎哟!瞧这些过眼的浮华!她们跳舞!她们都是些疯婆子。人生的荣华不过是一场疯狂的胡闹,正像这种奢侈的景象在一个嚼着淡菜根的人看来一样。我们寻欢作乐,全然是傻子的行为。我们所谄媚的、我们所举杯祝饮的那些人,也就是在年老时被我们痛骂的那些人。哪一个人不曾被人败坏也败坏过别人?哪一个人死了

杜甫的《贫交行》可以来做最好的注脚:"翻手作云覆手雨,纷纷轻薄何须数。君不见管鲍贫时交,此道今人弃如土。"

苏拉统治罗马时将好友庞培擢升至极其荣耀、高贵的地位,以至后者自诩苏拉尚且不是自己的对手。因为二人各支持一人竞选执政官,苏拉所支持者落败。苏拉不满,但庞培并未让步,而说"人们只崇拜朝阳,而不崇拜落日",苏拉语塞。

唤醒尘世间的上帝

能够逃过他的朋友的训斥？我怕现在在我面前跳舞的人，有一天将要把我放在他们的脚下践踏；这样的事不是不曾有过，人们对于一个没落的太阳是会闭门不纳的。

众贵族起身离席，向泰门备献殷勤；每人各择舞女一人共舞，高音笛奏闹乐一二曲；舞止。

泰门　各位美人，你们替我们添加了不少兴致，我们今天的欢娱，因为有了你们而格外美丽热烈了。我必须谢谢你们。

舞女甲　大爷，您太抬举我们了。

艾帕曼特斯　的确，不抬举就是压低，我怕那样便弄得不成体统了。

泰门　姑娘们，还有一桌酒席空着等候你们；请你们随意坐下吧。

众女　谢谢大爷。（丘匹德及众女下）

泰门　弗莱维斯！

弗莱维斯　有，大爷。

泰门　把我那小匣子拿来。

弗莱维斯　是，大爷。（旁白）又要把珠宝送人了！他高兴的时候，谁也不能违拗他的意志，否则我早就老老实实告诉他了；真的，我该早点儿告诉他，等到他把一切挥霍干净以后，再要跟他闹别扭也来不及了。可惜宽宏大量的人，背后不多生一个眼睛；心肠太好的结果不过害了自己。（下）

贵族甲　我们的仆人呢？

仆人　有，大爷，在这儿。

贵族乙　套起马来！

弗莱维斯携匣重上。

《礼记》云："礼尚往来，往而不来，非礼也；来而不往，亦非礼也。"

别人送来不大值钱的东西，泰门却要厚礼答复，虽知礼却不知人。

83

泰门 啊,我的朋友们!我还要对你们说一句话。大人,我要请您赏我一个面子,接受了我这一颗宝石;请您收下戴上吧,我的好大人。

贵族甲 我已经得到您太多的厚赐了——

众人 我们也都是屡蒙见惠。

　　一仆人上。

仆甲 大爷,有几位元老院里的老爷刚才到来,要来拜访。

泰门 我很欢迎他们。

弗莱维斯 大爷,请您让我向您说句话;那是对于您有切身关系的。

泰门 有切身关系!好,那么等会儿你再告诉我吧。请你快去预备预备,不要怠慢了客人。

弗莱维斯 (旁白)我简直不知道应该怎么办。

　　另一仆人上。

仆乙 禀大爷,路歇斯大爷送来了四匹乳白的骏马,鞍辔完全是银的,要请您鉴纳他的诚意,把它们收下。

泰门 我很高兴接受它们;把马儿好生饲养着。

　　另一仆人上。

泰门 啊!什么事?

仆丙 禀大爷,那位尊贵的绅士,路库勒斯大爷,请您明天去陪他打猎;他送来了两对猎犬。

泰门 我愿意陪他打猎;把猎犬收下了,用一份厚礼答谢他。

弗莱维斯 (旁白)这样下去怎么得了呢?他命令我们预备这样预备那样,把贵重的礼物拿去送人,可是他的钱箱里却早已空得不剩一文。他又从来不

　　孔子曰:"益者三友,损者三友。友直,友谅,友多闻,益矣。友便辟,友善柔,友便佞,损矣。"损者三友即谄媚逢迎的人、表面奉承而背后诽谤的人、善于花言巧语的人。

　　泰门的"朋友"其实就是贼友、损友,怀有不同的利益和目的而来。

喚醒尘世间的上帝

84

想知道他究竟有多少钱，也不让我有机会告诉他实在的情形，使他知道他的力量已经不能实现他的愿望。他所答应人家的，远超过他自己的资力，因此他口头所说的每一句话都是一笔负债。他是这样慷慨，他现在送给人家的礼物，都是他出了利息向人借贷来的；他的土地都已经抵押出去了。唉，但愿他早一点辞歇了我，免得将来有被迫解职的一日！与其用酒食供养这些比仇敌还凶恶的朋友，那么还是没有朋友的人幸福得多了。我在为我的主人衷心泣血呢。（下）

泰门　你们这样自谦，真是太客气了。大人，这一点点小东西，聊以表示我们的情谊。

贵族乙　那么我拜领了，非常感谢。

贵族丙　啊，他真是个慷慨仁厚的人。

泰门　我记起来了，大人，前天您曾经赞美过我所乘的一匹栗色的马儿；您既然喜欢它，就把它带去吧。

贵族丙　啊！原谅我，大人，那我可万万不敢掠爱。

泰门　您尽管收下吧，大人；我知道一个人倘不是真心喜欢一样东西，决不会把它赞美得恰如其分。凭着我自己的心理，就可以推测到我的朋友的感情。我叫他们把它牵来给您。

众贵族　啊！那好极了。

泰门　承你们各位光临，我心里非常感激；即使把我的一切送给你们，也不能报答你们的盛情；我想要是我有许多国土可以分给我的朋友们，我一定永远不会感到厌倦。艾西巴第斯，你是一个军人，军人总是身无长物的，钱财难得会到你的手里；因为

"红粉赠佳人，宝剑赠壮士。"看起来是得其所哉，实则是暴殄天物。

孔子曰："无友不如己者。"并非要求大家拒绝和那些不如自己的人交友，而是说要加强警戒，时刻提醒自己要提高修养。但在此处不妨"误读"。

85

曹雪芹曾慨叹："万两黄金容易得,知心一个也难求。"

你的生活是与死为邻,你所有的土地都在疆场之上。

艾西巴第斯 是的,大人,只是一些荆榛瓦砾之场。

贵族甲 我们深感大德——

泰门 我也同样感谢你们。

贵族乙 备蒙雅爱——

泰门 我也多承各位不弃。多拿些火把来!

贵族甲 最大的幸福、尊荣和富贵跟您在一起,泰门大人!

泰门 这一切他都愿意和朋友们分享。(艾西巴第斯及贵族等同下)

艾帕曼特斯 好热闹!这么摇头晃脑撅屁股!他们的两条腿恐怕还不值得他们跑这一趟所得到的代价。<u>友谊不过是些渣滓废物,虚伪的心不会有坚硬的腿,老实的傻瓜们也在人们的打躬作揖之下卖弄自己的家私。</u>

泰门 艾帕曼特斯,倘然你不是这样乖僻,我也会给你好处的。

艾帕曼特斯 不,我不要什么;要是我也受了你的贿赂,那么再也没有人骂你了,你就要造更多的孽了。你老是布施人家,泰门,我怕你快要写起卖身文契来,把你自己也送给人家了。这种宴会、奢侈、浮华是作什么用的?

泰门 哎哟,要是你骂起我的交际来,那我可要发誓不理你了。再会;下次来的时候,请你预备一些好一点的音乐。(下)

艾帕曼特斯 好,你现在不要听我,将来要听也听不到了;天堂的门已经锁上了,你从此只好徘徊门

友谊应该用忠诚去播种,用热情去浇灌,用原则去培养,用谅解去护理。

以此标准来看,这些贵族与泰门之间并不存在什么友谊。

巴尔扎克说:"只有莫逆之交的真情洋溢与世态炎凉的残酷有了比较,一个人才会恍然大悟。"

贵族们的虚伪,更能衬出泰门人文主义者的"赤子"情怀。

唤醒尘世间的上帝

外。唉,人们的耳朵不能容纳忠言,谄媚却这样容易进去!(下)

第三幕　第六场　同前。泰门家中的宴会厅

音乐;室内排列餐桌,众仆立侍;若干贵族、元老及余人等自各门分别上。

贵族甲　早安,大人。

贵族乙　早安。我想这位可尊敬的贵人前天不过是把我们试探一番。

贵族甲　我刚才也这么想着;我希望他并不真正穷到像他故意装给朋友们看的那个样子。

贵族乙　照他这次重开盛宴的情形看来,他并没有真穷。

贵族甲　我也这样想。他很诚恳地邀请我,我本来还有许多事情,实在抽不出身,可是因为他的盛情难却,所以不能不拨冗而来。

贵族乙　我也有许多要事在身,可是他一定不肯放过我。我很抱歉,当他叫人来问我借钱的时候,我刚巧手边没有现款。

贵族甲　我知道了他这种情形之后,心里也难过得很。

贵族乙　这儿每一个人都有这样的感觉。他要向您借多少钱?

贵族甲　一千块。

贵族乙　一千块!

贵族甲　您呢?

贵族丙　他叫人到我那儿去,大人——他来了。

古罗马的奥维德说,如同真金要在烈火中识别一样,友谊必须在逆境里经受考验。

唐代诗人白居易《放言》曰:"试玉要烧三日满,辨材须待七年期。"

在患难中结下的友谊、经过长久考验之后的友谊,是世界上最宝贵的东西。

泰门及侍从等上。

泰门　竭诚欢迎,两位老兄;你们都好吗?

贵族甲　托您的福,大人。

贵族乙　燕子跟随夏天,也不及我们跟随您这样踊跃。

泰门　(旁白)你们离开我也比燕子离开冬天还快;人就是这种趋炎避冷的鸟儿。——各位朋友,今天肴馔不周,又累你们久等,实在抱歉万分;要是你们不嫌喇叭的声音刺耳,请先饱听一下音乐,我们就可以入席了。

贵族甲　前天累尊驾空劳往返,希望您不要见怪。

泰门　啊!老兄,那是小事,请您不必放在心上。

贵族乙　大人——

泰门　啊!我的好朋友,什么事?

贵族乙　大人,我真是说不出的惭愧,前天您叫人来看我的时候,不巧我正是身无分文。

泰门　老兄不必介意。

贵族乙　要是您再早两点钟叫人来——

泰门　请您不要把这种事留在记忆里。(众仆端酒食上)来,把所有的盘子放在一起。

贵族乙　盘子上全都罩着盖!

贵族甲　一定是奇珍异味哩。

贵族丙　那还用说吗,只要是出了钱买得到的东西。

贵族甲　您好?近来有什么消息?

贵族丙　艾西巴第斯被放逐了;您听见人家说起没有?

贵族甲
贵族乙　艾西巴第斯被放逐了!

贵族丙 是的,这消息是的确的。

贵族甲 怎么? 怎么?

贵族乙 请问是为了什么原因?

泰门 各位好朋友,大家过来吧。

贵族丙 等会儿我再详细告诉您。看来又是一场盛大的欢宴。

贵族乙 他还是原来那样子。

贵族丙 这样子能够维持长久吗?

贵族乙 也许;可是——那就——

贵族丙 我明白您的意思。

泰门 请大家用着和爱人接吻那样热烈的情绪,各人就各人的座位吧;你们的菜肴是完全一律的。不要拘泥礼节,逊让得把肉菜都冷了。请坐,请坐。我们必须先向神明道谢:神啊,我们感谢你们的施与,赞颂你们的恩惠;可是不要把你们所有的一切完全给人,免得你们神灵也要被人蔑视。借足够的钱给每一个人,不使他再转借给别人;因为如果你们神灵也要向人类告贷,人类是会把神明舍弃的。让人们重视肉食,甚于把肉食赏给他们的人。让每一处有二十个男子的所在,聚集着二十个恶徒;要是有十二个妇人围桌而坐,让她们中间的十二个人保持她们的本色。神啊! 那些雅典的元老,以及黎民众庶,请你们鉴察他们的罪恶,让他们遭受毁灭的命运吧。至于我这些在座的朋友,他们本来对于我漠不相关,所以我不给他们任何的祝福,我所用来款待他们的也只有空虚的无物。揭开来,狗子们,舔你们的盆子吧。(众盘揭开,内满贮温水)

古人云:"博弈之交不终日,饮食之交不终月,势力之交不终年,惟道义之交,可以终身。"

一宾客　他这种举动是什么意思？

另一宾客　我不知道。

泰门　请你们永远不再见到比这更好的宴会，你们这一群口头的朋友！蒸汽和温水是你们最好的饮食。这是泰门最后一次的宴会了；他因为被你们的谄媚蒙住了心窍，所以要把它洗干净，把你们这些恶臭的奸诈仍旧洒还给你们。（浇水于众客脸上）愿你们老而不死，永远受人憎恶，你们这些微笑的、柔和的、可厌的寄生虫，彬彬有礼的破坏者，驯良的豺狼，温顺的熊，命运的弄人，酒食征逐的朋友，趋炎附势的青蝇，脱帽屈膝的奴才，水汽一样轻浮的小丑！愿一切人畜的恶症侵蚀你们的全身！什么！你要走了吗？且慢！你还没有把你的教训带去——还有你——还有你；等一等，我有钱借给你们哩，我不要向你们借钱呀！（将盘子掷众客身，众下）什么！大家都要走了吗？从此以后，让每一个宴会上把奸人尊为上客吧。屋子，烧起来呀！雅典，陆沉了吧！从此以后，泰门将要痛恨一切的人类了！（下）

众贵族、元老等重上。

贵族甲　哎哟，各位大人！

贵族乙　您知道泰门发怒的缘故吗？

贵族丙　嘿！您看见我的帽子吗？

贵族丁　我的袍子也丢了。

贵族甲　他已经发了疯啦，完全在逞着他的性子乱闹。前天他给我一颗宝石，现在他又把它从我的帽子上打下来了。你们看见我的宝石吗？

贵族丙　您看见我的帽子吗？

贵族乙　在这儿。

贵族丁　这儿是我的袍子。

贵族甲　我们还是快走吧。

贵族乙　泰门已经疯了。

贵族丙　他把我的骨头都捶痛了呢。

贵族丁　他高兴就给我们金刚钻，不高兴就用石子
扔我们。（同下）

（选自《雅典的泰门》）

中国有句俗话说："朋友妻不可戏。"正是因为普洛丢斯告密,使得好友凡伦丁被放逐,普洛丢斯还要攀龙附凤,追求公爵之女即凡伦丁的恋人,是可忍孰不可忍!

5. 自己的朋友竟会变成最坏的仇敌

第四幕　第二场　米兰。公爵府中庭园

　　西尔维娅自上方窗口出现。

普洛丢斯　小姐,晚安。

西尔维娅　谢谢你们的音乐,诸位先生。说话的是哪一位?

普洛丢斯　小姐,您要是知道我的纯洁的真心,您就会听得出我的声音。

西尔维娅　是普洛丢斯先生吧?

普洛丢斯　正是您的仆人普洛丢斯,好小姐。

西尔维娅　您来此有何见教?

普洛丢斯　我是为伺候您的旨意而来的。

西尔维娅　好吧,我就让你知道我的旨意,请你赶快回去睡觉吧。你这居心险恶、背信弃义之人! 你曾经用你的誓言骗过不知多少人,现在你以为我也这样容易受骗,想用你的甘言来引诱我吗? 快点儿回去,设法补赎你对你爱人的罪愆吧。我凭着这苍白的月亮起誓,你的要求是我所绝对不愿允许的;为了你的非分的追求,我从心底里瞧不起你,现在我这样向你多说废话,回头我还要痛恨我

西尔维娅的美貌与坚贞令人想起中国古代诗歌《陌上桑》中的女子罗敷。她在谢绝使君的求爱时,决绝地说道:"使君一何愚! 使君自有妇,罗敷自有夫。"

　　唤醒尘世间的上帝

92

自己呢。

普洛丢斯 亲爱的人儿,我承认我曾经爱过一位女郎,可是她现在已经死了。

朱利娅 (旁白)一派胡言,她还没有下葬呢。

西尔维娅 就算她死了,你的朋友凡伦丁还活着;你自己亲自作证我已经将身心许给他。现在你这样向我絮渎,你也不觉得愧对他吗?

普洛丢斯 我听说凡伦丁也已经死了。

西尔维娅 那么你就算我也已经死了吧;你可以相信我的爱已经埋葬在他的坟墓里。

普洛丢斯 好小姐,让我再把它发掘出来吧。

西尔维娅 到你爱人的坟上,去把她叫活过来吧;或者至少也可以把你的爱和她埋葬在一起。

朱利娅 (旁白)这种话他是听不进去的。

普洛丢斯 小姐,您既然这样心硬,那么请您允许把您卧室里挂着的您那幅小像赏给我,安慰我这一片痴心吧。我要每天对它说话,向它叹息流泪;因为您的卓越的本人既然爱着他人,那么我不过是一个影子,只好向您的影子贡献我的真情了。

朱利娅 (旁白)这画像倘使是一个真人,你也一定会有一天欺骗她,使她像我一样变成一个影子。

西尔维娅 先生,我很不愿意被你当作偶像,可是你既然是一个虚伪成性的人,那么让你去崇拜虚伪的影子,倒也于你很合适。明儿早上你叫一个人来,我就让他把它带给你。现在你可以去好好地休息了。

普洛丢斯 正像不幸的人们终夜未眠,等候着清晨的处决一样。(普洛丢斯、西尔维娅各下)

俄罗斯谚语说:"蚜虫吃青草,锈吃铁,虚伪吃灵魂。"普洛丢斯是被虚伪逐渐吃掉灵魂的人。

中国有句格言说:"虚假逞一时之得,诚信享一世之裕。"虚伪得逞是暂时的,诚信却能让人长久享福。

朱利娅　老板,咱们也走吧。

旅店主　哎哟,我睡得好熟!

朱利娅　请问您,普洛丢斯住在什么地方?

旅店主　就在我的店里。哎哟,现在天快亮了。

朱利娅　还没有哩;可是今夜啊,是我一生中最悠长、最难挨的一夜!(同下)

第五幕　第四场　森林的另一部分

凡伦丁上。

凡伦丁　习惯是多么能够变化人的生活! 在这座浓荫密布、人迹罕至的荒林里,我觉得要比人烟繁杂的市镇里舒服得多。我可以在这里一人独坐,和着夜莺的悲歌调子,泄吐我的怨恨忧伤。唉,我那心坎里的人儿呀,不要长久抛弃你的殿堂吧,否则它会荒芜而颓圮,不留下一点可以供人凭吊的痕迹! 我这破碎的心,是要等着你来修补呢,西尔维娅! 我温柔的女神,快来安慰你的寂寞孤零的恋人呀!(内喧嚷声)今天什么事这样吵吵闹闹的?这一班是我的弟兄们,他们不受法律的管束,现在不知又在追赶哪一个倒霉的旅客了。他们虽然厚爱我,可是我也费了不少气力,才叫他们不要作什么非礼的暴行。且慢,谁到这儿来啦? 待我退后几步看个明白。

普洛丢斯、西尔维娅及朱利娅上。

普洛丢斯　小姐,您虽然看不起我,可是这次我是冒着生命的危险,把您从那个家伙手里救了出来,保全了您的清白。就凭着这一点微劳,请您向我霁

真可谓千金难买一笑。比周幽王所宠溺的襃姒的芳心更难打动。

唤醒尘世间的上帝

94

颜一笑吧;我不能向您求讨一个比这更小的恩惠,我相信您也总不致拒绝我这一个最低限度的要求。

凡伦丁 (旁白)我眼前所见所闻的一切,多么像一场梦境!爱神哪,请你让我再忍耐一会儿吧!

西尔维娅 啊,我是多么倒霉,多么不幸!

普洛丢斯 在我没有到来之前,小姐,您是不幸的;可是因为我来得凑巧,现在不幸已经变成大幸了。

西尔维娅 因为你来了,所以我才更不幸。

朱利娅 (旁白)因为他找到了你,我才不幸呢。

西尔维娅 要是我给一头饿狮抓住,我也宁愿给它充作一顿早餐,不愿让薄情无义的普洛丢斯把我援救出险。啊,上天作证,我是多么爱凡伦丁,他的生命就是我的灵魂。正像我把他爱到极点一样,我也痛恨背盟无义的普洛丢斯到极点。快给我走吧,别再缠绕我了。

虽说"士为知己者死,女为悦己者容",西尔维娅却要为"不悦己者"而笑,足见其忠贞。

普洛丢斯 只要您肯温和地看我一眼,无论什么与死为邻的危险事情,我都愿意为您去做。唉,这是爱情的永久的诅咒,一片痴心难邀美人的眷顾!

西尔维娅 普洛丢斯不爱那爱他的人,怎么能叫他爱的人爱他?想想你从前深恋的朱利娅吧,为了她你曾经发过一千遍誓诉说你的忠心,现在这些誓言都变成了谎话,你又想把它们拿来骗我了。你简直是全无人心,不然就是有二心,这比全然没有更坏;一个人应该只有一颗心,不该朝三暮四。你这出卖真诚朋友的无耻之徒!

《伊索寓言》中说:那些背叛朋友的人,往往连自己也灭亡了。

华歆与管宁在园中锄菜,碰到一块金子,管宁不为所动,华歆捡起扔掉;外边有贵人车马经过,管宁不为所动,华歆放下书出去观赏。管宁与华歆割席断交,说"子非吾友也"。

普洛丢斯 一个人为了爱情,怎么还能顾到朋友呢?

西尔维娅 只有普洛丢斯才是这样。

普洛丢斯　好,我的婉转哀求要是打不动您的心,那么我只好像一个军人一样,用武器来向您求爱,强迫您接受我的痴情了。

西尔维娅　天啊!

普洛丢斯　我要强迫你服从我。

凡伦丁　(上前)混账东西,不许无礼! 你这冒牌的朋友!

普洛丢斯　凡伦丁!

凡伦丁　卑鄙奸诈、不忠不义的家伙,现今世上就多的是像你这样的朋友! 你欺骗了我的一片真心;要不是我今天亲眼看见,我万万想不到你竟是这样一个人。现在我不敢再说我在世上有一个朋友了。要是一个人的心腹股肱都会背叛他,那么还有谁可以信托? 普洛丢斯,我从此不再相信你了;茫茫人海之中,从此我只剩孑然一身。这种冷箭的创伤是最深的;自己的朋友竟会变成最坏的仇敌,世间还有比这更可痛心的事吗?

普洛丢斯　我的羞愧与罪恶使我说不出话来。饶恕我吧,凡伦丁! 如果真心的悔恨可以赎取罪愆,那么请你原谅我这一次吧! 我现在的痛苦决不下于我过去的罪恶。

凡伦丁　那就罢了,你既然真心悔过,我也就不再计较,仍旧把你当作一个朋友。能够忏悔的人,无论天上人间都可以不咎既往。上帝的愤怒也会因为忏悔而平息的。为了表示我对你的友情的坦率真诚,我愿意把我在西尔维娅心中的地位让给你。

朱利娅　我好苦啊!(晕倒)

普洛丢斯　瞧这孩子怎么啦?

凡伦丁　喂，孩子！喂，小鬼！啊，怎么一回事？醒过来！你说话呀！

朱利娅　啊，好先生，我的主人叫我把一个戒指送给西尔维娅小姐，可是我粗心把它忘了。

普洛丢斯　那戒指呢，孩子？

朱利娅　在这儿，这就是。（以戒指交普洛丢斯）

普洛丢斯　啊，让我看。咦，这是我给朱利娅的戒指呀。

朱利娅　啊，请您原谅，我弄错了；这才是您送给西尔维娅的戒指。（取出另一戒指）

普洛丢斯　可是这一个戒指是我在动身的时候送给朱利娅的，现在怎么会到你的手里？

朱利娅　朱利娅自己把它给我，而且她自己把它带到这儿来了。

普洛丢斯　怎么！朱利娅！

朱利娅　<u>曾经听过你无数假誓、从心底里相信你不会骗她的朱利娅就在这里，请你瞧个明白吧！普洛丢斯啊，你看见我这样装束，也该脸红了吧！我的衣着是这样不成体统，如果为了爱而伪装是可羞的事，你的确应该害羞！可是比起男人的变换心肠来，女人的变换装束是不算一回事的。</u>

普洛丢斯　比起男人的变换心肠来！不错，天啊！<u>男人要是始终如一，他就是个完人；</u>因为他有了这一个错处，便使他无往而不错，犯下了各种的罪恶。变换的心肠总是不能维持好久的。我要是心情忠贞，那么西尔维娅的脸上有哪一点不可以在朱利娅脸上同样找到，而且还要更加鲜润！

凡伦丁　来，来，让我给你们握手，从此破镜重圆，把

97

旧时的恩怨一笔勾销吧。

普洛丢斯 上天为我作证,我的心愿已经永远得到满足。

朱利娅 我也别无他求。

众盗拥公爵及修里奥上。

众盗 发了利市了!发了利市了!

凡伦丁 弟兄们不得无礼!这位是公爵殿下。殿下,小人是被放逐的凡伦丁,在此恭迎大驾。

公爵 凡伦丁!

修里奥 那边是西尔维娅;她是我的。

凡伦丁 修里奥,放手,否则我马上叫你死。不要惹我发火,要是你再说一声西尔维娅是你的,你就休想回到维洛那去。她现在站在这儿,你倘敢碰她一碰,或者向我的爱人吹一口气的话,就叫你尝尝厉害。

修里奥 凡伦丁,我不要她,我不要。谁要是愿意为一个不爱他的女人而去冒生命的危险,那才是一个大傻瓜哩。我不要她,她就算是你的吧。

公爵 你这卑鄙无耻的小人!从前那样向她苦苦追求,现在却这样把她轻轻放手。凡伦丁,凭我的门阀起誓,我很佩服你的大胆,你是值得一个女皇的眷宠的。现在我愿忘记以前的怨恨,准你回到米兰去,为了你的无比的才德,我要特别加惠于你;另外,我还要添上这么一条:凡伦丁,你是个出身良好的上等人,西尔维娅是属于你的了,因为你已经可以受之而无愧。

凡伦丁 谢谢殿下,这样的恩赐,使我喜出望外。现在我还要请求殿下看在令爱的面上,答应我一个要求。

公爵　无论什么要求，我都可以看在你的面上答
应你。

凡伦丁　这一班跟我在一起的被放逐之人，他们都
有很好的品性，请您宽恕他们在这儿所干的一切，
让他们各回家乡。他们都是真心悔过、温和良善、
可以干些大事业的人。

公爵　准你所请，我赦免了他们，也赦免了你。你就
照他们各人的才能安置他们吧。来，我们走吧，我
们要结束一切不和，摆出盛大的仪式，欢欢喜喜地
回家。

凡伦丁　我们一路走着的时候，我还要大胆向殿下
说一个笑话。您看这个童儿好不好？

公爵　这孩子倒是很清秀文雅的，他在脸红呢。

凡伦丁　殿下，他清秀是很清秀的，文雅也很文雅，
可是他却不是个童儿。

公爵　你这话是什么意思？

凡伦丁　请您许我在路上告诉您这一切奇怪的遭遇
吧。来，普洛丢斯，我们要讲到你的恋爱故事，让
你听着难过难过；之后，我们的婚期也就是你们的
婚期，大家在一块儿欢宴，一块儿居住，一块儿过
着快乐的日子。（同下）

（选自《维洛那二绅士》）

第三单元

DI SAN DAN YUAN

爱情与幸福

单元导语

　　爱情可谓人类歌咏的永恒主题,古往今来有无数的英雄豪杰、凡夫俗子为之倾倒,无数的骚人墨客各显神通将其歌颂,也有无数的人为之定义、阐释,但却无人能够将其解说得清楚,或许这正是爱情的特征与魅力。

　　爱情是人类最美好的情感之一,是人性的必需品,但在历史发展中却遭到一些人的压制,被视作洪水猛兽。中国古代就有"存天理,灭人欲"之学说,西方中世纪时期也将其视作罪恶的来源,即使在《圣经》中,作为人类始祖的亚当和夏娃,也背负了逃出伊甸园的"原罪"。这种违背人类天性的做法必然遭到后世人的唾弃,明代文人汤显祖、冯梦龙等高举"主情"大旗,西方文艺复兴时期的人文主义者更是主张冲破禁欲的藩篱,追求现世的幸福,倡导大胆、尽情、热烈地爱恋,向过去的旧世界宣告了人有权利去自由恋爱,而不必屈从于其他桎梏。

　　莎士比亚笔下的爱情多姿多彩,尤其是那些女性形象更是熠熠生辉。《奥瑟罗》中的苔丝狄蒙娜,虽柔弱但却高贵;《威尼斯商人》中的鲍西亚聪明、美丽,向往自由的恋爱,勇敢地追求自己的幸福。罗密欧与朱丽叶,他们追求爱情而不得,甚至可以不惜以身殉情——他们是在用整个的生命和灵魂去爱。莎士比亚在诗歌与戏剧中都认为,爱情的地位至高无上,值得尊重,在很多时候,爱情都在引领着人们前行;爱情也是可以永恒的,并且是真善美的统一。

1. 爱人又被爱，我多么幸福

时光无情，爱情永恒。二者看似矛盾，又相辅相成。正是时间，成就了永恒的爱情。

因此，有人说：爱情是永恒的象征。它混淆了一切概念，使人忘却开始，害怕结束。

另外，爱情还可以借助文字——文人的笔墨，万世流芳。

一九

饕餮的时光，去磨钝雄狮的爪，

命大地吞噬自己宠爱的幼婴，

去猛虎的颚下把它利牙拔掉，

焚毁长寿的凤凰，灭绝它的种，

使季节在你飞逝时或悲或喜；

而且，捷足的时光，尽肆意地摧残

这大千世界和它易谢的芳菲；

只有这极恶大罪我禁止你犯：

哦，别把岁月刻在我爱的额上，

或用古老的铁笔乱画下皱纹：

在你的飞逝里不要把它弄脏，

好留给后世永作美丽的典型。

<u>但，尽管猖狂，老时光，凭你多狠，</u>

<u>我的爱在我诗里将万古长青。</u>

薄伽丘在《十日谈》中说："纯洁的爱情是人生中的一种积极的因素，幸福的源泉。"

又说："真正的爱情能够鼓舞人，唤醒他内心沉睡着的力量和潜藏着的才能。"

二五

让那些人（他们既有吉星高照）

到处夸说他们的显位和高官，

法国的拉罗什富科在《箴言集》中说："真正的爱情世上只有一种，而模仿出来的爱情却有千种万种。"而只有用坚贞作为基础的才是真正的爱情。

至于我，命运拒绝我这种荣耀，
只暗中独自赏玩我心里所欢。
王公的宠臣舒展他们的金叶
不过像太阳眷顾下的金盏花，
他们的骄傲在自己身上消灭，
一蹙额便足凋谢他们的荣华。
转战沙场的名将不管多功高，
百战百胜后只要有一次失手，
便从功名册上被人一笔勾销，
毕生的勋劳只落得无声无臭：
那么，爱人又被爱，我多么幸福！
我既不会迁徙，又不怕被驱逐。

五三

你的本质是什么，用什么造成，
使得万千个倩影都追随着你？
每人都只有一个，每人，一个影；
你一人，却能幻作千万个影子。
试为阿都尼写生，他的画像
不过是模仿你的拙劣的赝品；
尽量把美容术施在海伦颊上，
便是你披上希腊妆的新的真身。
一提起春的明媚和秋的丰饶，
一个把你的绰约的倩影显示，
另一个却是你的慷慨的写照；
一切天生的俊秀都蕴含着你。
一切外界的妩媚都有你的份，

唤醒尘世间的上帝

但谁都没有你那颗坚贞的心。

七六

为什么我的诗那么缺新光彩，
赶不上现代善变多姿的风尚？
为什么我不学时人旁征博引，
那竞奇斗艳，穷妍极巧的新腔？
为什么我写的始终别无二致，
寓情思旨趣于一些老调陈言，
几乎每一句都说出我的名字，
透露它们的身世，它们的来源？
哦，须知道，我爱呵，我只把你描，
你和爱情就是我唯一的主题；
推陈出新是我的无上的诀窍，
我把开支过的，不断重新开支：
因为，正如太阳天天新天天旧，
我的爱把说过的事絮絮不休。

八五

我的缄口的诗神只脉脉无语；
他们对你的美评却累牍连篇，
用金笔刻成辉煌夺目的大字，
和经过一切艺神雕琢的名言。
我满腔热情，他们却善颂善祷；
像不识字的牧师只知喊"阿门"，
去响应才子们用精炼的笔调

熔铸成的每一首赞美的歌咏。
听见人赞美你，我说"的确，很对"，
凭他们怎样歌颂我总嫌不够；
但只在心里说，因为我对你的爱
虽拙于辞令，行动却永远带头。
那么，请敬他们，为他们的虚文；
敬我，为我的哑口无言的真诚。

莎士比亚在《维洛
那二绅士》中说：真正
的爱情是不能用语言
表达的，行为才是忠心
最好的说明。

九一

有人夸耀门第，有人夸耀技巧；
有人夸耀财富，有人夸耀体力；
有人夸耀新妆，丑怪尽管时髦；
有人夸耀鹰犬，有人夸耀骏骥；
每种嗜好都各饶特殊的趣味，
每一种都各自以为其乐无穷：
可是这些癖好都不合我胃口——
我把它们融入更大的乐趣中。
你的爱对我比门第还要豪华，
比财富还要丰裕，比艳妆光彩，
它的乐趣远胜过鹰犬和骏马；
有了你，我便可以笑傲全世界：
只有这点可怜：你随时可罢免
我这一切，使我成无比的可怜。

印度诗人泰戈尔
在《飞鸟集》中说："生
命因为付出了爱，而更
为富足。"

唤醒尘世间的上帝

一〇五

不要把我的爱叫作偶像崇拜，

也不要把我的爱人当偶像看，
既然所有我的歌和我的赞美
都献给一个、为一个，永无变换。
我的爱今天仁慈，明天也仁慈，
有着惊人的美德，永远不变心，
所以我的诗也一样坚贞不渝，
全省掉差异，只叙述一件事情。
"美、善和真"，就是我全部的题材，
"美、善和真"，用不同的词句表现；
我的创造就在这变化上演，
三题一体，它的境界可真无限。
过去"美、善和真"常常分道扬镳，
到今天才在一个人身上协调。

一〇九

哦，千万别埋怨我改变过心肠，
别离虽似乎减低了我的热情。
正如我抛不开自己远走他方，
我也一刻离不开你，我的灵魂。
你是我的爱的家：我虽曾流浪，
现在已经像远行的游子归来；
并准时到家，没有跟时光改样，
而且把洗涤我污点的水带来。
哦，请千万别相信（尽管我难免
和别人一样经不起各种试诱），
我的天性会那么荒唐和鄙贱，
竟抛弃你这至宝去追求乌有；

爱情的力量，足以排山倒海，足以令人起死回生。

泰戈尔说："爱情的可贵就在于它可以使没有价值的人享受到它的慷慨。"

在人文主义者如莎士比亚等人看来，真正的爱情并非仅仅需要美貌，而是需要美与德行的完美结合，即真善美三位一体集于一人之身。

古来写思念之情的名句，李清照有"此情无计可消除，才下眉头，却上心头"。

词人张先起初因为写出"眼中泪，心中事，意中人"而被称为"张三中"，后又因擅写"影"而被称为"张三影"。

这无垠的宇宙对我都是虚幻；
你才是，我的玫瑰，我全部财产。

——二

你的爱怜抹掉那世俗的讥谗
打在我的额上的耻辱的烙印；
别人的毁誉对我有什么相干，
你既表扬我的善又把恶遮隐！
你是我整个宇宙，我必须努力
从你的口里听取我的荣和辱；
我把别人，别人把我，都当作死，
谁能使我的铁心肠变善或变恶？
别人的意见我全扔入了深渊，
那么干净，我简直像聋蛇一般，
凭他奉承或诽谤都充耳不闻。
请倾听我怎样原谅我的冷淡：
你那么根深蒂固长在我心里，
全世界，除了你，我都认为死去。

——六

我绝不承认两颗真心的结合
会有任何障碍；爱算不得真爱，
若是一看见人家改变便转舵，
或者一看见人家转弯便离开。
哦，决不！爱是亘古长明的塔灯，
它定睛望着风暴却兀不为动；

唤醒尘世间的上帝

爱又是指引迷舟的一颗恒星，
你可量它多高，它所值却无穷。
爱不受时光的拨弄，尽管红颜
和皓齿难免遭受时光的毒手；
爱并不因瞬息的改变而改变，
它巍然矗立直到末日的尽头。
我这话若说错，并被证明不确，
就算我没写诗，也没人真爱过。

一一八

好比我们为了促使食欲增进，
用种种辛辣调味品刺激胃口；
又好比服清泻剂以预防大病，
用较轻的病截断重症的根由；
同样，饱尝了你的不腻人的甜蜜，
我选上苦酱来当作我的食料；
厌倦了健康，觉得病也有意思，
尽管我还没有到生病的必要。
这样，为采用先发制病的手段，
爱的策略变成了真实的过失：
我对健康的身体乱投下药丹，
用痛苦来把过度的幸福疗治。
但我由此取得这真正的教训：
药也会变毒，谁若因爱你而生病。

因爱而起相思，因相思而病，而只有甜蜜的爱情和可爱的恋人才是治愈他的良药和医生。

一四七

佛说：由爱故生忧，由爱故生怖，若离于爱者，无忧亦无怖。

然而这实属"太上忘情"了吧？更多的人却是"情之所钟，正在我辈"。深陷爱情的沼泽、泥潭甚至是地狱，而不能自拔、自救。

爱情让人软弱、无力、盲目，甚至疯狂。

我的爱是一种热病，它老切盼
那能够使它长期保养的单方，
服食一种能维持病状的药散，
使多变的病态食欲长久盛旺。
理性（那医治我的爱情的医生）
生气我不遵守他给我的嘱咐，
把我扔下，使我绝望，因为不信
医药的欲望，我知道，是条死路。
我再无生望，既然丧失了理智，
整天都惶惑不安、烦躁、疯狂；
无论思想或谈话，全像个疯子，
脱离了真实，无目的，杂乱无章；
因为我曾赌咒说你美，说你璀璨，
你却是地狱一般黑，夜一般暗。

（选自《十四行诗》）

2. 爱情不过是一种疯狂

奥兰多受尽兄长奥列佛的虐待和陷害，选择逃往亚登森林。在那里，人们呼吸着自然、纯朴、幸福和平和的空气，真正体现了文艺复兴时期人文主义思想家对田园生活的向往。

第三幕 第二场 亚登森林

罗瑟琳 我要像一个无礼的小厮一样去向他说话，跟他捣捣乱。听见我的话吗，树林里的人？

奥兰多 很好，你有什么话说？

罗瑟琳 请问现在是几点钟？

奥兰多 你应该问我现在是什么时辰；树林里哪来的钟？

罗瑟琳 那么树林里也不会有真心的情人了；否则每分钟的叹气，每点钟的呻吟，该会像时钟一样计算出时间的懒懒的脚步来的。

奥兰多 为什么不说时间的快步呢？那样说不对吗？

罗瑟琳 不对，先生。时间对于各种人有各种的步法。我可以告诉你时间对于谁是走慢步的，对于谁是跨着细步走的，对于谁是奔着走的，对于谁是立定不动的。

奥兰多 请问他对于谁是跨着细步走的？

罗瑟琳 呃，对于一个订了婚还没有成礼的姑娘，时间是跨着细步有气无力地走着的；即使这中间只有一星期，也似乎有七年那样难过。

爱情的确能够使人产生时间的错觉。恋人相见，只觉时光飞逝如箭；恋人相思，顿觉度日如年。

《诗经·国风·采葛》："彼采葛兮，一日不见，如三月兮。彼采萧兮，一日不见，如三秋兮。彼采艾兮，一日不见，如三岁兮。"

时间与爱情的关系也是重要的文学主题。

对于热恋中的人而言,相会总是那么短暂,而思念却总是那么漫长。

所以情深意重者离别时会"执手相看泪眼,竟无语凝噎",别后的相思更是"便纵有千种风情,更与何人说";而豁达乐观者却会自我安慰,"两情若是久长时,又岂在朝朝暮暮"。

奥兰多对罗瑟琳一见钟情,在林中树上到处刻写情诗,以抒发对罗瑟琳的相思之苦。

有的人相信,名字同样具有其人的魂灵,写下或者呼唤一个人的名字,就能向其传达自己的思想情感。

奥兰多 对于谁时间是走着慢步的?

罗瑟琳 对于一个不懂拉丁文的牧师,或是一个不害痛风的富翁:一个因为不能读书而睡得很酣畅,一个因为没有痛苦而活得很高兴;一个可以不必辛辛苦苦地钻研,一个不知道有贫穷的艰困。对于这种人,时间是走着慢步的。

奥兰多 对于谁他是奔着走的?

罗瑟琳 对于一个上绞架的贼子;因为虽然他尽力放慢脚步,他还是觉得到得太快了。

奥兰多 对于谁他是静止不动的?

罗瑟琳 对于在休假中的律师,因为他们在前后开庭的时期之间,完全昏睡过去,觉不到时间的移动。

奥兰多 可爱的少年,你住在哪儿?

罗瑟琳 跟这位牧羊姑娘,我的妹妹,住在这儿的树林边,正像裙子上的花边一样。

奥兰多 你是本地人吗?

罗瑟琳 跟那只你看见的兔子一样,它的住处就是它生长的地方。

奥兰多 住在这种穷乡僻壤,你的谈吐却很高雅。

罗瑟琳 好多人都曾经这样说我;其实是因为我有一个修行的老伯父,他本来是在城市里生长的,是他教导我讲话;他曾经在宫廷里闹过恋爱,因此很懂得交际的门槛。我曾经听他发过许多反对恋爱的议论;多谢上帝我不是个女人,不会犯到他所归咎于一般女性的那许多心性轻浮的罪恶。

奥兰多 你记不记得他所说的女人的罪恶当中主要的几桩?

罗瑟琳　没有什么主要不主要的，跟两个铜子相比一样，全差不多；每一件过失似乎都十分严重，可是立刻又有一件出来可以赛过它。

奥兰多　请你说几件看。

罗瑟琳　不，我的药是只给病人吃的。这座树林里常常有一个人来往，在我们的嫩树皮上刻满了"罗瑟琳"的名字，把树木糟蹋得不成样子；山楂树上挂起了诗篇，荆棘枝上吊悬着哀歌，说来说去都是把罗瑟琳的名字奉作神明。要是我碰见了那个卖弄风情的家伙，我一定要好好给他一番教训，因为他似乎害着相思病。

奥兰多　我就是那个给爱情折磨的他。请你告诉我你有什么医治的方法。

罗瑟琳　我伯父所说的那种记号在你身上全找不出来，他曾经告诉我怎样可以看出来一个人是在恋爱着；我可以断定你一定不是那个草扎的笼中的囚人。

奥兰多　什么是他所说的那种记号呢？

罗瑟琳　一张瘦瘦的脸庞，你没有；一双眼圈发黑的凹陷的眼睛，你没有；一副懒得跟人家交谈的神气，你没有；一脸忘记了修剃的胡子，你没有；——可是那我可以原谅你，因为你的胡子本来就像小兄弟的产业一样少得可怜。而且你的袜子上应当是不套袜带的，你的帽子上应当是不结帽纽的，你的袖口的纽扣应当是脱开的，你的鞋子上的带子应当是松散的，你身上的每一处都要表示出一种不经心的疏懒。可是你却不是这样一个人；你把自己打扮得这么齐整，瞧你倒有点顾影自怜，全不

"过去'美、善和真'常常分道扬镳，到今天才在一个人身上协调。"可以说莎士比亚的这句诗放在奥兰多上，可谓恰当的评价。

奥兰多在林中,发现熟睡的亲哥哥奥列佛即将被蛇与虎所害,虽然奥列佛曾经苛待、陷害过他,但手足之情和善良天性促使他不顾危险,救出了哥哥。

奥兰多正直、善良、勇敢且奋力追求自己的幸福,这正是莎翁笔下集"真、善、美"于一身的典型形象。

像在爱着什么人。

奥兰多 美貌的少年,我希望我能使你相信我是在恋爱。

罗瑟琳 我相信!你还是叫你的爱人相信吧。我可以断定,她即使容易相信你,她嘴里也是不肯承认的;这也是女人们不老实的一点。可是说老实话,你真的便是把恭维着罗瑟琳的诗句悬挂在树上的那家伙吗?

奥兰多 少年,我凭着罗瑟琳的玉手向你起誓,我就是他,那个不幸的他。

罗瑟琳 可是你真的像你诗上所说的那样热恋着她吗?

奥兰多 什么也不能表达我的爱情的深切。

罗瑟琳 爱情不过是一种疯狂;我对你说,有了爱情的人,是应该像对待一个疯子一样,把他关在黑屋子里用鞭子抽一顿的。那么为什么他们不用这种处罚的方法来医治爱情呢?因为那种疯病是极其平常的,就是拿鞭子的人也在恋爱哩。可是我有医治它的法子。

奥兰多 你曾经医治过什么人吗?

罗瑟琳 是的,医治过一个;法子是这样的:他假想我是他的爱人、他的情妇,我叫他每天都来向我求爱;那时我是一个善变的少年,便一会儿伤心、一会儿温存、一会儿翻脸、一会儿思慕、一会儿欢喜;骄傲、古怪、刁钻、浅薄、轻浮,有时满眼的泪,有时满脸的笑。什么情感都来一点儿,但没有一种是真切的,就像大多数的孩子们和女人们一样;有时欢喜他,有时讨厌他,有时讨好他,有时冷淡他,有

此剧中的阿尔登森林被描绘成一个田园牧歌式所在。它静谧祥和,平原广阔,没有私有制,也没有剥削,一群被放逐的人过着天真、纯朴的生活。令人想起上古时期的"葛天氏之民",也令人想起陶渊明等隐逸诗人的田园之乐。

唤醒尘世间的上帝

时为他哭泣,有时把他唾弃:我这样把我这位求爱者从疯狂的爱逼到真个疯狂起来,以至于抛弃人世,做起隐士来了。我用这种方法治好了他,我也可以用这种方法把你的心肝洗得干干净净,像一颗没有毛病的羊心一样,再没有一点爱情的痕迹。

奥兰多　我不愿意治好,少年。

罗瑟琳　我可以把你治好,假如你把我叫作罗瑟琳,每天到我的草屋里来向我求爱。

奥兰多　凭着我的恋爱的真诚,我愿意。告诉我你住在什么地方。

罗瑟琳　跟我去,我可以指点给你看;一路上你也要告诉我你住在林中的什么地方。去吗?

奥兰多　很好,好孩子。

罗瑟琳　不,你一定要叫我罗瑟琳。来,妹妹,我们去吧。(同下)

第五幕　第二场　林中的另一部分

奥兰多及奥列佛上。

奥兰多　你跟她相识得这么浅便会喜欢起她来了吗?一看见了她,便会爱起她来了吗?一爱了她,便会求起婚来了吗?一求了婚,她便会答应了你吗?你一定要得到她吗?

奥列佛　这件事进行得匆促,她的贫穷,相识的不久,我突然的求婚和她突然的允许——这些你都不用怀疑;只要你承认我是爱着爱莲娜的,承认她是爱着我的,允许我们两人的结合,这样你也会有好处;因为我愿意把我父亲老罗兰爵士的房屋和

一切收入都让给你，我自己在这里终生做一个
牧人。

奥兰多　你可以得到我的允许。你们的婚礼就在明
天举行吧；我可以去把公爵和他的一切乐天的从
者都请了来。你去吩咐爱莲娜预备一切。瞧，我
的罗瑟琳来了。

　　罗瑟琳上。

罗瑟琳　上帝保佑你，哥哥。

奥列佛　也保佑你，好妹妹。（下）

罗瑟琳　啊！我的亲爱的奥兰多，我瞧见你把你的
心裹在绷带里，我是多么难过呀。

奥兰多　那是我的臂膀。

罗瑟琳　我以为是你的心给狮子抓伤了。

奥兰多　它的确是受了伤了，但却是给一位姑娘的
眼睛伤害了的。

罗瑟琳　你的哥哥有没有告诉你当他把你的手帕给
我看的时候，我假装晕过去了的情形？

奥兰多　是的，而且还有更奇怪的事情呢。

罗瑟琳　噢！我知道你说的是什么。哦，那倒是真
的；从来不曾有过这么快的事情，除了两头公羊的
打架和凯撒那句"我来，我看见，我征服"的傲语。
令兄和舍妹刚见了面，便大家瞧起来了；一瞧便相
爱了；一相爱便叹气了；一叹气便彼此问为的是什
么；一知道了为的是什么，便要想补救的办法：这
样一步一步地踏到了结婚的阶段，不久他们便要
成其好事了，否则他们等不到结婚便要放肆起来
的。他们简直爱得慌了，一定要在一块儿；用棒儿
也打不散他们。

奥兰多 他们明天便要成婚,我就要去请公爵参加婚礼。但是,唉!从别人的眼中看见幸福,多么令人烦闷。明天我越是想到我的哥哥满足了心愿多么快活,我便将越是伤心。

罗瑟琳 难道我明天不能仍旧充作你的罗瑟琳了吗?

奥兰多 我不能老是靠着幻想而生存了。

罗瑟琳 那么我不再用空话来叫你心烦了。告诉了你吧,现在我不是说着玩儿,我知道你是一个有见识的上等人;我并不是因为希望你赞美我的本领而恭维你,也不是图自己的名气,只是想得到你一定程度的信任,那是为了你的好处,不是为了给我自己增光。假如你肯相信,那么我告诉你,我会行奇迹。从三岁时候起我就和一个术士结识,他的法术非常高深,可是并不作恶害人。要是你爱罗瑟琳真是爱得那么深,就像你瞧上去的那样,那么你哥哥和爱莲娜结婚的时候,你就可以和她结婚。我知道她现在的处境是多么不幸;只要你没有什么不方便,我一定能够明天叫她亲身出现在你的面前,一点没有危险。

奥兰多 你说的是真话吗?

罗瑟琳 我以生命为誓,我说的是真话;虽然我说我是个术士,可是我很重视我的生命呢。所以你得穿上你最好的衣服,邀请你的朋友们来;只要你愿意在明天结婚,你一定可以结婚;和罗瑟琳结婚,要是你愿意。瞧,我的一个爱人和她的一个爱人来了。

西尔维斯及菲芯上。

> 恋人女扮男装并多次暗示男方,而男方竟毫无觉察。中国也有梁山伯与祝英台的传说,不过结局不同罢了。梁山伯发现同学少年竟是女子且深爱自己时为时已晚,最终双双化蝶而去。

这几句道出了爱情的真谛。爱情有时让人低眉顺眼。张爱玲对所钟爱的人说，自我见到你时便感到自己低到尘埃里去了，然后在尘埃里开出花来。

爱情本身也意味着舍己为人，自我牺牲。古希腊柏拉图说："爱情，只有爱情，可以使人敢于为所爱的人献出生命。这一点，不但男人能做到，女人也能做得到。"

菲苾 少年人，你很对我不起，把我写给你的信宣布了出来。

罗瑟琳 要是我把它宣布了，我也不管；我存心要对你傲慢不客气。你背后跟着一个忠心的牧人；瞧着他吧，爱他吧，他崇拜着你哩。

菲苾 好牧人，告诉这个少年人恋爱是怎样的。

西尔维斯 它是充满了叹息和眼泪的；我正是这样爱着菲苾。

菲苾 我也是这样爱着盖尼米德。

奥兰多 我也是这样爱着罗瑟琳。

罗瑟琳 我可是一个女人也不爱。

西尔维斯 它是全然的忠心和服务；我正是这样爱着菲苾。

菲苾 我也是这样爱着盖尼米德。

奥兰多 我也是这样爱着罗瑟琳。

罗瑟琳 我可是一个女人也不爱。

西尔维斯 它是全然的空想，全然的热情，全然的愿望，全然的崇拜、恭顺和尊敬，全然的谦卑，全然的忍耐和焦心，全然的纯洁，全然的磨炼，全然的服从，我正是这样爱着菲苾。

菲苾 我也是这样爱着盖尼米德。

奥兰多 我也是这样爱着罗瑟琳。

罗瑟琳 我可是一个女人也不爱。

菲苾 （向罗瑟琳）假如真是这样，那么你为什么责备我爱你呢？

西尔维斯 （向菲苾）假如真是这样，那么你为什么责备我爱你呢？

奥兰多 假如真是这样，那么你为什么责备我爱

唤醒尘世间的上帝

你呢?

罗瑟琳　你在同谁说话,"你为什么责备我爱你呢?"

奥兰多　同那不在这里、也听不见我的说话的她。

罗瑟琳　请你们别再说下去了吧;这简直像是一群
爱尔兰的狼向着月亮嗥叫。(向西尔维斯)要是我
能够,我一定帮助你。(向菲苾)要是我有可能,我
一定会爱你。明天大家来和我相会。(向菲苾)假
如我会跟女人结婚,我一定跟你结婚;我要在明天
结婚了。(向奥兰多)假如我会使男人满足,我一
定使你满足;你要在明天结婚了。(向西尔维斯)
假如使你喜欢的东西能使你满意,我一定使你满
意;你要在明天结婚了。(向奥兰多)你既然爱罗
瑟琳,请你赴约。(向西尔维斯)你既然爱菲苾,请
你赴约。我既然不爱什么女人,我也赴约。现在
再见吧;我已经吩咐过你们了。

西尔维斯　只要我活着,我一定不失约。

菲苾　我也不失约。

奥兰多　我也不失约。(各下)

(选自《皆大欢喜》)

　　结局美好,恰如大
团圆,正如王实甫《西
厢记》中的唱词:"叹人
间真男女难为知己,愿
天下有情人终成眷
属。"

3. 想不到爱神蒙着眼睛,却会一直闯进人们的心灵

第一幕 第一场 维洛那。广场

罗密欧上。

班伏里奥 早安,兄弟。

罗密欧 天还是这样早吗?

班伏里奥 刚敲过九点钟。

罗密欧 唉!在悲哀里度过的时间似乎是格外长的。急忙忙地走过去的那个人,不就是我的父亲吗?

班伏里奥 正是。什么悲哀使罗密欧的时间过得这样长?

罗密欧 因为我缺少了可以使时间变得短促的东西。

班伏里奥 你跌进恋爱的网里了吗?

罗密欧 我还在门外徘徊——

班伏里奥 在恋爱的门外?

罗密欧 我不能得到我的意中人的欢心。

班伏里奥 唉!想不到爱神的外表这样温柔,实际上却是如此残暴!

罗密欧 唉!想不到爱神蒙着眼睛,却会一直闯进

唤醒尘世间的上帝

<u>人们的心灵！我们在什么地方吃饭？哎哟！又是谁在这儿打过架了</u>？可是不必告诉我，我早就知道了。这些都是怨恨造成的后果，可是爱情的力量比它要大过许多。<u>啊，吵吵闹闹的相爱，亲亲热热的怨恨！啊，无中生有的一切！啊，沉重的轻浮，严肃的狂妄，整齐的混乱，铅铸的羽毛，光明的烟雾，寒冷的火焰，憔悴的健康，永远觉醒的睡眠，否定的存在</u>！我感觉到的爱情正是这么一种东西，可是我并不喜爱这一种爱情。你不会笑我吗？

班伏里奥　不，兄弟，我倒是有点儿想哭。

罗密欧　好人，为什么呢？

班伏里奥　因为瞧着你善良的心受到这样的痛苦。

罗密欧　唉！这就是爱情的错误，我自己已经有太多的忧愁重压在我的心头，你对我表示的同情，徒然使我在太多的忧愁之上再加上一重忧愁。**爱情是叹息吹起的一阵烟；恋人的眼中有它净化了的火星；恋人的眼泪是它激起的波涛**。它又是最智慧的疯狂，哽喉的苦味，吃不到嘴的蜜糖。再见，兄弟。（欲去）

班伏里奥　且慢，让我跟你一块儿去；要是你就这样丢下我，未免太不给我面子啦。

罗密欧　嘿！我已经遗失了我自己；我不在这儿；这不是罗密欧，他是在别的地方。

班伏里奥　老实告诉我，你所爱的是谁？

罗密欧　什么！你要我在痛苦呻吟中说出她的名字来吗？

班伏里奥　痛苦呻吟！不，你只要告诉我她是谁就得了。

爱情是自相矛盾、相反相成的，是虚无缥缈的，是七情六欲齐备的，是酸甜苦辣咸五味俱全的，甚至是失去理智的，更是可望而不可即的。

罗密欧 叫一个病人郑重其事地立起遗嘱来！啊，对于一个病重的人，还有什么比这更刺痛他的心？老实对你说，兄弟，我是爱上了一个女人。

班伏里奥 我说你一定在恋爱，果然猜得不错。

罗密欧 好一个每发必中的射手！我所爱的是一位美貌的姑娘。

班伏里奥 好兄弟，目标越好，射得越准。

罗密欧 你这一箭就射岔了。丘匹德的金箭不能射中她的心；她有狄安娜女神的圣洁，不让爱情软弱的弓矢损害她的坚不可破的贞操。她不愿听任深怜密爱的词句把她包围，也不愿让灼灼逼人的眼光向她进攻，更不愿接受可以使圣人动心的黄金的诱惑；啊！美貌便是她巨大的财富，只可惜她一死以后，她的美貌也要化为黄土！

班伏里奥 那么她已经立誓终身守贞不嫁了吗？

罗密欧 <u>她已经立下了这样的誓言，为了珍惜她自己，造成了莫大的浪费；因为她让美貌在无情的岁月中日渐枯萎，不知道替后世传留下她的绝世容华。她是个太美丽、太聪明的人儿，不应该剥夺她自身的幸福，使我抱恨终天。她已经立誓割舍爱情，我现在活着也就等于死去一般。</u>

班伏里奥 听我的劝告，别再想起她了。

罗密欧 啊！那么你教我怎样忘记吧。

班伏里奥 你可以放纵你的眼睛，让它们多看几个世间的美人。

罗密欧 那不过格外使我觉得她的美艳无双罢了。那些吻着美人娇额的幸运的面罩，因为它们是黑色的，常常使我们想起被它们遮掩的面庞不知多

将所爱女人比喻为太阳而非月亮，比较新奇——它的确能给人带来光与热，离开了它就不能存活，远比月亮重要得多。

《牡丹亭》中的杜丽娘在花园为春光而慨叹，进而在梦中与书生柳梦梅相遇、结缘。朱丽叶也在花园中与罗密欧互吐衷情，幽期密约。花园的确为恋人们提供了一个美丽、幽静的所在。中国古代"才子佳人小说"中的模式就有"私定终身后花园"这一重要的因素。

唤醒尘世间的上帝

122

么娇丽。突然盲目的人，永远不会忘记存留在他消失了的视觉中的宝贵的影像。给我看一个姿容绝代的美人，她的美貌除了使我记起世上有一个人比她更美以外，还有什么别的用处？再见，你不能教我怎样忘记。

班伏里奥　我一定要证明我的意见不错，否则死不瞑目。（同下）

第二幕　第二场　同前。凯普莱特家的花园

罗密欧上。

罗密欧　没有受过伤的才会讥笑别人身上的创痕。（朱丽叶自上方窗户中出现）轻声！那边窗子里亮起来的是什么光？那就是东方，朱丽叶就是太阳！起来吧，美丽的太阳！赶走那妒忌的月亮，她因为她的女弟子比她美得多，已经气得面色惨白了。既然她这样妒忌着你，你不要忠于她吧；脱下她给你的这一身惨绿色的贞女的道服，它只配给愚人穿的。那是我的意中人；啊！那是我的爱；唉，但愿她知道我在爱着她！她欲言又止，可是她的眼睛已经道出了她的心事。待我去回答她吧；不，我不要太鲁莽，她不是对我说话。天上两颗最灿烂的星，因为有事，他去请求她的眼睛替代它们在空中闪耀。要是她的眼睛变成了天上的星，天上的星变成了她的眼睛，那便怎样呢？她脸上的光辉会掩盖了星星的明亮，正像灯光在朝阳下黯然失色一样；在天上的她的眼睛，会在太空中大放光明，使鸟儿误认为黑夜已经过去而唱出它们的歌

声。瞧！她用纤手托住了脸,那姿态是多么美妙!啊,但愿我是那一只手上的手套,好让我亲一亲她脸上的香泽!

朱丽叶　唉!

罗密欧　她说话了。啊! 再说下去吧,光明的天使! 因为我在这夜色之中仰视着你,就像一个尘世的凡人,张大了出神的眼睛,瞻望着一个生着翅膀的天使,驾着白云缓缓地驰过了天空一样。

朱丽叶　罗密欧啊,罗密欧! 为什么你偏偏是罗密欧呢? 否认你的父亲,抛弃你的姓名吧;也许你不愿意这样做,那么只要你宣誓做我的爱人,我也不愿再姓凯普莱特了。

罗密欧　(旁白)我还是继续听下去呢,还是现在就对她说话?

朱丽叶　只有你的名字才是我的仇敌;你即使不姓蒙太古,仍然是这样的一个你。姓不姓蒙太古又有什么关系呢? 它又不是手,又不是脚,又不是手臂,又不是脸,又不是身体上任何其他的部分。啊! 换一个姓名吧! 姓名本来是没有意义的;我们叫作玫瑰的这一种花,要是换了个名字,它的香味还是同样的芬芳;罗密欧要是换了别的名字,他的可爱的完美也绝不会有丝毫改变。罗密欧,抛弃你的名字吧;我愿意把我整个的心灵,赔偿你这一个身外的空名。

罗密欧　那么我就听你的话,你只要叫我作爱,我就重新受洗,重新命名;从今以后,永远不再叫罗密欧了。

朱丽叶　你是什么人,在黑夜里躲躲闪闪地偷听人

名字是空无实际的,远不如身体所带来的诱惑和幸福更大。蒙太古也好,罗密欧也罢,只不过是自己所爱之人的姓名而已,即使他不用这个名字,依然是自己心目中最完美的那个。朱丽叶的自言自语其实涉及哲学中有名的"名实之辨"。它只是个符号。符号学家艾柯有《玫瑰的名字》一书,即取意于此。

此处朱丽叶用"玫瑰"的名字类比罗密欧的名字,更是爱情的象征。

唤醒尘世间的上帝

家的话？

罗密欧　我没法告诉你我叫什么名字。敬爱的神明，我痛恨我自己的名字，因为它是你的仇敌；要是把它写在纸上，我一定把这几个字撕得粉碎。

朱丽叶　我的耳朵里还没有灌进从你嘴里吐出来的一百个字，可是我认识你的声音；你不是罗密欧，蒙太古家里的人吗？

罗密欧　不是，美人，要是你不喜欢这两个名字。

朱丽叶　告诉我，你怎么会到这儿来，为什么到这儿来？花园的墙这么高，是不容易爬上来的；要是我家里的人瞧见你在这儿，他们一定不让你活命。

罗密欧　我借着爱的轻翼飞过园墙，因为砖石的墙垣是不能把爱情阻隔的；爱情的力量所能够做到的事，它都会冒险尝试，所以我不怕你家里人的干涉。

朱丽叶　要是他们瞧见了你，一定会把你杀死的。

罗密欧　唉！你的眼睛比他们二十柄刀剑还厉害；只要你用温柔的眼光看着我，他们就不能伤害我的身体。

朱丽叶　我怎么也不愿让他们瞧见你在这儿。

罗密欧　朦胧的夜色可以替我遮过他们的眼睛。只要你爱我，就让他们瞧见我吧；与其因为得不到你的爱情而在这世上捱命，还不如在仇人的刀剑下丧生。

朱丽叶　谁叫你找到这儿来的？

罗密欧　爱情怂恿我探听出这一个地方；它替我出主意，我借给它眼睛。我不会操舟驾舵，可是倘使你在辽远辽远的海滨，我也会冒着风波寻访你这

真正的爱情从来不会被高墙阻挡。《诗经》即有"将仲子兮，无逾我里"的诗句。王实甫《西厢记》中，张君瑞也是翻墙而过与崔莺莺月夜幽会。

中国古代将礼节看得比较重要，主张"非礼勿视，非礼勿听，非礼勿言，非礼勿动"。西方中世纪倡导对神灵的爱而非对人之爱。而到了文艺复兴时期，人文主义者则反对禁欲主义，倡导追求现世的幸福，较少顾及那些世俗的礼节，要遵循内心的召唤，自由地去恋爱。朱丽叶抛弃了当时女子的忸怩作态和故作矜持，真诚坦率地表达了自己的爱意。

颗珍宝。

朱丽叶　幸亏黑夜替我罩上了一重面罩，否则为了我刚才被你听去的话，你一定可以看见我脸上羞愧的红晕。我真想遵守礼法，否认已经说过的言语，可是这些虚文俗礼，现在只好一切置之不顾了！你爱我吗？我知道你一定会说"是的"；我也一定会相信你的话；可是也许你起的誓只是一个谎，人家说，对于恋人们的寒盟背信，天神是一笑置之的。温柔的罗密欧啊！你要是真的爱我，就请你诚意告诉我；你要是嫌我太容易降心相从，我也会堆起怒容，装出倔强的神气，拒绝你的好意，好让你向我婉转求情，否则我是无论如何不会拒绝你的。俊秀的蒙太古啊，我真的太痴心了，所以也许你会觉得我的举动有点轻浮；可是相信我，朋友，总有一天你会知道我的忠心远胜过那些善于矜持作态的人。我必须承认，倘不是你乘我不备的时候偷听去了我的真情的表白，我一定会更加矜持一点的；所以原谅我吧，是黑夜泄漏了我心底的秘密，不要把我的允诺看作无耻的轻狂。

罗密欧　姑娘，凭着这一轮皎洁的月亮，它的银光涂染着这些果树的梢端，我发誓——

朱丽叶　啊！不要指着月亮起誓，它是变化无常的，每个月都有盈亏圆缺；你要是指着它起誓，也许你的爱情也会像它一样无常。

罗密欧　那么我指着什么起誓呢？

朱丽叶　不用起誓吧；或者要是你愿意的话，就凭着你优美的自身起誓，那是我所崇拜的偶像，我一定会相信你的。

> "月"的盈亏圆缺不但可喻指情感变化，也含有人生哲理，苏轼《水调歌头》："人有悲欢离合，月有阴晴圆缺，此事古难全。但愿人长久，千里共婵娟。"又在《赤壁赋》中借主客二人谈及水与月："自其变者而观之，则天地曾不能以一瞬。自其不变者而观之，则物与我皆无尽也。"

唤醒尘世间的上帝

罗密欧　要是我的出自深心的爱情——

朱丽叶　好,别起誓啦。我虽然喜欢你,却不喜欢今
天晚上的密约;它太仓促、太轻率、太出人意料了,
正像一闪电光,等不及人家开一声口,已经消隐了
下去。好人,再会吧!这一朵爱的蓓蕾,靠着夏天
的暖风的吹拂,也许在我们下次相见的时候,开
出鲜艳的花来。晚安,晚安!但愿恬静的安息同
样降临到你我两人的心头!

罗密欧　啊!你就这样离我而去,不给我一点满
足吗?

朱丽叶　你今夜还要什么满足呢?

罗密欧　你还没有把你的爱情的忠实的盟誓跟我
交换。

朱丽叶　在你没有要求以前,我已经把我的爱给了
你了;可是我倒愿意重新给你。

罗密欧　你要把它收回去吗?为什么呢,爱人?

朱丽叶　为了表示我的慷慨,我要把它重新给你。
可是我只愿意要我已有的东西:我的慷慨像海一
样浩渺,我的爱情也像海一样深沉;我给你的越
多,我自己也越是富有,因为这两者都是没有穷尽
的。(乳媪在内呼唤)我听见里面有人在叫;亲爱
的,再会吧!——就来了,好奶妈!——亲爱的蒙
太古,愿你不要负心。再等一会儿,我就会来的。
（自上方下）

罗密欧　幸福的,幸福的夜啊!我怕我只是在晚上
做了一个梦,这样美满的事不会是真实的。

　　　朱丽叶自上方重上。

朱丽叶　亲爱的罗密欧,再说三句话,我们真的要再

德国盖贝尔在
《诗》中说:"真诚的爱
在奉献的时候最为丰
富。如果认为这是牺
牲的话,就已经不是真
正的爱了。"

127

会了。要是你的爱情的确是光明正大,你的目的是在于婚姻,那么明天我会叫一个人到你的地方来,请你叫他带一个信给我,告诉我你愿意在什么地方、什么时候举行婚礼;我就会把我的整个命运交托给你,把你当作我的主人,跟随你到天涯海角。

乳媪 (在内)小姐!

朱丽叶 就来。——可是你要是没有诚意,那么我请求你——

乳媪 (在内)小姐!

朱丽叶 等一等,我来了。——停止你的求爱,让我一个人独自伤心吧。明天我就叫人来看你。

罗密欧 凭着我的灵魂——

朱丽叶 一千次的晚安!(自上方下)

罗密欧 晚上没有你的光,我只有一千次的心伤!恋爱的人去赴他情人的约会,像一个放学归来的儿童;可是当他和情人分别的时候,却像上学去一般满脸懊丧。(退后)

　　朱丽叶自上方重上。

朱丽叶 嘘!罗密欧!嘘!唉!我希望我会发出呼鹰的声音,招这只鹰儿回来。我不能高声说话,否则我要让我的喊声传进厄科的洞穴,让她的无形的喉咙因为反复叫喊着我的罗密欧的名字而变得嘶哑。

罗密欧 那是我的灵魂在叫喊着我的名字。恋人的声音在晚间多么清婉,听上去就像最柔和的音乐!

朱丽叶 罗密欧!

罗密欧 我的爱!

朱丽叶　明天我应该在什么时候叫人来看你?

罗密欧　就在九点钟吧。

朱丽叶　我一定不失信;挨到那个时候,该有二十年那么长久!我记不起为什么要叫你回来了。

罗密欧　让我站在这儿,等你记起了告诉我。

朱丽叶　你这样站在我的面前,我一心想着多么爱跟你在一块儿,一定永远记不起来了。

罗密欧　那么我就永远等在这儿,让你永远记不起来,忘记除了这里以外还有什么家。

朱丽叶　天快要亮了;我希望你快去;可是我就好比一个淘气的女孩子,像放松一个囚犯似的让她心爱的鸟儿暂时跳出她的掌心,又用一根丝线把它拉了回来,爱的私心使她不愿意给它自由。

罗密欧　我但愿我是你的鸟儿。

朱丽叶　好人,我也但愿这样;可是我怕你会死在我的过分的爱抚里。晚安!晚安!离别是这样甜蜜的凄清,我真要向你道晚安直到天明!(下)

罗密欧　但愿睡眠合上你的眼睛!
　　　　但愿平静安息我的心灵!
　　　　我如今要去向神父求教,
　　　　把今宵的艳遇诉他知晓。(下)

第三幕　第五场　同前。朱丽叶的卧室

　　罗密欧及朱丽叶上。

朱丽叶　你现在就要走了吗?天亮还有一会儿呢。那刺进你惊恐的耳膜中的,不是云雀,是夜莺的声音;它每天晚上在那边石榴树上歌唱。相信我,爱

唐诗有句曰:"打起黄莺儿,莫教枝上啼。啼时惊妾梦,不得到辽西。"与朱丽叶挽留罗密欧时所言有异曲同工之妙。

"留恋处,兰舟催发。执手相看泪眼,竟无语凝噎。"二人的依依惜别,有柳永《雨霖铃》之词意。

129

人,那是夜莺的歌声。

罗密欧 那是报晓的云雀,不是夜莺。瞧,爱人,不作美的晨曦已经在东天的云朵上镶起了金线,夜晚的星光已经烧尽,愉快的白昼蹑足踏上了迷雾的山巅。我必须到别处去找寻生路,或者留在这儿束手等死。

朱丽叶 那光明不是晨曦,我知道;那是从太阳中吐射出来的流星,要在今夜替你拿着火炬,照亮你到曼多亚去。所以你不必急着要去,再耽搁一会儿吧。

罗密欧 让我被他们捉住,让我被他们处死;只要是你的意思,我就毫无怨恨。我愿意说那边灰白色的云彩不是黎明睁开它的睡眼,那不过是从月亮的眉宇间反映出来的微光;那响彻云霄的歌声,也不是出于云雀的喉中。我巴不得留在这里,永远不要离开。来吧,死,我欢迎你!因为这是朱丽叶的意思。怎么,我的灵魂?让我们谈谈;天还没有亮哩。

朱丽叶 天已经亮了,天已经亮了;快走吧,快走吧!那唱得这样刺耳、嘶着粗涩的噪声和讨厌的锐音的,正是天际的云雀。有人说云雀会发出千变万化的甜蜜的歌声,这句话一点不对,因为它只使我们彼此分离;有人说云雀曾经和丑恶的蟾蜍交换眼睛,啊!我但愿它们也交换了声音,因为那声音使你离开了我的怀抱,用催醒的晨歌催促你登程。啊!现在你快走吧;天越来越亮了。

罗密欧 天越来越亮,我们悲哀的心却越来越黑暗。

(选自《罗密欧与朱丽叶》)

"悲哀的心却越来越黑暗"预示了两人最终殉情的结局。梁山伯、祝英台双双化蝶,刘兰芝、焦仲卿身化鸳鸯……"多谢后世人,戒之慎勿忘。"殉情的悲伤被浪漫化、美化,同时也给后人带来巨大的警示作用:恋人应坚守真爱,不屈服,专制家长也应引以为鉴。

"绿眼的妖魔"即the green-eyed monster。《圣经·旧约·箴言》也把嫉妒称为"恶眼"(evil eye),大概认为这一情绪与人的眼睛有着密切关系。中国文化中也把嫉妒俗称为"眼红"。当一个人嫉妒之心炽热时,那眼睛不也会闪射出毒箭一般愤恨的光芒吗?

唤醒尘世间的上帝

130

4. 您要留心嫉妒啊，那是一个绿眼的妖魔

第三幕 第三场 城堡前

伊阿古 啊，主帅，您要留心嫉妒啊，那是一个绿眼的妖魔，谁做了它的牺牲，就要受它的玩弄。本来并不爱他的妻子的那种丈夫，虽然明知被他的妻子欺骗，算来还是幸福的；可是啊！一方面那样痴心疼爱，一方面又是那样满腹狐疑，这才是活活的受罪！

奥瑟罗 啊，难堪的痛苦！

伊阿古 贫穷而知足，可以赛过富有；有钱的人要是时时刻刻都在担心他会有一天变成穷人，那么即使他有无限的资财，实际上也像冬天一样贫困。天啊，保佑我们不要嫉妒吧！

奥瑟罗 咦，这是什么意思？你以为我会在嫉妒里消磨我的一生，随着每一次月亮的变化，发生一次新的猜疑吗？不，我有一天感到怀疑，就要把它立刻解决。要是我会让这种捕风捉影的猜测支配我的心灵，像你所暗示的那样，我就是一头愚蠢的山羊。谁说我的妻子貌美多姿，爱好交际，口才敏慧，能歌善舞，弹得一手好琴，绝不会使我嫉妒；对

> 嫉妒的产生可能源于爱情，可能源于地位、权势。《史记》记载，刘邦看到秦始皇出行时的排场，发出了"大丈夫当如此也"的慨叹，项羽看到后则立下了"彼可取而代也"的宏愿，虽有除却暴秦之意，但不也是心存嫉妒之念吗？伊阿古正是对奥瑟罗和副官凯西奥存有嫉妒之意才引发了对其陷害的动机。

131

于一个贤淑的女子,这些是锦上添花的美妙的外饰。我也绝不因为我自己的缺点而担心她会背叛我;她倘不是独具慧眼,绝不会选中我的。不,伊阿古,<u>我在没有目睹以前,绝不妄起猜疑;当我感到怀疑的时候,我就要把它证实;果然有了确实的证据,我就一了百了,让爱情和嫉妒同时毁灭。</u>

伊阿古 您这番话使我听了很是高兴,因为我现在可以用更坦白的精神,向您披露我的忠爱之忱了;既然我不能不说,您且听我说吧。我还不能给您确实的证据。注意尊夫人的行动;留心观察她对凯西奥的态度;用冷静的眼光看着他们,不要一味多心,也不要过于大意。我不愿您的慷慨豪迈的天性被人欺罔;留心着吧。我知道我们国里娘儿们的脾气;在威尼斯她们背着丈夫干的风流活计,是不瞒天地的;她们可以不顾羞耻,干她们所要干的事,只要不让丈夫知道,就可以问心无愧。

奥瑟罗 你真的这样说吗?

伊阿古 她当初跟您结婚,曾经骗过她的父亲;当她好像对您的容貌战栗畏惧的时候,她的心里却在热烈地爱着它。

奥瑟罗 她正是这样。

伊阿古 好,她这样小小的年纪,就有这般能耐,做作得不露一丝破绽,把她父亲的眼睛完全遮掩过去,使他疑心您用妖术把她骗走。——可是我不该说这种话;请您原谅我对您的过分的忠心吧。

奥瑟罗 我永远感激你的好意。

伊阿古 我看这件事情有点儿令您扫兴。

奥瑟罗 一点不,一点不。

伊阿古采取反间计,巧妙利用奥瑟罗轻信、多疑、嫉妒等弱点,成功地离间了他和妻子之间的爱情。

反间计是"三十六计"之一,即利用对方疑心,故布疑阵,使得对方内部产生矛盾,为自己除去重要对手。《史记》记载,陈平即利用项羽疑心,成功离间他与亚父范增的亲密关系。明末皇太极使用反间计,让崇祯皇帝杀了自己的大将袁崇焕,自毁长城。

唤醒尘世间的上帝

伊阿古　真的,我怕您在生气啦。我希望您把我这番话当作善意的警戒。可是我看您真的在动怒啦。我必须请求您不要因为我这么说了,就武断地下了结论;不过是一点嫌疑,还不能就认为是事实哩。

奥瑟罗　我不会的。

伊阿古　您要是这样,主帅,那么我的话就要引起不幸的后果,完全违反我的本意了。凯西奥是我的好朋友——主帅,我看您在动怒啦。

奥瑟罗　不,并不怎么动怒。我怎么也不能不相信苔丝狄蒙娜是贞洁的。

伊阿古　但愿她永远如此!但愿您永远这样想!

奥瑟罗　可是一个人往往容易迷失本性——

伊阿古　嗯,问题就在这儿。说句大胆的话,当初多少跟她同国族、同肤色、同阶级的人向她求婚,照我们看来,要是成功了,那真是天作之合,可是她都置之不理,这明明是违反常情的举动;嘿!从这儿就可以看到一个荒唐的意志、乖僻的习性和不近人情的思想。可是原谅我,我不一定指着她说;虽然我恐怕她因为一时的孟浪跟随了您,也许后来会觉得您在各方面不能符合她自己国中的标准而懊悔她的选择的错误。

奥瑟罗　再会,再会。要是你还观察到什么事,请让我知道;叫你的妻子留心察看。离开我,伊阿古。

伊阿古　主帅,我告辞了。(欲去)

奥瑟罗　我为什么要结婚呢?这个诚实的汉子所看到、所知道的事情,一定比他向我宣布出来的多得多。

伊阿古 （回转）主帅，我想请您最好把这件事情搁一搁，慢慢再说吧。凯西奥虽然应该让他复职，因为他对于这一个职位是足以胜任的；可是您要是愿意对他暂时延宕一下，就可以借此窥探他的真相，看他钻的是哪一条门路。您只要注意尊夫人在您面前是不是着力替他说情；从那上头就可以看出不少情事。现在请您只把我的意见认作无谓的过虑——我相信我的确太多疑了——仍旧把尊夫人看成一个清白无罪的人。

奥瑟罗 你放心吧，我不会失去自制的。

伊阿古 那么我告辞了。（下）

奥瑟罗 这是一个非常诚实的家伙，对于人情世故是再熟悉不过的了。要是我能够证明她是一头没有驯服的野鹰，虽然我用自己的心弦把她系住，我也要放她随风远去，追寻她自己的命运。也许因为我生得黑丑，缺少绅士们温柔风雅的谈吐；也许因为我年纪老了点儿——虽然还不算顶老——所以她才会背叛我；我已经自取其辱，只好割断对她这一段痴情。啊，结婚的烦恼！我们可以在名义上把这些可爱的人儿称为我们所有，却不能支配她们的爱憎喜恶！我宁愿做一只蛤蟆，呼吸牢室中的浊气，也不愿占住了自己心爱之物的一角，让别人把它享用。可是那是富贵者也不能幸免的灾祸，他们并不比贫贱者享有更多的特权；那是像死一样不可逃避的命运，我们一生下来就已经在冥冥中注定了要戴那顶倒霉的绿头巾。瞧！她来了。倘然她是不贞的，啊！那么上天在开自己的玩笑了。我不信。

嫉妒也暗示着自信的匮乏。

奥瑟罗终于暴露出自己内心最隐秘的想法，对自己的年龄、谈吐、外貌等产生了怀疑和不自信。

唤醒尘世间的上帝

第五幕　第二场　城堡中的卧室

苔丝狄蒙娜睡床上，一灯照耀室内；奥瑟罗上。

奥瑟罗　只是为了这一个原因，只是为了这一个原因，我的灵魂！纯洁的星星啊，不要让我向你们说出它的名字！只是为了这一个原因……可是我不愿溅她的血，也不愿毁伤她那比白雪更皎洁、比石膏更腻滑的肌肤。可是她不能不死，否则她将要陷害更多的男子。让我熄灭了这一盏灯，然后我就熄灭你的生命的火焰。融融的灯光啊，我把你吹熄以后，要是我心生后悔，仍旧可以把你重新点亮；可是你，造化最精美的形象啊，你的火焰一旦熄灭，我不知道什么地方有那天上的神火，能够燃起你的原来的光彩！我摘下了蔷薇，就不能再给它已失的生机，只好让它枯萎凋谢；当它还在枝头的时候，我要嗅一嗅它的芳香。（吻苔丝狄蒙娜）啊，甘美的气息！你几乎诱动公道的心，使它折断它的利剑了！再一个吻，再一个吻。愿你到死都是这样；我要杀死你，然后再爱你。再一个吻，这是最后的一吻了；这样销魂，却又是这样无比的惨痛！我必须哭泣，然而这些是无情的眼泪。这一阵阵悲伤是神圣的，因为它要惩罚的正是它最疼爱的。她醒来了。

苔丝狄蒙娜　谁？奥瑟罗吗？

奥瑟罗　嗯，苔丝狄蒙娜。

苔丝狄蒙娜　您要睡了吗，我的主？

奥瑟罗　你今晚有没有祈祷过，苔丝狄蒙娜？

灯火给人带来光亮，指明道路和方向。南朝齐梁时期范缜《神灭论》就曾以灯火来比喻人的生命意识，并认为只要身体死亡了，那么附着于其上的精神也就消失了。所谓"油尽灯枯，人死灯灭"是也。

苔丝狄蒙娜 祈祷过了,我的主。

奥瑟罗 要是你想到在你的一生之中,还有什么罪恶不曾为上帝所宽宥,赶快恳求他的恩赦吧。

苔丝狄蒙娜 哎哟!我的主,您这句话是什么意思?

奥瑟罗 嘿,祈祷吧,干脆点儿;我就在一旁等着你。我不愿杀害你的没有准备的灵魂;不,上天禁止这种罪行!我不愿杀害你的灵魂。

苔丝狄蒙娜 您在说杀人的话吗?

奥瑟罗 嗯,是的。

苔丝狄蒙娜 那么愿上天垂怜于我!

奥瑟罗 阿门,但愿如此!

苔丝狄蒙娜 要是您这样说,我希望您不至于把我杀死。

奥瑟罗 哼!

苔丝狄蒙娜 可是我怕您;因为您的眼珠这样滚转的时候,您已经动了杀机。我不知道我为什么害怕,因为我不知道我有什么罪;可是我觉得害怕。

奥瑟罗 想想你的罪恶吧。

苔丝狄蒙娜 除非我对您的爱是罪恶,我不知道我有什么罪恶。

奥瑟罗 好,你必须因此而死。

苔丝狄蒙娜 为了爱而被杀,那样的死是违反人情的。唉!您为什么这样咬着您的下唇呢?一种饮血的欲念震撼您的全身,这便是它的征兆;可是我希望,我希望您的怒气不是对我而发。

奥瑟罗 闭嘴,不要作声!

苔丝狄蒙娜 是,可是请您告诉我究竟为了什么事?

奥瑟罗 你把我给你的那条我的心爱的手帕送给了

凯西奥。

苔丝狄蒙娜　不,凭着我的生命和灵魂起誓! 您叫他来问好了。

奥瑟罗　好人儿,留心不要发伪誓;你的死已在眼前了。

苔丝狄蒙娜　不,我现在还不能死。

奥瑟罗　你必须立刻死,所以赶快坦白招认你的罪恶吧;即使你发誓否认每一件事实,也不能除去那使我痛心的坚强的确信。你必须死。

苔丝狄蒙娜　那么愿上帝垂怜于我!

奥瑟罗　阿门。

苔丝狄蒙娜　愿您也大发慈悲! 我生平从不曾得罪过您,也从不曾用上天所不容的非分的爱情滥施在凯西奥的身上;我没有给过他什么东西。

奥瑟罗　苍天在上,我亲眼看见我的手帕在他的手里。欺罔神明的妇人! 你使我的心变得坚硬;我本来想把你作为献祭的牺牲,现在却被你激起我的屠夫的恶念来了。我明明看见那手帕的。

苔丝狄蒙娜　那么是他在什么地方拾到的;我没有给他。叫他到这儿来,让他供认事实的真相。

奥瑟罗　他已经承认了。

苔丝狄蒙娜　承认什么,我的主?

奥瑟罗　承认他已经和你发生关系。

苔丝狄蒙娜　怎么? 非法的关系吗?

奥瑟罗　嗯。

苔丝狄蒙娜　他不会这样说的。

奥瑟罗　是的,他的嘴已经闭住,正直的伊阿古已经把他解决了。

嫉妒会使人产生愤恨、暴躁、狂怒,被蒙住双眼,失去理智,从而导致毁灭的悲剧。伊阿古这个嫉妒者,让被嫉妒者奥瑟罗也变成了一个嫉妒者,嫉妒的魔圈就此产生,于是产生了巨大的怒与恨的魔力——奥瑟罗杀死了至爱的苔丝狄蒙娜,自己也因悔恨而自杀身亡。

137

苔丝狄蒙娜 啊,我的恐惧叫我明白过来了!什么!他死了吗?

奥瑟罗 即使他每一根头发里都有生命,我的复仇的怒火也会把它们一起吞下。

苔丝狄蒙娜 唉!他被人陷害,我的一生也从此断送了!

奥瑟罗 不要脸的娼妇!你当着我的面为他哭泣吗?

苔丝狄蒙娜 啊,我的主,把我放逐,可是不要杀我!

奥瑟罗 倒下,娼妇!

苔丝狄蒙娜 明天杀我,让我活过今天!

奥瑟罗 不,要是你想挣扎——

苔丝狄蒙娜 给我半点钟的时间!

奥瑟罗 已经决定了,没有挽回的余地。

苔丝狄蒙娜 可是让我做一次祷告吧!

奥瑟罗 太迟了。(扼苔丝狄蒙娜咽喉)

爱米利娅 (在内)将军,将军!喂!将军,将军!

奥瑟罗 这是什么声音?没有死吗?还没有完全死去吗?我虽然狠心,却还有几分慈悲;我不愿你多挨受一刻痛苦。好,好。(刺苔丝狄蒙娜)

爱米利娅 (在内)喂!将军,将军!

奥瑟罗 哪一个?

爱米利娅 (在内)啊,将军!我要跟您说句话儿。

奥瑟罗 是的,这是爱米利娅。——等一等。——她死了。她多半要来说起凯西奥的死。外边已经听得见嘈杂的声音。嘿!一动也不动了吗?像坟墓一样沉寂。要不要让她进来?妥当不妥当?我想她又在动了,不,怎么办呢?要是她进来,她一

这一悲剧的结局并不能表明同为人文主义者的作者莎士比亚对于人文主义的幻灭,而是作者想挖掘出人性最深处的内核。

莎士比亚并不会直白地告诉人们什么是至理真言或者终极真理,他只是希望通过悲伤的故事演绎出人性的纯美与丑恶。即使是基于爱的理由,也可能会在嫉妒心的驱使下,成为一个"正直"的杀手。

定要跟我的妻子说话。我的妻子！我的妻子！什么妻子？我没有妻子。啊，难堪！啊，不幸的时辰！我想现在日月应该晦暗不明，受惊的地球看见这种非常的灾变，也要吓得目瞪口呆。

（选自《奥瑟罗》）

《冬天的故事》这部剧作的人物经历多处与《圣经》中的人物经历相类似,其创作模式也与《圣经》故事的基本模式接近。

如《圣经》故事的基本模式是"犯罪—受罚—忏悔—拯救"。里昂提斯的经历就是如此,但莎士比亚在此剧中更强调了"人"的作用和意义。

5. 无罪的纯洁一定可以使伪妄的诬蔑惭愧,暴虐将会对含忍战栗

第三幕 第二场 西西里。法庭

里昂提斯、众臣及庭吏等上。

里昂提斯 这次开庭是十分不幸而使我痛心的;我们所要审判的是王家之女,我的素来受到深恩殊宠的御妻。我们这次要尽力避免暴虐,因为我们已经按照法律的程序公开进行,有罪无罪,总可以见个分晓。带犯人上来。

庭吏 有旨请王后出庭。肃静!

卫士押赫米温妮上,宝丽娜及宫女等随上。

里昂提斯 宣读起诉书。

庭吏 (读)"西西里贤王里昂提斯之后赫米温妮敬听!尔与波希米亚王波力克希尼斯通奸,复与卡密罗同谋弑主;迨该项阴谋事泄,复背忠君之义,暗助奸慝,黄夜逃生;揆诸国法,良不可恕。我等今控尔以大逆不道之罪。"

赫米温妮 我所要说的话,不用说要跟控诉我的话相反,而能够给我证明的,又只有我自己,因此即

使辩白无罪,也没有多大用处;我的真诚已经被当作虚伪,那么即使说真话也不能使你们相信。可是假如天上的神明临视着人们的行事,我相信无罪的纯洁一定可以使伪妄的诬蔑惭愧,暴虐将会对含忍战栗。陛下,我过去的生活是怎样贞洁而忠诚,您是十分明白的,虽然您不愿意去想它;我现在的不幸是史无前例的。我以一个后妃的身份,叨陪着至尊的宝座,一个伟大的国王的女儿,又是一个富有前途的王子的母亲,现在却成为阶下之囚,絮絮地讲着生命和名誉,来请求你们垂听。当我估量到生命中所有的忧愁的时候,我就觉得生命是不值得留恋的;可是名誉是我所要传给我的后人的,它是我唯一关心的事物。陛下,我请你自问良心,当波力克希尼斯没有来此之前,你曾经怎样眷宠着我,那种眷宠是不是得当;他来了之后,我曾经跟他有过什么礼法所不许的约会,以至于失去了你的欢心,而到了今天这等地步。无论在我的行动上或是意志上,要是有一点儿越礼的地方,那么你们听见我说话的各位,尽可以不必对我加以宽恕,我的最亲近的人也可以在我的坟墓上羞骂我。

里昂提斯 我一向就听说:人假使做了无耻的事,总免不了还要用加倍的无耻来抵赖。

赫米温妮 陛下,您的话说得不错;可是那不能应用在我的身上。

里昂提斯 那是由于你不肯承认。

赫米温妮 我所没有份儿的事,别人用诬蔑的手段加之于我的,我当然不能承认。你说我跟波力克

赫米温妮与《圣经》中的圣母玛利亚有不少相似处。比如玛利亚未结婚却从圣灵而怀孕生子,起初不被约瑟相信。赫米温妮辩称自己与波力克希尼斯并无私情,同样也遭到里昂提斯的怀疑与叱责。

玛利亚与赫米温妮的孩子有拯救他人的功用,这有相似处。玛利亚之子耶稣基督是救世者,使得世人忏悔自己的罪恶;而赫米温妮之子也使得里昂提斯赎清罪过。

赫米温妮的优雅尊贵也与圣母玛利亚的美丽敬虔有相似处。

希尼斯有不端的情事，我承认我是按照着他应得的礼遇，用合于我的身份的那种情谊来敬爱他；那种敬爱正是你所命令于我的。要是我不对他表示殷勤，我以为那不但是违反了你的旨意，同时对于你那位在孩提时便那样要好的朋友也未免有失敬意。至于阴谋犯上的事，即使人家预先布置好了叫我尝试一下，我也不会知道那是什么味道。我唯一知道的，卡密罗是一个正直的好人；为什么他要离开你的宫廷，那是即使天神也像我一样全然不知道的。

里昂提斯　你知道他的出走，也知道你在他们去后要干些什么事。

赫米温妮　陛下，您说的话我不懂；我现在只能献出我的生命，给您异想天开的噩梦充当牺牲。

里昂提斯　我的梦完全是你的所作所为！你跟波力克希尼斯生了一个野种，那也是我的梦吗？你跟你那一党都是些无耻的东西，完全靠不住，愈是抵赖愈显得情真罪确。你那个小东西没有父亲来认领，已经把她丢掉了，她本没有什么罪，罪恶是在你的身上，现在你该受到正义的制裁，最慈悲的判决也不能低于死罪。

赫米温妮　陛下，请不用吓我吧；你所用来使我害怕的鬼物，正是我求之不得的。对于我，生命并不是什么可贵的东西。我的生命中的幸福的极致，你的眷宠，已经无可挽回了；因为我觉得它离我而去，但是不知道它是怎样去的。我的第二个心爱的人，又是我第一次结下的果子，已经被隔离了，不准和我见面，似乎我是一个身染恶疾的人一样。

我的第三个安慰出世便逢厄运，无辜的乳汁还含在她那无辜的嘴里，便被人从我的胸前夺了去活活害死。我自己呢，被公开宣布是一个娼妇；无论哪种身份的妇女都享受得到的产褥上的特权，也因为暴力的憎恨而拒绝了我；这还不够，现在我身上没有一点力气，还要把我驱到这里来，受风日的侵凌。请问陛下，我活着有什么幸福，为什么我要怕死呢？请你就动手吧。可是听着：不要误会我，我不要生命，它在我的眼中不值一根稻草；但我要把我的名誉洗刷。假如你根据了无稽的猜测把我定罪，一切证据都可以不问，只凭着你的妒心做主，那么我告诉你这不是法律，这是暴虐。列位大人，我把自己信托给阿波罗的神谕，愿他做我的法官！

臣甲　你这请求是全然合理的。凭着阿波罗的名义，去把他的神谕取来。（若干庭吏下）

赫米温妮　俄罗斯的皇帝是我的父亲；唉！要是他活着在这儿看见他的女儿受审判；要是他看见我这样极度的不幸，但不是用复仇的眼光，而是用怜悯的心情！

　　庭吏偕克里奥米尼斯及狄温重上。

庭吏　克里奥米尼斯和狄温，你们愿意按着这柄公道之剑宣誓说你们确曾到了得尔福，从阿波罗大神的祭司手中带来了这通密封的神谕；你们也不曾敢去拆开神圣的铃记，私自读过其中的秘密吗？

克里奥米尼斯
狄温　　　　　这一切我们都可以宣誓。

里昂提斯　开封宣读。

人本性并无善恶之分，但人性中有弱点，人所处的生存环境中还有种种诱惑人的因素，这都将导致人犯罪。

庭吏　（读）"赫米温妮洁白无辜；波力克希尼斯德行无缺；卡密罗忠诚不二；里昂提斯者多疑之暴君；无罪之婴孩乃其亲生；倘已失者不能重得，王将绝嗣。"

众臣　赞美阿波罗大神！

赫米温妮　感谢神明！

里昂提斯　你没有念错吗？

庭吏　没有念错，陛下；正是照着上面写着的念的。

里昂提斯　这神谕全然不足凭信。审判继续进行。这是假造的。

　　　一仆人上。

仆人　吾王陛下，陛下！

里昂提斯　什么事？

仆人　啊，陛下！我真不愿意向您报告，小殿下因为担心着娘娘的命运，已经去了！

里昂提斯　怎么！去了！

仆人　死了。

里昂提斯　阿波罗发怒了；诸天的群神都在谴责我的暴虐。（赫米温妮晕去）怎么啦？

宝丽娜　娘娘受不了这消息；瞧她已经死过去了。

里昂提斯　把她扶出去。她不过因为心中受了太多的刺激；就会醒过来的。我太轻信我自己的猜疑了。请你们好生在意把她救活过来。（宝丽娜及宫女等扶赫米温妮下）阿波罗，恕我大大地亵渎了你的神谕！我愿意跟波力克希尼斯复和，向我的王后求恕，召回善良的卡密罗，他是一个忠诚而慈善的好人。我因为嫉妒而失了常态，一心想着流血和复仇，才选中了卡密罗，命他去毒死我的朋友

赫米温妮听说子女死亡，极度伤痛，诈死而去。等到后来里昂提斯忏悔、赎罪后，她又由"雕塑"活转过来。此举有些类似基督教文化中的"复活"。

当然也与中国戏曲《牡丹亭》中的"还魂"有相似之处。关于爱情，汤显祖认为"情不知所起，一往而深。生者可以死，死可以生。生而不可与死，死而不可复生者，皆非情之至也"（《牡丹亭·题词》）。

波力克希尼斯;虽然我用死罪来威吓他,用重赏来
鼓励他,可是卡密罗的好心肠终于耽误了我的急
如烈火的命令,否则这件事早已做出来了。他是
那么仁慈而心地高尚,便向我的贵宾告知了我的
毒计,牺牲了他在这里的不小的家私,甘冒着一切
的危险,把名誉当作唯一的财产。他因为我的锈
腐而发出了多少的光明! 他的仁慈格外显得我的
行为是多么卑鄙。

　　宝丽娜重上。

宝丽娜　　不好了! 唉,快把我的衣带解开,否则我的
心要连着它一起爆碎了!

臣甲　　这是怎么一回事,好夫人?

宝丽娜　　昏君,你有什么酷刑给我预备着? 碾人的
车轮? 脱肢的拷架? 火烧? 剥皮? 炮烙还是油
煎? 我的每一句话都是触犯着你的,你有什么旧
式的、新式的刑具可以叫我尝试? 你的暴虐无道,
再加上你的嫉妒,比孩子们还幼稚的想象,九岁的
女孩也不会转这种孩子气的无聊的念头。唉! 要
是你想一想你已经做了些什么事,你一定要发疯
了,全然发疯了;因为你以前的一切愚蠢,不过是
小试其端而已。你谋害波力克希尼斯,那不算什
么;那不过表明你是个心性反复、忘情背义的傻
子。你叫卡密罗弑害一个君王,使他永远蒙着一
个污名,那也不算什么;还有比这些更重大的罪恶
哩。你把你的女儿抛给牛羊践踏,不是死就是活
着做一个卑微的人,纵然是魔鬼,在干这种事之
前,他的发火的眼睛里也会迸出眼泪来的。我也
不把小王子的死直接归罪于你;他虽然那么年轻,

宝丽娜对于里昂
提斯的大胆斥骂令人
想起直言敢谏、不惜一
死的忠臣,如因谏而死
的比干。而她所谈及
的酷刑则令人想到商
纣王的残酷刑罚,相比
之下可谓毫不逊色。

他的心地却过人地高贵,看见他那粗暴痴愚的父亲把他贤德的母亲那样侮辱,他的心便碎了。不,这也不是我所要责怪你的;可是最后的一件事——各位大人哪!等我说了出来,大家恸哭起来吧!——王后,王后,最温柔的、最可爱的人儿已经死了,可是还没有报应降到害死她的人的身上!

臣甲 有这等事!

宝丽娜 我说她已经死了;我可以发誓;要是我的话和我的誓都不能使你们相信,那么你们自己去看吧。要是你们能够叫她的嘴唇泛出血色来,叫她的眼睛露出光芒来,叫她的身上发出温热来,叫她的喉头透出呼吸来,那么我愿意把你们当作天神一样叩头膜拜。可是你这暴君啊!这些事情你也不用后悔了,因为它们沉重得不是你一切的悲哀所能更改的;绝望是你唯一的结局。叫一千个膝盖在荒山上整整跪了一万个年头,裸着身体,断绝饮食,永远熬受冬天的暴风雪的吹打,也不能感动天上的神明把你宽恕。

里昂提斯 说下去吧,说下去吧。你怎么说都不会太过分的;我该受一切人的最恶毒的责骂。

臣甲 别说下去了;无论如何,您这样出言无忌总是不对的。

宝丽娜 我很抱歉;我一明白我所犯的过失,便会后悔。唉!我凭着我的女人家的脾气,太过于放言无忌了;他的高贵的心里已经深受刺伤。已经过去而无能为力的事,悲伤也是没有用的。不要因为我的话而难过;请您还是处我以应得之罪吧,因为我不该把您应该忘记的事向您提醒。我的好王爷,陛下,原谅一个傻女人吧！因为我对于娘娘的敬爱。——瞧,又要说傻话了！我不再提起她,也不再提起您的孩子们了;我也不愿向您提起我的拙夫,他也已经失了踪;请您安心忍耐,我不再多话了。

里昂提斯　你说的话都很对;我能够听取这一切真话,你可以不必怜悯我。请你同我去看一看我的王后和儿子的尸体;两人应当合葬在一个坟里,墓碑上要刻着他们死去的原因,永远留着我的湔不去的耻辱。我要每天一次访谒他们埋骨的教堂,用眼泪挥洒在那边,这样消度我的时间;我要发誓每天如此,直到死去。带我去向他们挥泪吧。

（同下）

（选自《冬天的故事》）

里昂提斯的性格变化与《圣经·马太福音》中约瑟的故事模式相似:"善—疑—恶—悔—善。"这一心路历程把对人性的认识回归到"善"。

6. 你生气、你笑、你哭，都是那么可爱

第一幕　第一场　亚历山大里亚。克莉奥佩特拉宫中一室

狄米特律斯及菲罗上。

菲罗　嘿，咱们主帅这样迷恋，真太不成话啦。从前他指挥大军的时候，他的英勇的眼睛像全身盔甲的战神一样发出棱棱的威光，现在却如醉如痴地尽是盯在一张黄褐色的脸上。他的大将的雄心曾经在激烈的鏖战里涨断了胸前的扣带，现在却失掉一切常态，甘愿做一具风扇，扇凉一个吉卜赛女人的欲焰。瞧！他们来了。

喇叭奏花腔。安东尼及克莉奥佩特拉率侍从上；太监掌扇随侍。

菲罗　留心看着，你就可以知道他本来是这世界上三大柱石之一，现在已经变成一个娼妇的弄人了，瞧吧。

克莉奥佩特拉　要是那真的是爱，告诉我多么深。

安东尼　可以量深浅的爱是贫乏的。

克莉奥佩特拉　我要立一个界限，知道你能够爱我到怎么一个极度。

"红颜祸水""情欲误国"是中外历史上和文学作品中常见的主题。中国古代的褒姒、妲己、貂蝉、西施、杨玉环……众多美女都与身死国灭相连。

齐景公曾问子贡孔子贤能到什么样子，子贡说不知道，就像上天，人们都知道它的高远，但到底多高却不知道。爱情也是如此吧，岂可用深浅测量呢？

俗话说"英雄难过美人关"，又有人说"男人征服世界，女人征服男人"，面对红颜，不少英雄豪杰，即使与凯撒相提并论的"世界三大柱石"之一的安东尼也未能例外，显得"英雄气短，儿女情长"了。

唤醒尘世间的上帝

安东尼 那么你必须发现新的天地。

一侍从上。

侍从 禀将军,罗马有信来了。

安东尼 讨厌!简简单单告诉我什么事。

克莉奥佩特拉 不,听听他们怎么说吧,安东尼。富尔维娅也许在生气了;也许那乳臭未干的凯撒会降下一道尊严的谕令来,吩咐你说:"做这件事,做那件事;征服这个国家,清除那个国家;照我的话执行,否则就要处你一个违抗命令的罪名。"

安东尼 怎么会,我爱!

克莉奥佩特拉 也许!不,那是非常可能的;你不能再在这儿逗留了;凯撒已经把你免职;所以听听他们怎么说吧,安东尼。富尔维娅签发的传票呢?我应该说是凯撒的,还是他们两人的?叫那送信的人进来。我用埃及女王的身份起誓,你在脸红了,安东尼;你那满脸的热血是你对凯撒所表示的敬礼;否则就是因为长舌的富尔维娅把你骂得不好意思。叫那送信的人进来!

安东尼 让罗马融化在台伯河的流水里,让广袤的帝国的高大的拱门倒塌吧!这儿是我的生存的空间。纷纷列国,不过是一堆堆泥土;粪秽的大地养育着人类,也养育着禽兽;生命的光荣存在于一双心心相印的情侣的及时互爱和热烈拥抱之中;(拥抱克莉奥佩特拉)这儿是我的永远的归宿;我们要让全世界知道,我们是卓立无比的。

克莉奥佩特拉 巧妙的谎话!你既然不爱富尔维娅,为什么要跟她结婚呢?我还是假作痴呆吧;安东尼就会恢复他的本色的。

张养浩《山坡羊·骊山怀古》:"列国周齐秦汉楚。赢,都变做了土。输,都变做了土。"

辛弃疾为"赢得生前身后名",而安东尼则认为这些远不如恋人间的相亲相爱好。

人不应该只是国家和战争的工具,刀枪入库,马放南山。卿卿我我,情话绵绵。这才是属于现世的幸福,是"人"的真实生活。

149

安东尼 没有克莉奥佩特拉鼓起他的活力,安东尼就是一个毫无生气的人。可是看在爱神和她那温馨的时辰分上,让我们不要把大好的光阴在口角争吵之中蹉跎过去;从现在起,我们生命中的每一分钟,都要让它充满了欢乐。今晚我们怎样玩?

克莉奥佩特拉 接见罗马的使者。

安东尼 哎哟,淘气的女王!你生气、你笑、你哭,都是那么可爱;每一种情绪在你的身上都充分表现出它的动人的姿态。我不要接见什么使者,只要和你在一起;今晚让我们两人到市街上去逛逛,察看察看民间的情况。来,我的女王;你昨晚就有这样一个愿望的。不要对我们说话。(安东尼、克莉奥佩特拉及侍从同下)

狄米特律斯 安东尼会这样藐视凯撒吗?

菲罗 先生,有时候他不是安东尼,他的一言一动,都够不上安东尼所应该具有的伟大的品格。

狄米特律斯 那些在罗马造谣的小人,把他说得怎样怎样不堪,想不到他竟会证实他们的话;可是我希望他明天能够改变他的态度。再会!(各下)

第五幕 第二场 同前。陵墓

查米恩重上。

克莉奥佩特拉 啊,查米恩,来,我的姑娘们,替我穿上女王的装束;去把我最华丽的衣裳拿来;我要再到昔特纳斯河去和玛克·安东尼相会。伊拉丝,去。现在,好查米恩,我们必须快点;等你侍候我打扮完毕以后,我就放你一直玩到世界的末日。

唤醒尘世间的上帝

150

把我的王冠和一切全都拿来。（伊拉丝下；内喧声）为什么有这种声音？

　　一卫士上。

卫士　有一个乡下人一定要求见陛下；他给您送无花果来了。

克莉奥佩特拉　让他进来。（卫士下）一件高贵的行动，却会完成在一个卑微的人的手里！他给我送自由来了。我的决心已经打定，我的全身不再有一点女人的柔弱；现在我从头到脚，都像大理石一般坚定；现在我的心情再也不像月亮一般变幻无常了。

　　卫士率小丑持篮重上。

卫士　就是这个人。

克莉奥佩特拉　出去，把他留在这儿。（卫士下）你有没有把那能够致人于死命而毫无痛苦的那种尼罗河里的可爱的虫儿捉来？

小丑　不瞒您说，捉是捉来了；可是我希望您千万不要碰它，因为它咬起人来谁都会没有命的，给它咬死的人，难得有活过来的，简直没有一个人活得过来。

克莉奥佩特拉　你记得有什么人给它咬死吗？

小丑　多得很哪，男的女的全有。昨天我还听见有一个人这样死了；是一个很老实的女人，可是她也会撒几句谎，一个老实的女人是可以撒几句谎的，她就是给它咬死的，死得才惨哩。不瞒您说，她把这条虫儿怎样咬她的情形活灵活现地全讲给人家听啦；不过她们的话也不是完全可以相信的。总而言之，这是一条古怪的虫，这可是没有错儿的。

克莉奥佩特拉　你去吧；再会！

小丑　但愿这条虫儿给您极大的快乐！（将篮放下）

　　波德莱尔有诗集名"恶之花"，而克莉奥佩特拉正是这样一朵"恶之花"。但她殉情而死，以死亡否定了人性的缺点，扬弃了自己人性的邪恶，引人同情和敬佩。

151

克莉奥佩特拉 再会!

小丑 您可要记着,这条虫儿也是一样会咬人的。

克莉奥佩特拉 好,好,再会!

小丑 你还要留心,千万别把这条虫儿交在一个笨头笨脑的人手里;因为这是一条不怀好意的虫。

克莉奥佩特拉 你不必担忧,我们留心着就是了。

小丑 很好。请您不用给它吃什么东西,因为它是不值得养活的。

克莉奥佩特拉 它会不会吃我?

小丑 您不要以为我是那么蠢,我也知道就是魔鬼也不会吃女人的,我知道女人是天神的爱宠,要是魔鬼没有把她弄坏。可是不瞒您说,这些婊子生的魔鬼老爱跟天神捣蛋,天神造下来的女人,十个中间倒有五个是给魔鬼弄坏了的。

克莉奥佩特拉 好,你去吧;再会!

小丑 是,是;我希望这条虫儿给您快乐!(下)

　　伊拉丝捧冠服等上。

克莉奥佩特拉 把我的衣服给我,替我把王冠戴上;我心里怀着永生的渴望;埃及葡萄的芳酿从此再也不会沾润我的嘴唇。快点,快点,好伊拉丝;赶快。我仿佛听见安东尼的呼唤;我看见他站起来,夸奖我的壮烈的行动;我听见他在嘲笑凯撒的幸运;我的夫,我来了。但愿我的勇气为我证明我可以做你的妻子而无愧!我是火,我是风;我身上其余的元素,让它们随着污浊的皮囊同归于腐朽吧。你们好了吗?那么来,接受我嘴唇上最后的温暖。再会,善良的查米恩、伊拉丝,永别了!(吻查米恩、伊拉丝,伊拉丝倒地死)难道我的嘴唇上也有

"天也妒,未信与,莺儿燕子俱黄土。千秋万古,为留待骚人,狂歌痛饮,来访雁丘处。"克莉奥佩特拉的美艳与决绝"引无数英雄竞折腰",也令后人凭吊无数,伊丽莎白·泰勒主演的巨作《埃及艳后》电影即是其一。

"问世间,情是何物,直教生死相许?天南地北双飞客,老翅几回寒暑。欢乐趣,离别苦,就中更有痴儿女。"大雁被猎杀而死,其伴侣哀鸣而亡,元好问感此而赋《摸鱼儿》词。安东尼与克莉奥佩特拉一对神仙眷侣,倾心相恋,历经欢乐、苦痛,也是一对痴情儿女。

唤醒尘世间的上帝

152

毒蛇的汁液吗？你倒下了吗？要是你这样轻轻地就和生命分离，那么死神的刺击正像情人手下的一捻，虽然疼痛，却是心愿的。你静静地躺着不动了吗？要是你就这样死了，你分明告诉世人，死生之际，连告别的形式也是多事的。

查米恩　溶解吧，密密的乌云，化成雨点落下来吧；这样我就可以说，天神也伤心得流起眼泪来了。

克莉奥佩特拉　我不应该这样卑劣地留恋着人间；要是她先遇见了鬈发的安东尼，他一定会向她问起我；她将要得到他的第一个吻，夺去我天堂中无上的快乐。来，你杀人的毒物，（自篮中取小蛇置胸前）用你的利齿咬断这一个生命的葛藤吧；可怜的蠢东西，张开你的怒口，赶快完成你的使命。啊！但愿你能够说话，让我听你称那伟大的凯撒为一头无谋的驴子。

查米恩　东方的明星啊！

克莉奥佩特拉　静，静！你没有见我的婴孩在我的胸前吮吸乳汁，使我安然睡去吗？

查米恩　啊，我的心碎了！啊，我的心碎了！

克莉奥佩特拉　像香膏一样甜蜜，像微风一样温柔——啊，安东尼！——让我把你也拿起来。（取另一蛇置臂上）我还有什么留恋呢——（死）

查米恩　在这万恶的世间？再会吧！现在，死神，你可以夸耀了，一个绝世的佳人已经为你所占有。软绵绵的窗户啊，关上了吧；闪耀着金光的福玻斯再也看不见这样一双华贵的眼睛！你的王冠歪了，让我替你戴正，然后我也可以玩去了。

（选自《安东尼与克莉奥佩特拉》）

> 克莉奥佩特拉的一生可用泰戈尔名句涵盖："使生如夏花之绚烂，死如秋叶之静美。"

> 真正的爱情，超越生死，超越时空。"今古情场，问谁个真心到底？但果有精诚不散，终成连理。万里何愁南共北，两心那论生和死。"（洪昇《长生殿·传概》）

基督教圣诞假期中的最后一夜为第十二夜，也就是一月六日的主显节（Epiphany）。这天是西方的传统节日。伊丽莎白时期的英国，主显节已经演变成狂欢作乐的日子。

本剧曾于1601年圣诞节后第十二夜在女王白厅上演，故此得名，与实际内容并无多大关联。

7. 我甘心愿受一千次死罪，只要您的心里得到安慰

第一幕　第五场　奥丽维娅宅中一室

薇奥拉及侍从等上。

薇奥拉　哪一位是这里府中的贵小姐？

奥丽维娅　有什么话对我说吧；我可以代她答话。你来有什么见教？

薇奥拉　最辉煌的、卓越的、无双的美人！请您指示我这位是不是就是这里府中的小姐，因为我没有见过她。我不大甘心浪掷我的言辞；因为它不但写得非常出色，而且我费了好大的辛苦才把它背熟。两位美人，不要把我取笑；我是个非常敏感的人，一点点轻侮都受不了的。

奥丽维娅　你是从什么地方来的，先生？

"不学诗，无以言；不学礼，无以立。"薇奥拉言辞巧妙，彬彬有礼，迅速获得了奥丽维娅的芳心。

薇奥拉　除了我背熟了的以外，我不能说别的话；您那问题是我所不曾预备作答的。温柔的好人儿，好好儿地告诉我您是不是府里的小姐，好让我陈说我的来意。

奥丽维娅　你是个唱戏的吗？

唤醒尘世间的上帝

薇奥拉　不，我的深心的人儿；可是我敢当着最有恶意的敌人发誓，我并不是我所扮演的角色。您是

这府中的小姐吗?

奥丽维娅 是的,要是我没有篡夺了我自己。

薇奥拉 假如您就是她,那么您的确是篡夺了您自己了;因为您有权力给予别人的,您却没有权力把它藏匿起来。但是这种话跟我来此的使命无关;就要继续着恭维您的言辞,然后告知您我的来意。

奥丽维娅 把重要的话说出来;恭维免了吧。

薇奥拉 唉!我好容易才把它背熟,而且它又是很有诗意的。

奥丽维娅 那么多半是些鬼话,请你留着不用说了吧。我听说你在我门口一味顶撞;让你进来只是为要看看你究竟是个什么人,并不是要听你说话。要是你没有发疯,那么去吧;要是你明白事理,那么说得简单一些:我现在没有那种心思去理会一段没有意思的谈话。

玛利娅 请你动身吧,先生;这儿便是你的路。

薇奥拉 不,好清道夫,我还要在这儿闲荡一会儿呢。亲爱的小姐,请您劝劝您这位"彪形大汉"别那么神气活现。

奥丽维娅 把你的尊意告诉我。

薇奥拉 我是一个使者。

奥丽维娅 你那种礼貌那么可怕,你带来的信息一定是些坏事情。有什么话说出来。

薇奥拉 除了您之外不能让人听见。我不是来向您宣战,也不是来要求您臣服;我手里握着橄榄枝,我的话里充满了和平,也充满了意义。

奥丽维娅 可是你一开始就不讲礼。你是谁?你要的是什么?

《圣经·创世纪》记载,大洪水过后,诺亚放出去一只乌鸦和两只鸽子,第二只鸽子衔着橄榄枝回来,说明洪水退去。后来西方国家把它用作和平象征。

古希腊人认为,橄榄树是雅典保护神雅典娜带到人间的,是神赐予人类和平与幸福的象征,因此用橄榄枝编织的橄榄冠是最神圣的奖品,能获得它是最高的荣誉。后来成为奥林匹克运动精神的象征。

薇奥拉　我的不讲礼是我从你们对我的接待上学来的。我是谁,我要些什么,是个秘密;在您的耳中是神圣,别人听起来就是亵渎。

奥丽维娅　你们都走开吧;我要听一听这段神圣的话。(玛利娅及侍从等下)现在,先生,请教你的经文?

薇奥拉　最可爱的小姐——

奥丽维娅　倒是一种叫人听了怪舒服的教理,可以大发议论呢。你的经文呢?

薇奥拉　在奥西诺的心头。

奥丽维娅　在他的心头! 在他的心头的哪一章?

薇奥拉　照目录上排起来,是他心头的第一章。

奥丽维娅　噢! 那我已经读过了,无非是些旁门左道。你没有别的话要说了吗?

薇奥拉　好小姐,让我瞧瞧您的脸。

奥丽维娅　贵主人是有什么事要差你来跟我的脸接洽的吗?你现在岔开你的正文了;可是我们不妨拉开幕儿,让你看看这幅图画。(揭除面幕)你瞧,先生,我就是这个样子;它不是画得很好吗?

薇奥拉　要是一切都出于上帝的手,那真是绝妙之笔。

奥丽维娅　它的色彩很耐久,先生,受得起风霜的侵蚀。

薇奥拉　那真是各种色彩精妙地调和而成的美貌;那红红的白白的都是造化亲自用它的可爱的巧手敷上去的。小姐,您是世上最忍心的女人,要是您甘心让这种美埋没在坟墓里,不给世间留下一份副本。

奥丽维娅　啊！先生,我不会那样狠心;我可以列下一张我的美貌的清单,一一开陈清楚,把每一件细目都载在我的遗嘱上,例如:一款,浓淡适中的朱唇两片;一款,灰色的倩眼一双,附眼睑;一款,玉颈一围,柔颐一个,等等。你是奉命到这儿来恭维我的吗?

薇奥拉　我明白您是个什么样的人了。您太骄傲了;可是即使您是个魔鬼,您是美貌的。我的主人爱着您;啊！这么一种爱情,即使您是人间的绝色,也应该酬答他的。

奥丽维娅　他怎样爱着我呢?

薇奥拉　用崇拜,大量的眼泪,震响着爱情的呻吟,吞吐着烈火的叹息。

奥丽维娅　你的主人知道我的意思,我不能爱他;虽然我想他品格很高,知道他很尊贵,很有身份,年轻而纯洁,有很好的名声,慷慨,博学,勇敢,长得又体面;可是我总不能爱他,他老早已经得到我的回音了。

薇奥拉　要是我也像我主人一样热情地爱着您,也是这样受苦,这样了无生趣地把生命拖延,我不会懂得您的拒绝是什么意思。

奥丽维娅　啊,你预备怎样呢?

薇奥拉　我要在您的门前用柳枝筑成一所小屋,不时到府中访谒我的灵魂;我要吟咏着被冷淡的忠诚的爱情的篇什,不顾夜多么深我要把它们高声歌唱,我要向着回声的山岸呼喊您的名字,使饶舌的风都叫着"奥丽维娅"。啊！您在天地之间将要得不到安静,除非您怜悯了我!

《诗经·卫风·硕人》形容美人如下:"手如柔荑,肤如凝脂,领如蝤蛴,齿如瓠犀,螓首蛾眉。巧笑倩兮,美目盼兮。"

宋玉写东邻之子:"增之一分则太长,减之一分则太短。著粉则太白,施朱则太赤。"后来又有人用"沉鱼落雁,闭月羞花"来形容"四大美人"。

奥丽维娅　你的口才倒是颇堪造就的。你的家世怎样？

薇奥拉　超过于我目前的境遇，但我是个有身份的士人。

奥丽维娅　回到你主人那里去；我不能爱他，叫他不要再差人来了；除非或者你再来见我，告诉我他对于我的答复觉得怎样。再会！多谢你的辛苦；这几个钱赏给你。

薇奥拉　我不是个要钱的信差，小姐，留着您的钱吧；不曾得到报酬的，是我的主人，不是我。但愿爱神使您所爱的人也是心如铁石，好让您的热情也跟我主人的一样遭到轻蔑！再会，忍心的美人！

（下）

奥丽维娅　"你的家世怎样？""超过于我目前的境遇，但我是个有身份的士人。"我可以发誓你一定是的；你的语调，你的脸，你的肢体、动作、精神，各方面都可以证明你的高贵。——别这么性急。且慢！且慢！除非颠倒了主仆的名分。——什么！这么快便染上那种病？我觉得好像这个少年的美处在悄悄地蹑步进入我的眼中。好，让它去吧。喂！马伏里奥！

　　马伏里奥重上。

马伏里奥　有，小姐，听候您的吩咐。

奥丽维娅　<u>去追上那个无礼的使者，公爵差来的人，他不管我要不要，硬把这戒指留下；对他说我不要，请他不要向他的主人献功，让他死不了心，我跟他没有缘分。要是那少年明天还打这儿走过，我可以告诉他为什么。去吧，马伏里奥。</u>

中国人佩戴戒指的历史大约有 4 000 年了。东汉时期，民间已将戒指作为定情之物，用于表达爱慕之情。至唐代，戒指作为定情信物更加盛行，并延续至今。

传闻伊丽莎白一世女王曾送给宠臣埃塞克斯伯爵一枚戒指，并许诺：只要他将戒指送给女王，什么罪过都能够得到宽恕。1601年女王制止了伯爵参与的一场叛乱。被囚的他却阴差阳错将戒指送给了政敌诺丁汉伯爵夫人，最终导致自己被杀。

马伏里奥 是,小姐。(下)

奥丽维娅 我的行事我自己全不懂,怎一下子便会把人看中?一切但凭着命运的吩咐,谁能够做得了自己的主!(下)

第五幕 第一场 奥丽维娅宅前街道

奥丽维娅及侍从等上。

公爵 这里来的是伯爵小姐,天神降临人世了!——可是你这家伙,完全在说疯话;这孩子已经侍候我三个月了。那种话等会儿再说吧。把他带到一旁去。

奥丽维娅 殿下有什么下示?除了断难遵命的一件事之外,凡是奥丽维娅力量所能及的,一定愿意效劳。——西萨里奥,你失了我的约啦。

薇奥拉 小姐!

公爵 温柔的奥丽维娅!——

奥丽维娅 你怎么说,西萨里奥?——殿下——

薇奥拉 我的主人要跟您说话;地位关系我不能开口。

奥丽维娅 殿下,要是您说的仍旧是那么一套,我可已经听厌了,就像奏过音乐以后的叫号一样令人不耐。

公爵 仍旧是那么残酷吗?

奥丽维娅 仍旧是那么坚定,殿下。

公爵 什么,坚定得不肯改变一下你的乖僻吗?你这无礼的女郎!向着你的无情的不仁的祭坛,我的灵魂已经用无比的虔诚吐露出最忠心的献礼。

我还有什么办法呢？

奥丽维娅 办法就请殿下自己斟酌吧。

公爵 假如我狠得起那么一条心，为什么我不可以像临死时的埃及大盗一样，把我所爱的人杀死了呢？<u>蛮性的嫉妒有时也带着几分高贵的气质。但是你听着我吧：既然你漠视我的诚意，我也有些知道谁在你的心中夺去了我的位置，你就继续做你的铁石心肠的暴君吧；可是你所爱着的这个宝贝，我当天发誓我曾经那样宠爱着他，我要把他从你的那双冷酷的眼睛里除去，免得他傲视他的主人。来，孩子，跟我来。我的恶念已经成熟：</u>
<u>我要牺牲我钟爱的羔羊，</u>
<u>白鸽的外貌乌鸦的心肠。</u>（走）

薇奥拉 我甘心愿受一千次死罪，只要您的心里得到安慰。（随行）

奥丽维娅 西萨里奥到哪儿去？

薇奥拉 追随我所爱的人，

　　　　我爱他甚于生命和眼睛，

　　　　远过于对于妻子的爱情。

　　　　愿上天鉴察我一片诚挚，

　　　　倘有虚晃我绝不辞一死！

奥丽维娅 哎哟，他厌弃了我！我受了欺骗了！

薇奥拉 谁把你欺骗？谁给你受气？

奥丽维娅 才不久你难道已经忘记？——请神父来。（一侍从下）

公爵 （向薇奥拉）去吧！

奥丽维娅 到哪里去，殿下？西萨里奥，我的夫，别去！

公爵　你的夫?

奥丽维娅　是的,我的夫;他能抵赖吗?

公爵　她的夫,嘿?

薇奥拉　不,殿下,我不是。

奥丽维娅　唉!是你的卑怯的恐惧使你否认了自己
的身份。不要害怕,西萨里奥;别放弃了你的地
位。你知道你是什么人,要是承认了出来,你就跟
你所害怕的人并肩相埒了。

　　牧师上。

奥丽维娅　啊,欢迎,神父!神父,我请你凭着你的
可尊敬的身份,到这里来宣布你所知道的关于这
位少年和我之间不久以前的事情;虽然我们本来
预备保守秘密,但现在不得不在时机未到之前公
布了。

牧师　一个永久相爱的盟约,已经由你们两人握手
缔结,用神圣的吻证明,用戒指的交换确定了。这
婚约的一切仪式,都由我主持作证;照我的表上所
指示,距离现在我不过向我的坟墓走了两小时的
行程。

公爵　唉,你这骗人的小畜生!等你年纪一大了起
来,你会是个怎样的人呢?
也许你过分早熟的奸诡,
反会害你自己身败名毁。
别了,你尽管和她论嫁娶;
可留心以后别和我相遇。

薇奥拉　殿下,我要声明——

奥丽维娅　不要发誓;
放大胆些,别亵渎了神祇!

安德鲁·艾古契克爵士头破血流上。

安德鲁 看在上帝的分上,叫个外科医生来吧!立刻去请一个来瞧瞧托比爵士。

奥丽维娅 什么事?

安德鲁 他把我的头给打破了,托比爵士也给他弄得满头是血。看在上帝的分上,救救命吧!谁要是给我四十镑钱,我也宁愿回到家里去。

奥丽维娅 谁干了这种事,安德鲁爵士?

安德鲁 公爵的跟班名叫西萨里奥的。我们把他当作一个屠头,哪晓得他简直是个魔鬼。

公爵 我的跟班西萨里奥?

安德鲁 他妈的!他就在这儿。你无缘无故敲破我的头!我不过是给托比爵士怂恿了才动手的。

薇奥拉 你为什么对我说这种话呢?我没有伤害你呀。你自己无缘无故向我拔剑;可是我对你很客气,并没有伤害你。

安德鲁 假如一颗血淋淋的头可以算得上是伤害的话,你已经把我伤害了;我想你以为满头是血,是算不了一回事的。托比爵士一瘸一拐地来了——

托比·培尔契爵士由小丑搀扶醉步上。

安德鲁 你等着瞧吧:如果他刚才不是喝醉了,你一定会尝到他的厉害手段。

公爵 怎么,老兄!你怎么啦?

托比 有什么关系?他把我打坏了,还有什么别的说的?傻瓜,你有没有看见狄克医生,傻瓜?

小丑 喔!他在一个钟头之前喝醉了,托比老爷;他的眼睛在早上八点钟就昏花了。

托比 那么他便是个踱着八字步的混蛋。我顶讨厌酒鬼。

奥丽维娅　把他带走！谁把他们弄成这样子的？

安德鲁　我来扶着您吧，托比爵士；咱们一块儿裹伤口去。

托比　你来扶着我？蠢驴，傻瓜，混蛋，瘦脸的混蛋，笨鹅！

奥丽维娅　招呼他上床去，好好看顾一下他的伤口。

（小丑、费边、托比、安德鲁同下）

　　　西巴斯辛上。

西巴斯辛　小姐，我很抱歉伤了令亲；可是即使他是我的同胞兄弟，为了自卫我也只好出此手段。您用那样冷淡的眼光瞧着我，我知道我一定冒犯您了；原谅我吧，好人，看在不久以前我们彼此立下的盟誓分上。

公爵　一样的面孔，一样的声音，一样的装束，化成了两个身体；一副天然的幻镜，真实和虚妄的对照！

西巴斯辛　安东尼奥！啊，我的亲爱的安东尼奥！自从我不见了你之后，我的时间过得多么痛苦啊！

安东尼奥　你是西巴斯辛吗？

西巴斯辛　难道你不相信是我吗，安东尼奥？

安东尼奥　你怎么会分身呢？把一只苹果切成两半，也不会比这两人更为相像。哪一个是西巴斯辛？

奥丽维娅　真奇怪呀！

西巴斯辛　那边站着的是我吗？我从来不曾有过一个兄弟；我又不是一尊无所不在的神明。我只有一个妹妹，但已经被盲目的波涛卷去了。对不住，

关于"女扮男装"的文化主题：性别，除了生物学意义上的，还有社会文化意义上的。薇奥拉易装后英姿飒爽，不逊于公爵。《梁祝》中祝英台过目成诵，出口成章。二人都非一般男子可比。

请问你我之间有什么关系？你是哪一国人？叫什么名字？谁是你的父母？

薇奥拉 我是梅萨林人。西巴斯辛是我的父亲；我的哥哥也是一个像你一样的西巴斯辛，他葬身于海洋中的时候也穿着像你一样的衣服。要是灵魂能够照着在生时的形状和服饰出现，那么你是来吓我们的。

西巴斯辛 我的确是一个灵魂；可是还没有脱离我的生而具有的物质的皮囊。你的一切都能符合，只要你是个女人，我一定会让我的眼泪滴在你的脸上，而说，"大大地欢迎，溺死了的薇奥拉！"

薇奥拉 我的父亲额角上有一颗黑痣。

西巴斯辛 我的父亲也有。

薇奥拉 他死的时候薇奥拉才十三岁。

西巴斯辛 唉！那记忆还鲜明地留在我的灵魂里。他的确在我妹妹刚满十三岁的时候完毕了他人世的任务。

薇奥拉 假如只是我这一身僭妄的男装阻碍了我们彼此的欢欣，那么等一切关于地点、时间、遭遇的枝节完全衔接，证明我确是薇奥拉之后，再拥抱我吧。我可以叫一个在这城中的船长来为我证明，我的女衣便是寄放在他那里的；多亏他的帮忙，我才侥幸保全了生命，能够来侍候这位尊贵的公爵。此后我便一直奔走于这位小姐和这位贵人之间。

西巴斯辛 （向奥丽维娅）小姐；原来您是弄错了；但那也是心理上的自然的倾向。您本来要跟一个女孩子订婚；可是拿我的生命起誓，您的希望并没有落空。您现在同时是一个女人和一个男人的未婚

女扮男装的她们，在男人统治的世界里，打破了传统的性别观念和性别的对立，打破了社会对女性的局限。同时，她们还具有两种性别的特征，既柔情似水、感情炽烈，又勇于抗争，敢于追求属于自己的爱情和幸福，体现了女性要求平等的呼声，可见人文主义思潮对作者的影响。

唤醒尘世间的上帝

164

妻了。

公爵 不要惊骇;他的血统也很高贵。要是这回事情果然是真,看来似乎不是一面骗人的镜子,那么在这番最幸运的覆舟里我也要沾点儿光。(向薇奥拉)孩子,你曾经向我说过一千次决不会像爱我一样爱着一个女人。

薇奥拉 那一切的话我愿意再发誓证明;那一切的誓我都要坚守在心中,就像分隔昼夜的天球中蕴藏着的烈火一样。

公爵 把你的手给我;让我瞧你穿了女人的衣服是什么样子。

薇奥拉 把我带上岸来的船长那里存放着我的女服;可是他现在跟这儿小姐府上的管家马伏里奥有点讼事,被拘留起来了。

奥丽维娅 一定要他把他放出来。去叫马伏里奥来。——唉。我现在记起来了,他们说,可怜的人,他的神经病很厉害呢。因为我自己在大发其疯,所以把他的疯病完全忘记了。

(选自《第十二夜》)

本剧之中人物的名字大都具有象征意义：凡伦丁（Valentine）是情人的庇护神，容易让人联想到 St. Valentine's Day，即"圣瓦伦丁节"，也就是现在非常受欢迎的"情人节"。

8. 最聪明人的心里，才会有蛀蚀心灵的爱情

第一幕　第一场　维洛那。旷野

凡伦丁及普洛丢斯上。

凡伦丁　不用劝我，亲爱的普洛丢斯；年轻人株守家园，见闻总是限于一隅。倘不是爱情把你锁系在你情人的温柔的眼波里，我倒很想请你跟我一块儿去见识见识外面的世界，那总比在家里无所事事，把青春消磨在懒散的无聊里好得多多。可是你现在既然在恋爱，那就恋爱下去吧，祝你得到美满的结果；我要是着起迷来，也会这样的。

普洛丢斯　你真的要走了吗？亲爱的凡伦丁，再会吧！你在旅途中要是见到什么值得注意的新奇事物，请你想起你的普洛丢斯；当你得意的时候，也许你会希望我能够分享你的幸福；当你万一遭遇什么风波危险的时候，你可以不用忧虑，因为我是在虔诚地为你祈祷，祝你平安。

凡伦丁　你是念着恋爱经为我祈祷祝我平安吗？

普洛丢斯　我将讽诵我所珍爱的经典为你祈祷。

凡伦丁　那一定是里昂德游泳过赫勒斯滂海峡去会他的情人一类深情蜜爱的浅薄故事。

普洛丢斯（Proteus）是希腊的一位海神，具有变化不定的特点，象征他欺骗他人的性格。正如剧中所描述的那样，他背叛朋友和恋人，是个骗子。

唤醒尘世间的上帝

普洛丢斯 他为了爱不顾一切,那证明了爱情是多
　　么深。

凡伦丁 不错,你为了爱也不顾一切,可是你却没有
　　游泳过赫勒斯滂海峡去。

普洛丢斯 哎,别取笑吧。

凡伦丁 不,我绝不取笑你,那实在一点意思也
　　没有。

普洛丢斯 什么?

凡伦丁 我是说恋爱。苦恼的呻吟换来了轻蔑;多
　　少次心痛的叹息才换得了羞答答的秋波一盼;片
　　刻的欢娱,是二十个晚上辗转无眠的代价。即使
　　成功了,也许会得不偿失;要是失败了,那就白费
　　一场辛苦。恋爱汩没了人的聪明,使人变得愚蠢。

普洛丢斯 照你说来,我是一个傻子了。

凡伦丁 瞧你的样子,我想你的确是一个傻子。

普洛丢斯 你所诋斥的是爱情;我可是身不由己。

凡伦丁 爱情是你的主宰,甘心供爱情驱使的,我想
　　总不见得是一个聪明人吧。

普洛丢斯 可是做书的人这样说:最芬芳的花蕾中
　　有蛀虫,最聪明人的心里,才会有蛀蚀心灵的
　　爱情。

凡伦丁 做书的人还说:最早熟的花蕾,在未开放前
　　就给蛀虫吃去;所以年轻聪明的人也会被爱情化
　　成愚蠢,在盛年的时候就丧失欣欣向荣的生机,未
　　来一切美妙的希望都成为泡影。可是你既然是爱
　　情的皈依者,我又何必向你多费唇舌呢? 再会吧!
　　我的父亲在码头上等着送我上船呢。

普洛丢斯 我也要送你上船,凡伦丁。

可见,恋爱是一件
既甜蜜又痛苦的事情。
罗曼·罗兰说,经历过
痛苦而成熟的爱情,是
最热烈的爱情。

167

凡伦丁　好普洛丢斯，不用了吧，让我们就此分手。我在米兰等着你来信报告你在恋爱上的成功，以及我去了以后这儿的一切消息，我也会同样寄信给你。

普洛丢斯　祝你在米兰一切顺利幸福！

凡伦丁　祝你在家里也是这样！好，再见。（下）

普洛丢斯　他追求着荣誉，我追求着爱情；他离开了他的朋友，使他的朋友们因他的成功而增加光荣；我为了爱情，把我自己、我的朋友们以及一切都舍弃了。朱利娅啊，你已经把我变成了另一个人，使我无心学问，虚掷光阴，违背良言，忽略世事；我的头脑因相思而变得衰弱，我的心灵因恋慕而痛苦异常。

第二幕　第四场　米兰。公爵府中一室

凡伦丁　这就是我对您说起过的那个朋友；他本来是要跟我一起来的，可是他的眼睛给他情人的晶莹的盼睐摄住了，所以不能脱身。

西尔维娅　大概现在她已经释放了他，另外有人向她奉献他的忠诚了。

凡伦丁　不，我相信他仍旧是她的俘虏。

西尔维娅　他既然还在恋爱，那么他就应该是盲目的；他既然盲目，怎么能够迢迢而来，找到了你的所在呢？

凡伦丁　小姐，爱情是有二十对眼睛的。

修里奥　他们说爱情不生眼睛。

凡伦丁　爱情没有眼睛来看见像你这样的情人；对

因为小爱神的眼睛是蒙住的，所以有俗话说："爱情是盲目的。"

艾略特说："爱情比嫉妒和愤怒更盲目。"

唤醒尘世间的上帝

168

于丑陋的事物,它是会闭目不视的。

西尔维娅　算了,算了。客人来了。

　　普洛丢斯上。

凡伦丁　欢迎,亲爱的普洛丢斯! 小姐,请您用特殊的礼遇欢迎他吧。

西尔维娅　要是这位就是你时常念念不忘的好朋友,那么凭着他的才德,一定会得到竭诚的欢迎。

凡伦丁　这就是他。小姐,请您接纳了他,让他同我一样做您的仆人。

西尔维娅　这样高贵的仆人,侍候这样卑微的女主人,未免太屈尊了。

普洛丢斯　哪里的话,好小姐,草野贱士,能够在这样一位卓越的贵人之前亲聆謦欬,实在是三生有幸。

凡伦丁　大家不用谦虚了。好小姐,请您收容他做您的仆人吧。

普洛丢斯　我将以能够侍奉左右,勉效奔走之劳,作为我最大的光荣。

西尔维娅　尽职的人必能得到酬报。仆人,一个庸愚的女主人欢迎着你。

普洛丢斯　这话若出自别人口里,我一定要他的命。

西尔维娅　什么话,欢迎你吗?

普洛丢斯　不,给您加上庸愚两字。

　　一仆人上。

仆人　小姐,老爷叫您去说话。

西尔维娅　我就来。(仆人下)来,修里奥,咱们一块儿去。新来的仆人,我再向你说一声欢迎。现在我让你们两人畅叙家常,等会儿我们再谈吧。

西尔维娅(Silvia)指的是树林,预示着接近尾声时的牧歌场景,隐含了完美的结局。

普洛丢斯 我们两人都随时等候着您的使唤。（西尔维娅、修里奥、史比德同下）

凡伦丁 现在告诉我，家乡的一切情形怎样？

普洛丢斯 你的亲友们都很安好，他们都叫我问候你。

凡伦丁 你的亲友们呢？

普洛丢斯 我离开他们的时候，他们也都很康健。

凡伦丁 你的爱人怎样？你们的恋爱进行得怎么样了？

普洛丢斯 我的恋爱故事是向来使你讨厌的，我知道你不爱听这种儿女私情。

凡伦丁 可是现在我的生活已经改变过来了；我正在忏悔我自己从前对于爱情的轻视，它的至高无上的威权，正在用痛苦的绝食、悔罪的呻吟、夜晚的哭泣和白昼的叹息惩罚着我。为了报复我从前对它的侮蔑，爱情已经从我被蛊惑的眼睛中驱走了睡眠，使它们永远注视着我自己心底的忧伤。啊，普洛丢斯！<u>爱情是一个有绝大威权的君王，我已经在他面前甘心臣服，他的惩罚使我甘之如饴，为他服役是世间最大的快乐</u>。现在我除了关于恋爱方面的谈话以外，什么都不要听；单单提起爱情的名字，便可以代替了我的三餐一宿。

普洛丢斯 够了，我在你的眼睛里可以读出你的命运来。你所膜拜的偶像就是她吗？

凡伦丁 就是她。她不是一个天上的神仙吗？

普洛丢斯 不，她是一个地上的美人。

凡伦丁 她是神圣的。

普洛丢斯 我不愿谄媚她。

凡伦丁 为了我的缘故谄媚她吧，因为爱情是喜欢听人家恭维的。

凡伦丁对于爱情的看法产生了天翻地覆的变化，由此可见爱情力量的巨大。莫里哀说，爱情是一位伟大的导师，教会我们重新做人。他又说，把爱情置于生活之外，也就等于把快乐置于生活之外。

唤醒尘世间的上帝

170

普洛丢斯 当我有病的时候,你给我苦味的丸药,现在我也要以其人之道还治其人之身。

凡伦丁 那么就说老实话吧,她即使不是神圣,也是举世无双的魁首,她是世间一切有生之伦的女皇。

普洛丢斯 除了我的爱人以外。

凡伦丁 不,没有例外,除非你有意诽谤我的爱人。

普洛丢斯 我没有理由喜爱我自己的爱人吗?

凡伦丁 我也愿意帮助你抬高她的身份:她可以得到这样隆重的光荣,为我的爱人捧持衣裾,免得卑贱的泥土偷吻她的裙角;它在得到这样意外的幸运之余,会变得骄傲起来,不肯再去滋养盛夏的花卉,使苛酷的寒冬永驻人间。

普洛丢斯 哎呀,凡伦丁,你简直在信口乱吹。

凡伦丁 原谅我,普洛丢斯,我的一切赞美之词,对她都毫无用处;她的本身的美点,就可以使其他一切美人黯然失色。她是独一无二的。

普洛丢斯 那么你不要作非分之想吧。

凡伦丁 什么也不能阻止我去爱她。告诉你吧,老兄,她是属于我的;我有了这样一宗珍宝,就像是二十个大海的主人,它的每一粒泥沙都是珠玉,每一滴海水都是天上的琼浆,每一块石子都是纯粹的黄金。不要因为我从来不曾梦到过你而见怪,因为你已经看见我是怎样倾心于我的恋人。我那愚戆的情敌——她的父亲因为他雄于资财而看中了他——刚才和她一同去了,我现在必须追上他们,因为你知道爱情是充满着嫉妒的。

普洛丢斯 可是她也爱你吗?

凡伦丁 是的,我们已经互许终身了;而且我们已经

正如中国俗语所说:"情人眼里出西施。"

如同泰戈尔所说:"生命因付出了爱情而更为富足。"

171

朱利娅（Julia）一词来源于炎热的七月，象征她有火一般的激情。在剧中，她是一个意志坚定、有着火热激情的人，为了寻找自己的恋人，她女扮男装，去追求自己的幸福。

此剧中不断出现"火"的意象。它明亮、温暖，也能给人灼伤；它易被点燃也易熄灭。朱利娅对普洛丢斯的爱情烈焰始终熊熊燃烧，而西尔维娅的出现让普洛丢斯对朱利娅的感情开始变得冷淡。

约好设计私奔，结婚的时间也已定当。我先用绳梯爬上她的窗口，把她接了出来，各种手续程序都已完全安排好了。好普洛丢斯，跟我到我的寓所去，我还要请你在这种事情上多多指教呢。

普洛丢斯　你先去吧，你的寓所我会打听得到的。我还要到码头上去，拿一点必需的用品，然后我就来看你。

凡伦丁　那么你赶快一点吧。

普洛丢斯　好的。（凡伦丁下）正像一阵更大的热焰压盖住原来的热焰，一枚大钉敲落了小钉，我的旧日的恋情，也因为有了一个新的对象而完全冷淡了。是我的眼睛在作祟吗？还是因为凡伦丁把她说得天花乱坠？还是她的真正的完美使我心醉？或者是我的见异思迁的罪恶，使我全然失去了理智？她是美丽的，我所爱的朱利娅也是美丽的；可是我对于朱利娅的爱已经成为过去了，那一段恋情，就像投入火中的蜡像，已经全然溶解，不留一点原来的痕迹。好像我对于凡伦丁的友谊已经突然冷淡，我不再像从前那样喜爱他了；啊，这是因为我太过于爱他的爱人了，所以我才对他毫无好感。我这样不假思索地爱上了她，如果跟她相知渐深之后，更将怎样为她倾倒？我现在看见的只是她的外表，可是那已经使我的理智的灵光晕眩不定，那么当我看到她内心的美好时，我一定要变成盲目的了。我要尽力克制我的罪恶的恋情；否则就得设计赢得她的芳心。（下）

（选自《维罗纳二绅士》）

9. 爱情是不用眼睛而用心灵看着的

几乎与莎士比亚处于同一时代的中国戏剧大师汤显祖,其《牡丹亭》与《仲夏夜之梦》都以梦幻来描写爱情,"梦"是他们文本共同的核心意象。

《牡丹亭》可谓"因情成梦,因梦成戏"。汤显祖说自己,"一生四梦,得意处唯在'牡丹'"。

第一幕 第一场 雅典。忒修斯宫中

忒修斯、希波吕忒、菲劳斯特莱特及侍从等上。

忒修斯 美丽的希波吕忒,现在我们的婚期已快要临近了,再过四天幸福的日子,新月便将出来;但是唉!这个旧的月亮消逝得多么慢,她耽延了我的希望,像一个老而不死的后母或寡妇,尽是消耗着年轻人的财产。

希波吕忒 四个白昼很快地便将成为黑夜,四个黑夜很快地可以在梦中消度过去,那时月亮便将像新弯的银弓一样,在天上临视我们的良宵。

忒修斯 去,菲劳斯特莱特,激起雅典青年们的欢笑的心情,唤醒了活泼泼的快乐精神,把忧愁驱到坟墓里去;那个脸色惨白的家伙,是不应该让他参加在我们的结婚行列中的。(菲劳斯特莱特下)希波吕忒,我用我的剑向你求婚,用威力的侵凌赢得了你的芳心;但这次我要换一个调子,我将用豪华、夸耀和狂欢来举行我们的婚礼。

伊吉斯、赫米娅、拉山德、狄米特律斯上。

伊吉斯 威名远播的忒修斯公爵,祝您幸福!

《牡丹亭》的故事发生在"后花园","后花园"是才子佳人们谈情说爱、幽期密约的场所,具有深刻的审美和文化意蕴。

《仲夏夜之梦》的故事则发生在"森林"。莎翁借助仙王、仙后和精灵们的形象告诉我们,森林是精灵的国度、梦幻的天堂。

忒修斯 谢谢你,善良的伊吉斯。你有什么事情?

伊吉斯 我怀着满心的气恼,来控诉我的孩子,我的女儿赫米娅。走上前来,狄米特律斯。殿下,这个人,是我答应把我女儿嫁给他的。走上前来,拉山德。殿下,这个人引诱坏了我的孩子。你,你,拉山德,你写诗句给我的孩子,和她交换着爱情的纪念物;你在月夜到她的窗前用做作的声调歌唱着假作多情的诗篇;你用头发编成的腕环、戒指、虚华的饰物、琐碎的玩具、花束、糖果——这些可以强烈地骗诱一个稚嫩的少女之心的"信使"来偷得她的痴情;你用诡计盗取了她的心,煽惑她使她对我的顺从变成倔强的顽抗。殿下,假如她现在当着您的面仍旧不肯嫁给狄米特律斯,我就要要求雅典自古相传的权利,因为她是我的女儿,我可以随意处置她;按照我们的法律,逢到这样的情况,她要是不嫁给这位绅士,便应当立时处死。

忒修斯 你有什么话说,赫米娅? 当心一点吧,美貌的姑娘! 你的父亲对于你应当是一尊神明;你的美貌是他给予的,你就像在他手中捏成的一块蜡像,他可以保全你,也可以毁灭你。狄米特律斯是一个很好的绅士呢。

赫米娅 拉山德也很好啊。

忒修斯 他本人当然很好;但是要做你的丈夫,如果不能得到你父亲的同意,那么比起来他就要差一筹了。

赫米娅 我真希望我的父亲和我有同样的看法。

忒修斯 实在还是你应该依从你父亲的看法才对。

赫米娅 请殿下宽恕我! 我不知道是什么一种力量

唤醒尘世间的上帝

使我如此大胆,也不知道在这里披诉我的心思将会怎样影响到我的美名,但是我要敬问殿下,要是我拒绝嫁给狄米特律斯,就会有什么最恶的命运临到我的头上?

忒修斯　不是受死刑,便是永远和男人隔绝。因此,美丽的赫米娅,仔细问一问你自己的心愿吧!考虑一下你的青春,好好地估量一下你血脉中的搏动;倘然不肯服从你父亲的选择,想想看能不能披上尼姑的道服,终生幽闭在阴沉的庵院中,向着凄凉寂寞的明月唱着暗淡的圣歌,做一个孤寂的修道女了此一生?她们能这样抑制热情,到老保持处女的贞洁,自然应当格外受到上天的眷宠;但是结婚的女子有如被采下炼制过的玫瑰,香气留存不散,比之孤独地自开自谢,奄然朽腐的花儿,在尘俗的眼光看来,总是要幸福得多了。

赫米娅　就让我这样自开自谢吧,殿下,我不愿意把我的贞操奉献给我心里并不敬服的人。

忒修斯　回去仔细考虑一下。等到新月初生的时候——我和我的爱人缔结永久的婚约的一天——你必须作出决定,倘不是因为违抗你父亲的意志而准备一死,便是听从他而嫁给狄米特律斯;否则就得在狄安娜的神坛前立誓严守戒律,终生不嫁。

狄米特律斯　悔悟吧,可爱的赫米娅!拉山德,放弃你那没有理由的要求,不要再跟我确定了的权利抗争吧!

拉山德　你已经得到她父亲的爱,狄米特律斯,让我保有着赫米娅的爱吧;你去跟她的父亲结婚好了。

伊吉斯　无礼的拉山德!一点不错,我欢喜他,我愿

175

意把属于我所有的给他；她是我的，我要把我在她身上的一切权利都授给狄米特律斯。

拉山德 殿下，我和他出身一样好；我和他一样有钱；我的爱情比他深得多；我的财产即使不比狄米特律斯更多，也决不会比他少；比起这些来更值得夸耀的是，美丽的赫米娅爱的是我。那么为什么我不能享有我的权利呢？讲到狄米特律斯，我可以当他的面宣布，他曾经向奈达的女儿海丽娜调过情，把她弄得神魂颠倒；那位可爱的姑娘还痴心地恋着他，把这个缺德的负心汉当偶像一样崇拜。

忒修斯 的确我也听到过不少闲话，曾经想和狄米特律斯谈谈这件事；但是因为自己的事情太多，所以忘了。来，狄米特律斯；来，伊吉斯；你们两人跟我来，我有些私人的话要开导你们。你，美丽的赫米娅，好好准备着，丢开你的情思，依从你父亲的意志，否则雅典的法律将要把你处死，或者使你宣誓独身；我们没有法子变更这条法律。来，希波吕忒；怎样，我的爱人？狄米特律斯和伊吉斯，走吧；我必须差你们为我们的婚礼办些事，还要跟你们商量一些和你们有点关系的事。

伊吉斯 我们敢不欣然跟从殿下。（除拉山德、赫米娅外均下）

拉山德 怎么啦，我的爱人！为什么你的脸颊这样惨白？你脸上的蔷薇怎么会凋谢得这样快？

赫米娅 多半是因为缺少雨露，但我眼中的泪涛可以灌溉它们。

拉山德 唉！我在书上读到的，在传说或历史中听到的，真正的爱情，所走的道路永远是崎岖多阻；

不是因为血统的差异——

赫米娅　不幸啊,尊贵的要向微贱者屈节臣服!

拉山德　便是因为年龄上的悬殊——

赫米娅　可憎啊,年老的要和年轻人发生关系!

拉山德　或者因为信从了亲友们的选择——

赫米娅　倒霉啊,选择爱人要依赖他人的眼光!

拉山德　或者,即使彼此两情悦服,但战争、死亡或疾病却侵害着它,使它像一个声音、一片影子、一段梦、黑夜中的一道闪电那样短促,在一刹那间展现了天堂和地狱,但还来不及说一声"瞧啊!"黑暗早已张开口把它吞噬了。光明的事物,总是那样很快地变成了混沌。

赫米娅　既然真心的恋人们永远要受折磨似乎已是一条命运的定律,那么让我们练习着忍耐吧;因为这种折磨,正和忆念、幻梦、叹息、希望和哭泣一样,都是可怜的爱情缺不了的随从者。

拉山德　你说得很对。听我吧,赫米娅。我有一个寡居的伯母,很有钱,却没有儿女,她看待我就像亲生的独子一样。她的家离开雅典二十英里路;温柔的赫米娅,我可以在那边和你结婚,雅典法律的利爪不能追及我们。要是你爱我,请你在明天晚上溜出你父亲的屋子,走到郊外三英里路地方的森林里——我就是在那边遇见你和海丽娜一同庆祝五月节的——我将在那边等你。

赫米娅　我的好拉山德!凭着丘匹德的最坚强的弓,凭着他的金镞的箭,凭着维纳斯的鸽子的纯洁,凭着那结合灵魂、祜佑爱情的神力,凭着古代迦太基女王焚身的烈火,当她看见她那负心的特

好事多磨,爱情亦然。而且,爱情纵然美好却短暂,令人想起《浮士德》中主人公临死前的一句名言:"你好美呀,请等一等。"

私奔,指女性不顾阻力,投奔所爱的人或一块逃跑。旧时指女子未经婚嫁形式,私自投奔所爱的人或跟他一起逃走。

中国古代文史中比较有名的私奔大概是卓文君与司马相如了吧。相传文君新寡而司马相如赴其家宴时一曲《凤求凰》的"琴挑",深获芳心,使"文君当垆"也无怨无悔,堪称绝唱。

洛伊人扬帆而去的时候,凭着一切男子所毁弃的约誓——那数目是远超过于女子所曾说过的,我向你发誓,明天一定会到你所指定的那地方和你相会。

拉山德　愿你不要失约,情人。瞧,海丽娜来了。

　　　　海丽娜上。

赫米娅　上帝保佑美丽的海丽娜! 你到哪里去?

海丽娜　你称我"美丽"吗? 请你把那两个字收回了吧! 狄米特律斯爱着你的美丽;幸福的美丽啊! 你的眼睛是两颗明星,你的甜蜜的声音比之小麦青青、山楂蓓蕾的时节送入牧人耳中的云雀之歌还要动听。疾病是能染人的;唉! 要是美貌也能传染的话,美丽的赫米娅,我但愿染上你的美丽:我要用我的耳朵捕获你的声音,用我的眼睛捕获你的睇视,用我的舌头捕获你那柔美的旋律。要是除了狄米特律斯之外,整个世界都是属于我所有,我愿意把一切捐弃,但求化身为你。啊! 教给我怎样流转眼波,用怎么一种魔力操纵着狄米特律斯的心?

赫米娅　我向他皱着眉头,但是他仍旧爱我。

海丽娜　唉,要是你的颦蹙能把那种本领传授给我的微笑就好了!

赫米娅　我给他咒骂,但他给我爱情。

海丽娜　唉,要是我的祈祷也能这样引动他的爱情就好了!

赫米娅　我越是恨他,他越是跟随着我。

海丽娜　我越是爱他,他越是讨厌我。

赫米娅　海丽娜,他的傻并不是我的错。

唤醒尘世间的上帝

海丽娜 但那是你的美貌的错处；要是那错处是我的就好了！

赫米娅 宽心吧，他不会再见我的脸了；拉山德和我将要逃开此地。<u>在我不曾遇见拉山德之前，雅典对于我就像是一座天堂；啊，我的爱人身上，存在着一种多么神奇的力量，竟能把天堂变成一座地狱！</u>

拉山德 海丽娜，我们不愿瞒你。明天夜里，当月亮在镜波中反映她的银色的容颜、晶莹的露珠点缀在草叶尖上的时候——那往往是情奔最适当的时候，我们预备溜出雅典的城门。

赫米娅 <u>我的拉山德和我将要相会在林中，就是你我常常在那边淡雅的樱草花的花坛上躺着彼此吐露柔情的衷曲的所在，从那里我们便将离别雅典，去访寻新的朋友，和陌生人做伴了。</u>再会吧，亲爱的游侣！请你为我们祈祷；愿你重新得到狄米特律斯的心！不要失约，拉山德；我们现在必须暂时忍受一下离别的痛苦，到明晚夜深时再见面吧！

拉山德 一定的，我的赫米娅。（赫米娅下）海丽娜；别了；如同你恋着他一样，但愿狄米特律斯也恋着你！（下）

海丽娜 有些人比起其他的人来是多么幸福！在全雅典大家都认为我跟她一样美；但那有什么相干呢？狄米特律斯不是这么认为的；除了他一个人之外大家都知道的事情，他不会知道。正如他那样错误地迷恋着赫米娅的秋波一样，我也是只知道爱慕他的才智；<u>一切卑劣的弱点，在恋爱中都无足重轻，而变成美满和庄严。爱情是不用眼睛而</u>

关于"森林"这一意象：在古希腊神话中，奥林匹斯山上的众神在森严的等级制度下，受到各种各样的约束，但森林中的女仙和精灵们自由自在地嬉戏玩耍，所以森林常常是众神和他们的恋人们无拘无束地欢乐嬉戏的地方。像爱神维纳斯和月亮女神阿尔忒弥斯和他们所喜欢的美少年在林中嬉戏游乐的故事，就是希腊神话里最热情浪漫的一部分。

用心灵看着的，因此生着翅膀的丘匹德常被描成盲目；而且爱情的判断全然没有理性，光有翅膀，不生眼睛，一味表示出鲁莽的急躁，因此爱神便据说是一个孩儿，因为在选择方面他常会弄错。正如顽皮的孩子惯爱发假誓一样，司爱情的小儿也到处赌着口不应心的咒。狄米特律斯在没有看见赫米娅之前，也曾像下雹一样发着誓，说他是完全属于我的，但这阵冰雹一感到身上的一丝热力，便立刻溶解了，无数的盟言都化为乌有。我要去告诉他美丽的赫米娅的出奔；他知道了以后，明夜一定会到林中去追寻她。如果为着这次的通报消息，我能得到一些酬谢，我的代价也一定不小；但我的目的是要补报我的苦痛，使我能再一次聆接他的音容。（下）

（选自《仲夏夜之梦》）

唤醒尘世间的上帝

180

第四单元 金钱与权力

DI SI DAN YUAN

单元导语

"天下熙熙,皆为利来;天下攘攘,皆为利往。"黄金自从被发现既具有货币价值又具有使用价值后,便从未摆脱被疯狂追逐的命运。不少人甚至为此利欲熏心,满身铜臭,不顾亲情、友情、爱情,也有人甚至为此付出性命。马克思曾说,资本家的每个毛孔里都滴着鲜血,他们为了百分之百的利润不惜铤而走险,甚至甘冒绞首的危险。莎士比亚笔下《威尼斯商人》的夏洛克与《雅典的泰门》中那些见钱眼开之徒也毫不逊色。在西方,文艺复兴运动时期,黄金曾驱使新兴资产阶级冲决了中世纪的愚昧,第一次发现了"人"的价值,但也同时使不少人走上了利己主义的歧途。人权的确从神权的奴役下解放出来,人却给自己套上了金钱的镣铐。

熠熠闪耀的皇冠上的明珠和君临天下、气势非凡的权杖是不少人梦寐以求的对象。凯撒说:"我来过,我看见,我征服!"他对权力的欲望可见一斑。不少帝王将相为了获得权力不惜血腥杀戮,甚至手足相残,裘里斯·凯撒也好,麦克白也罢,都难逃为之败亡的厄运。当然,对于金钱和权力的追求正反映了"人"的觉醒,作为"人"的正当权益,人们可以合理、正当地运用它们,莎士比亚也深表赞同。但因为过度追求金钱和权力而导致丧失人性且损害他人权益,则是人文主义者们所极力反对的。

1. 我只是叫它像母羊生小羊一样地快快生利息

第一幕 第三场 威尼斯。广场

巴萨尼奥及夏洛克上。

夏洛克 三千块钱,嗯?

巴萨尼奥 是的,大叔,三个月为期。

夏洛克 三个月为期,嗯?

巴萨尼奥 我已经对你说过了,这一笔钱可以由安东尼奥签立借据。

夏洛克 安东尼奥签立借据,嗯?

巴萨尼奥 你愿意帮助我吗?你愿意应承我吗?可不可以让我知道你的答复?

夏洛克 三千块钱,借三个月,安东尼奥签立借据。

巴萨尼奥 你的答复呢?

夏洛克 安东尼奥是个好人。

巴萨尼奥 你有没有听见人家说过他不是个好人?

夏洛克 啊,不,不,不,不;我说他是个好人,我的意思是说他是个有身价的人。可是他的财产却还有些问题:他有一艘商船开到特里坡利斯,另外一艘开到西印度群岛,我在交易所里还听人说起,他有第三艘船在墨西哥,第四艘到英国去了,此外还

犹太人的祖先是古希伯来人。他们作为游牧民族进入迦南,也就是如今的巴勒斯坦及其毗邻腓尼基一带地区,那里频繁的贸易活动给了他们深刻的影响。

公元 135 年后犹太历史进入了长达千余年的"大流散"时期。犹太人不得拥有地产并进入主流社会,又常遭驱逐,经商便成为犹太人最现实、便利的行当。

有遍布在海外各国的买卖;可是船不过是几块木板钉起来的东西,水手也不过是些血肉之躯,岸上有旱老鼠,水里也有水老鼠,有陆地的强盗,也有海上的强盗,还有风波礁石各种危险。不过虽然这么说,他这个人是靠得住的。三千块钱,我想我可以接受他的契约。

巴萨尼奥 你放心吧,不会有错的。

夏洛克 我一定要放了心才敢把债放出去,所以还是让我再考虑考虑吧。我可不可以跟安东尼奥谈谈?

巴萨尼奥 不知道你愿不愿意陪我们吃一顿饭?

夏洛克曾经说"I am a Jew "。"Jew"在英文中的含义既是"放债人",又是"犹太人",而"犹太人"又有种族与宗教的双重含义。

夏洛克 是的,叫我去闻猪肉的味道,吃你们拿撒勒先知把魔鬼赶进去的脏东西的身体!我可以跟你们做买卖,讲交易,谈天散步,以及诸如此类的事情,可是我不能陪你们吃东西喝酒做祷告。交易所里有些什么消息? 那边来的是谁?

　　安东尼奥上。

巴萨尼奥 这位就是安东尼奥先生。

夏洛克 (旁白)他的样子多么像一个摇尾乞怜的税吏! 我恨他因为他是个基督徒,可是尤其因为他是个傻子,借钱给人不取利钱,把咱们在威尼斯城里干放债这一行的利息都压低了。要是我有一天抓住他的把柄,一定要痛痛快快地向他报复我的深仇宿怨。他憎恶我们神圣的民族,甚至在商人会集的地方当众辱骂我,辱骂我的交易,辱骂我辛辛苦苦赚下来的钱,说那些都是盘剥得来的腌臜钱。要是我饶过了他,让我们的民族永远没有翻身的日子。

唤醒尘世间的上帝

有人说,犹太民族是世界上最会赚钱的民族。事实证明,此言不虚。

184

巴萨尼奥 夏洛克,你听见吗?

夏洛克 我正在估计我手头的现款,照我大概记得起来的数目,要一时凑足三千块钱,恐怕办不到。可是那没有关系,我们族里有一个犹太富翁杜伯尔,可以供给我必要的数目。且慢!您打算借几个月?(向安东尼奥)您好,好先生;哪一阵好风把尊驾吹来了啦?

安东尼奥 夏洛克,虽然我跟人家互通有无,从来不讲利息,可是为了我的朋友的急需,这回我要破一次例。(向巴萨尼奥)他有没有知道你需要多少?

夏洛克 嗯,嗯,三千块钱。

安东尼奥 三个月为期。

夏洛克 我倒忘了,正是三个月,您对我说过的。好,您的借据呢?让我瞧一瞧。可是听着,好像您说您从来借钱不讲利息。

安东尼奥 我从来不讲利息。

夏洛克 当雅各替他的舅父拉班牧羊的时候——这个雅各是我们圣祖亚伯兰的后裔,他的聪明的母亲设计使他做第三代的族长,是的,他是第三代——

安东尼奥 为什么说起他呢?他也是取利息的吗?

夏洛克 不,不是取利息,不是像你们所说的那样直接取利息。听好雅各用些什么手段:拉班跟他约定,生下来的小羊凡是有条纹斑点的,都归雅各所有,作为他牧羊的酬劳;到晚秋的时候,那些母羊因为淫情发动,跟公羊交合,这个狡狯的牧人就乘着这些毛畜正在进行传种工作的当儿,削好了几根木棒,插在淫浪的母羊的面前,它们

据《圣经》记载,当所罗门王登上权力之巅时,他没有向上帝求富足、求荣耀、求长寿,而只向上帝祈求智慧。在希伯来元典中有许多关于智慧的条文,反映出犹太人对智慧的推崇、赞扬与追求。

《圣经》记载,雅各受雇为舅父牧羊,以换取其两个女儿为妻,但他头脑聪明,经过立约并采用一些狡诈手段,使得自己变得十分富裕。

这样怀上了孕,一到生产的时候,产下的小羊都是有斑纹的,所以都归雅各所有。<u>这是致富的妙法,上帝也祝福他;只要不是偷窃,会打算盘总是好事。</u>

安东尼奥 雅各虽然幸而获中,可是这也是他按约应得的酬报;上天的意旨成全了他,却不是出于他自己的力量。你提起这一件事,是不是要证明取利息是一件好事?还是说金子银子就是你的公羊母羊?

夏洛克 这我倒不能说,<u>我只是叫它像母羊生小羊一样地快快生利息。</u>可是先生,您听我说。

安东尼奥 你听,巴萨尼奥,魔鬼也会引证《圣经》来替自己辩护哩。<u>一个指着神圣的名字作证的恶人,就像一个脸带笑容的奸徒,又像一只外观美好、心中腐烂的苹果。唉,奸伪的表面是多么动人!</u>

夏洛克 三千块钱,这是一笔可观的整数。三个月——一年照十二个月计算——让我看看利钱应该有多少。

安东尼奥 好,夏洛克,我们可不可以仰仗你这一次?

夏洛克 <u>安东尼奥先生,好多次您在交易所里骂我,说我盘剥取利,我总是忍气吞声,耸耸肩膀,没有跟您争辩,因为忍受迫害本来就是我们民族的特色。您骂我异教徒,杀人的狗,把唾沫吐在我的犹太长袍上,只因为我用我自己的钱博取几个利息。</u>好,看来现在是您来向我求助了;您跑来见我,您说"夏洛克,我们要几个钱",您这样对我说。您把

唾沫吐在我的胡子上，用您的脚踢我，好像我是您门口的一条野狗一样；现在您却来问我要钱，我应该怎样对您说呢？我要不要这样说："一条狗会有钱吗？一条恶狗能够借人三千块钱吗？"或者我应不应该弯下身子，像一个奴才似的低声下气，恭恭敬敬地说："好先生，您在上星期三用唾沫吐在我身上；有一天您用脚踢我；还有一天您骂我狗。为了报答您这许多恩典，所以我应该借给您这么些钱吗？"

安东尼奥　我恨不得再这样骂你、唾你、踢你。要是你愿意把这钱借给我，不要把它当作借给你的朋友——哪有朋友之间通融几个钱也要斤斤较量地计算利息的道理？——你就把它当作借给你的仇人吧；倘使我失了信用，你尽管拉下脸来照约处罚就是了。

夏洛克　哎哟，瞧您生这么大的气！我愿意跟您交个朋友，得到您的友情；您从前加在我身上的种种羞辱，我愿意完全忘掉；您现在需要多少钱，我愿意如数供给您，而且不要您一个子儿的利息；可是您却不愿意听我说下去。我这完全是一片好心哩。

安东尼奥　这倒果然是一片好心。

夏洛克　我要叫你们看看我到底是不是一片好心。跟我去找一个公证人，就在那儿签好了约；我们不妨开个玩笑，在约里载明要是您不能按照约中所规定的条件，在什么日子、什么地点还给我一笔什么数目的钱，就得随我的意思，在您身上的任何部分割下整整一磅白肉，作为处罚。

犹太民族自称"契约之民"，称犹太教为"契约之宗教"。犹太教强调神、人之间的"约定关系"，并坚信守约者可蒙恩，毁约者会遭受惩罚。

但当犹太人的智慧与契约精神被用来报复与泄愤时，显然是亵渎也违背了先人的初衷。

安东尼奥 很好,就这么办吧;我愿意签下这样一张约,还要对人家说这个犹太人的心肠倒不坏呢。

巴萨尼奥 我宁愿安守贫困,不能让你为了我的缘故签这样的约。

安东尼奥 老兄,你怕什么;我决不会受罚的。就在这两个月之内,离开签约满期还有一个月,我就可以有九倍这笔借款的数目进门。

夏洛克 <u>亚伯兰老祖宗啊! 瞧这些基督徒因为自己待人刻薄,所以疑心人家对他们不怀好意。</u>请您告诉我,要是他到期不还,我照着约上规定的条款向他执行处罚了,那对我又有什么好处? 从人身上割下来的一磅肉,它的价值可以比得上一磅羊肉、牛肉或是山羊肉吗? 我为了要博得他的好感,所以才向他卖这样一个交情;要是他愿意接受我的条件,很好,否则就算了。千万请你们不要误会我这一番诚意。

安东尼奥 好,夏洛克,我愿意签约。

夏洛克 那么就请您先到公证人的地方等我,告诉他这一张游戏的契约怎样写法;我就去马上把钱凑起来,还要回到家里去瞧瞧,让一个靠不住的奴才看守着门户,有点放心不下;然后我立刻就来瞧您。

安东尼奥 那么你去吧,善良的犹太人。(夏洛克下)这犹太人快要变作基督徒了,他的心肠变得好多啦。

巴萨尼奥 我不喜欢口蜜腹剑的人。

安东尼奥 好了好了,这又有什么要紧? 再过两个月,我的船就要回来了。(同下)

夏洛克指责别人"以小人之心度君子之腹",其实是要引人上钩,他自己才是真正的小人。

唤醒尘世间的上帝

188

第三幕　第一场　威尼斯。街道

萨莱尼奥及萨拉里诺上。

萨莱尼奥　交易所里有什么消息?

萨拉里诺　他们都在那里说安东尼奥有一艘满装着
货物的船在海峡里倾覆了;那地方的名字好像是
古德温,是一处很危险的沙滩,听说有许多大船的
残骸埋葬在那里,要是那些传闻之辞是确实可靠
的话。

萨莱尼奥　我但愿那些谣言就像那些吃饱了饭没事
做、嚼嚼生姜或者一把鼻涕一把眼泪地假装为了
她第三个丈夫死去而痛哭的那些婆子们所说的鬼
话一样靠不住。可是那的确是事实——不说啰里
啰唆的废话,也不说枝枝节节的闲话——这位善
良的安东尼奥,正直的安东尼奥——啊,我希望我
有一个可以充分形容他的好处的字眼!

萨拉里诺　好了好了,别说下去了吧。

萨莱尼奥　嘿! 你说什么! 总归一句话,他损失了
一艘船。

萨拉里诺　但愿这是他最末一次的损失。

萨莱尼奥　让我赶快喊"阿门",免得给魔鬼打断了
我的祷告,因为他已经扮成一个犹太人的样子
来啦。

夏洛克上。

萨莱尼奥　啊,夏洛克! 商人中间有什么消息?

夏洛克　有什么消息! 我的女儿逃走啦,这件事情
是你比谁都格外知道得详细的。

中世纪及稍后一
段时期的欧洲基督徒
把信奉犹太教的犹太
人称作"异教徒",视为
不共戴天的仇敌,并名
之曰"魔鬼"。

萨拉里诺 那当然啦,就是我也知道她飞走的那对翅膀是哪一个裁缝替她做的。

萨莱尼奥 夏洛克自己也何尝不知道,她羽毛已长,当然要离开娘家啦。

夏洛克 她干出这种不要脸的事来,死了一定要下地狱。

萨拉里诺 倘然魔鬼做她的判官,那是当然的事情。

夏洛克 我自己的血肉跟我过不去!

萨莱尼奥 说什么,老东西,活到这么大年纪,还跟你自己过不去?

夏洛克 我是说我的女儿是我自己的血肉。

萨拉里诺 你的肉跟她的肉比起来,比黑炭和象牙还差得远;你的血跟她的血比起来,比红葡萄酒和白葡萄酒还差得远。可是告诉我们,你听没听见人家说起安东尼奥在海上遭到了损失?

夏洛克 说起他,又是我的一桩倒霉事情。这个败家精,这个破落户,他不敢在交易所里露一露脸;他平常到市场上来,穿着得多么齐整,现在可变成一个叫花子啦。让他留心他的借约吧;他老是骂我盘剥取利;让他留心他的借约吧;他是本着基督徒的精神,放债从来不取利息的;让他留心他的借约吧。

萨拉里诺 我相信要是他不能按约偿还借款,你一定不会要他的肉的;那有什么用处呢?

夏洛克 拿来钓鱼也好;即使他的肉不中吃,至少也可以出出我这一口气。他曾经羞辱过我,夺去我几十万块钱的生意,讥笑着我的亏蚀,挖苦着我的盈余,侮蔑我的民族,破坏我的买卖,离间我的朋友,煽动我的仇敌;他的理由是什么? 只因为我是一个犹太人。难道犹太人没有眼睛吗? 难道犹太人没有五官四肢、没有知觉、没有感情、没有血气吗? 他不是吃着同样的食物,同样的武器可以伤害他,同样的医药可以疗治他,冬天同样会冷,夏天同样会热,就像一个基督徒一样吗? 你们要是用刀剑刺我们,我们不是也会出血的吗? 你们要是搔我们的痒,我们不是也会笑起来的吗? 你们要是用毒药谋害我们,我们不是也会死的吗? 那么要是你们欺侮了我们,我们难道不会复仇吗? 要是在别的地方我们都跟你们一样,那么在这一点上也是彼此相同的。要是一个犹太人欺侮了一个基督徒,那基督徒怎样表现他的谦逊? 报仇。要是一个基督徒欺侮了一个犹太人,那么照着基督徒的榜样,那犹太人应该怎样表现他的宽容? 报仇。你们已经把残虐的手段教给我,我一定会照着你们的教训实行,而且还要加倍奉敬哩。

　　一仆人上。

仆人　两位先生,我家主人安东尼奥在家里要请两位过去谈谈。

萨拉里诺　我们正在到处找他呢。

　　杜伯尔上。

萨莱尼奥　又是一个他的族中人来啦;世上再也找不到第三个像他们这样的人,除非魔鬼自己也变成了犹太人。

　　(萨莱尼奥、萨拉里诺及仆人下)

夏洛克　啊,杜伯尔! 热那亚有什么消息? 你有没有找到我的女儿?

基督徒与犹太人的仇恨自有其文化根源。基督徒认为,是犹太人出卖了主耶稣,将自己的灵魂卖给了魔鬼。

中世纪,基督教在欧洲逐渐占据统治地位后,犹太人便被惨遭各种迫害,或被视作瘟疫传播者,或被当作牺牲口杀死祭神。在很多地方,犹太人除了放债之外无业可寻。"犹太人等于放债人"这一低贱、鄙弃之称自然而生。由此可见基督徒对犹太人的傲慢与偏见及两者相互间的仇恨。

夏洛克及其所信奉的犹太教崇尚"以牙还牙,以眼还眼"的训导,甚至是"加倍奉敬"式的复仇,这当然也是与基督教训导背道而驰的。

耶稣说"要爱你们的仇敌""不要与恶人作对,有人打你的右脸,左脸也转过来由他打"。由此看来,夏洛克的割肉之举更是缺乏人文情怀,实属大逆不道。

杜伯尔　我所到的地方，往往听见人家说起她，可是总找不到她。

夏洛克　哎呀，糟糕！糟糕！糟糕！我在法兰克府出两千块钱买来的那颗金刚钻也丢啦！诅咒到现在才降落到咱们民族头上；我到现在才觉得它的厉害。那一颗金刚钻就是两千块钱，还有别的贵重的珠宝。我希望我的女儿死在我的脚下，那些珠宝都挂在她的耳朵上；我希望她就在我的脚下入土安葬，那些银钱都放在她的棺材里！不知道他们的下落吗？哼，我不知道为了寻访他们，又花去了多少钱。你这你这——损失上再加损失！贼子偷了这么多走了，还要花这么多去寻访贼子，结果仍旧是一无所得，出不了这一口怨气。只有我一个人倒霉，只有我一个人叹气，只有我一个人流眼泪！

杜伯尔　倒霉的不单是你一个人。我在热那亚听人家说，安东尼奥——

夏洛克　什么？什么？什么？他也倒了霉吗？他也倒了霉吗？

杜伯尔　——有一艘从特里坡利斯来的大船，在途中触礁。

夏洛克　谢谢上帝！谢谢上帝！是真的吗？是真的吗？

杜伯尔　我曾经跟几个从那船上出险的水手谈过话。

夏洛克　谢谢你，好杜伯尔。好消息，好消息！哈哈！什么地方？在热那亚吗？

杜伯尔　听说你的女儿在热那亚一个晚上花去八十

夏洛克开口句句不离一个"钱"字，为钱心疼之情溢于言表，可谓著名的吝啬鬼之一。

唤醒尘世间的上帝

192

块钱。

夏洛克　你把一把刀戳进我心里！我再也瞧不见我
　　　　的银子啦！一下子就是八十块钱！八十块钱！

杜伯尔　有几个安东尼奥的债主跟我同路到威尼斯
　　　　来，他们肯定地说他这次一定要破产。

夏洛克　我很高兴。我要摆布摆布他；我要叫他知
　　　　道些厉害。我很高兴。

杜伯尔　有一个人给我看一个指环，说是你女儿拿
　　　　它向他买了一只猴子。

夏洛克　该死该死！杜伯尔，你提起这件事，真叫我
　　　　心里难过；那是我的绿玉指环，是我的妻子莉
　　　　娅在我们没有结婚的时候送给我的；即使人家拿一大
　　　　群猴子来向我交换，我也不愿把它给人。

杜伯尔　可是安东尼奥这次一定完了。

夏洛克　对了，这是真的，一点不错。去，杜伯尔，现
　　　　在离借约满期还有半个月，你先给我到衙门里走
　　　　动走动，花费几个钱。要是他违了约，我要挖出他
　　　　的心来；只要威尼斯没有他，生意买卖全凭我一句
　　　　话了。去，去，杜伯尔，咱们在会堂里见面。好杜
　　　　伯尔，去吧；会堂里再见，杜伯尔。（各下）

（选自《威尼斯商人》）

世界文学作品中的著名吝啬鬼形象：英国莎士比亚《威尼斯商人》中的夏洛克，法国巴尔扎克《守财奴》中的葛朗台，法国莫里哀《悭吝人》中的阿巴贡，俄国果戈理《死魂灵》中的波留希金，中国清代吴敬梓《儒林外史》中的严监生……

2. 金子！黄黄的、发光的、宝贵的金子

第四幕　第三场　海滨附近的树林和岩穴

泰门自穴中上。

泰门　神圣的化育万物的太阳啊！把地上的瘴雾吸起，让天空中弥漫着毒气吧！同生同长、同居同宿的孪生兄弟，也让他们各人去接受不同的命运，让那贫贱的人被富贵的人所轻蔑吧。重视伦常天性的人，必须遍受各种颠沛困苦的凌虐；灭伦悖义的人，才会安享荣华。让乞儿跃登高位，大臣退居贱职吧；元老必须世世代代受人蔑视，乞儿必须享受世袭的光荣。有了丰美的牧草，牛儿自然肥胖；缺少了饲料它就会瘦瘠下来。谁敢秉着光明磊落的胸襟挺身而起，说"这人是一个谄媚之徒"？要是有一个人是谄媚之徒，那么谁都是谄媚之徒；因为每一个按照财产多寡区分的阶级，都要被次一阶级所奉承；博学的才人必须向多金的愚夫鞠躬致敬。在我们万恶的天性之中，一切都是歪曲偏斜的，一切都是奸邪淫恶。所以，让我永远厌弃人类的社会吧！泰门憎恨形状像人一样的东西，他也憎恨他自己；愿毁灭吞噬整个人类！泥土，给我一

西晋的鲁褒作《钱神论》以讥讽世风，堪与泰门的这段独白媲美：

"（金钱）为世神宝，亲之如兄，字曰'孔方'。失之则贫弱，得之则富昌。无翼而飞，无足而走。解严毅之颜，开难发之口。钱多者处前，钱少者处后。处前者为君长，在后者为臣仆。君长者丰衍而有余，臣仆者穷竭而不足。"

"（金钱）谓之神物，无德而尊，无势而热，排金门而入紫闼。危可使安，死可使活，贵可使贱，生可使杀……凡今之人，惟钱而已！"

唤醒尘世间的上帝

194

些树根充饥吧！（掘地）谁要是希望你给他一些更好的东西，你就用你最猛烈的毒物餍足他的口味吧！咦，这是什么？<u>金子！黄黄的、发光的、宝贵的金子！不，天神们啊，我不是一个游手好闲的信徒；我只要你们给我一些树根！这东西，只这一点点儿，就可以使黑的变成白的，丑的变成美的，错的变成对的，卑贱变成尊贵，老人变成少年，懦夫变成勇士。嘿！你们这些天神啊，为什么要给我这东西呢？嘿，这东西会把你们的祭司和仆人从你们的身旁拉走，把壮士头颅底下的枕垫抽去；这黄色的奴隶可以使异教联盟，同宗分裂；它可以使受诅咒的人得福，使害着灰白色的癞病的人为众人所敬爱；它可以使窃贼得到高爵显位，和元老们分庭抗礼；它可以使鸡皮黄脸的寡妇重做新娘，即</u>使她的尊容会使身染恶疮的人见了呕吐，有了这东西也会恢复三春的娇艳。来，该死的土块，你这人尽可夫的娼妇，你惯会在乱七八糟的列国之间挑起纷争，我倒要让你去施展一下你的神通。（远处军队行进声）嘿！鼓声吗？你还是活生生的，可是我要把你埋葬了再说。不，当那看守你的人已经风瘫了的时候，你也许要逃走，且待我留着这一些作质。（拿了若干金子）

　　鼓角前导，艾西巴第斯戎装率菲莉妮娅、提曼德拉同上。

艾西巴第斯　你是什么？说。

泰门　我跟你一样是一头野兽。愿蛆虫蛀掉了你的心，因为你又让我看见了人类的面孔！

艾西巴第斯　你叫什么名字？你自己是一个人，怎

> 马克思说："金银天然不是货币，但货币天然是金银。"又说金银是"万物的神经"，是"社会的担保品"。

> 马克思曾引用泰门这段独白，认为它"绝妙地描绘了货币的本质"。

> 他还说："不仅商品间的质的差别会在货币上面消灭，货币当作彻底的平均主义者，还会把一切的差别消灭。"

么把人类恨到这个样子？

泰门 我是恨世者，一个厌恶人类的人。我倒希望你是一条狗，那么也许我会喜欢你几分。

艾西巴第斯 我认识你是什么人，可是不知道你为什么会变成这样。

泰门 我也认识你；除了我知道你是什么人之外，我不要再知道什么。跟着你的鼓声去吧；用人类的血染红大地；宗教的戒条、民事的法律，哪一条不是冷酷无情的，那么谁能责怪战争的残酷呢？这一个狠毒的娼妓，虽然瞧上去像个天使一般，杀起人来却比你的刀剑还要厉害呢。

菲莉妮娅 烂掉你的嘴唇！

泰门 我不要吻你；你的嘴唇是有毒的，让它自己烂掉吧。

艾西巴第斯 尊贵的泰门怎么会变成这个样子？

泰门 正像月亮一样，因为缺少了可以照人的光；可是我不能像月亮一样缺而复圆，因为我没有可以借取光明的太阳。

艾西巴第斯 尊贵的泰门，我可以为你做些什么事，来表示友谊呢？

泰门 不必，只要你支持我的意见。

艾西巴第斯 什么意见，泰门？

泰门 用口头上的友谊允许人家，可是不要履行你的允诺；要是你不允许人家，那么神明降祸于你，因为你是一个人！要是你果然履行允诺，那么愿你沉沦地狱，因为你是一个人！

艾西巴第斯 我曾经略为听到过一些你的不幸的遭际。

亚里士多德曾在《诗学》中规定，悲剧的主角应该是"声名显赫，生活顺达，如俄狄浦斯、苏厄斯忒斯和其他有类似家族背景的著名人物"。这样身份的人物的命运跌宕起伏，更具有悲剧力量。莎士比亚剧作中李尔王、奥瑟罗、科利奥兰纳斯、雅典的泰门等确属帝王将相、贵族出身，其身世跌宕起伏，的确更有撼动人心的悲剧力量。

唤醒尘世间的上帝

196

泰门　当我有钱的时候,你就看见过我是怎样不幸了。

艾西巴第斯　我现在才看见你的不幸;当初你是很享福的。

泰门　正像你现在一样,给一对娼妓挟住了不放。

提曼德拉　这就是那个受尽世人歌颂的雅典的宠儿吗?

泰门　你是提曼德拉吗?

提曼德拉　是的。

泰门　做你一辈子的婊子去吧;把你玩弄的那些人并不真心爱你;他们在你身上发泄过兽欲以后,你就把恶疾传给他们。利用你的淫浪的时间,把他们放进腌缸里或汽浴池中,把那些红颜的少年消磨得形销骨立吧。

提曼德拉　该死的妖魔!

艾西巴第斯　原谅他,好提曼德拉,因为他遭逢变故,他的神志已经混乱了。豪侠的泰门,我近来钱囊羞涩,为了饷糈不足的缘故,我的部队常常发生叛变。我也很痛心,听到那可诅咒的雅典怎样轻视你的才能,忘记你的功德,倘不是靠着你的威名和财力,这区区的雅典城早被强邻鲸食了——

泰门　请你敲起鼓来,快点走开吧。

艾西巴第斯　我是你的朋友,我同情你,亲爱的泰门。

泰门　你这样跟我胡缠,还说同情我吗? 我宁愿一个人在这里。

艾西巴第斯　好,那么再会;这儿有一些金子,你拿去吧。

泰门　金子你自己留着，我又不能吃它。

艾西巴第斯　等我把骄傲的雅典踏成平地以后——

泰门　你要去打雅典吗？

艾西巴第斯　是的，泰门，我有充分的理由哩。

泰门　愿天神降祸于所有的雅典人，让他们一个个在你剑下丧命；等你征服了雅典以后，愿天神再降祸于你！

艾西巴第斯　为什么降祸于我，泰门？

泰门　因为天生下你来，要你杀尽那些恶人，征服我的国家。把你的金子藏好了；快去。我这儿还有些金子，也一起给了你吧。快去。愿你奉行天罚，像一颗高悬在作恶多端的城市上的灾星一般，别让你的剑下放过一个人。不要怜悯一把白须的老翁，他是一个放高利贷的人。那凛然不可侵犯的中年妇人，外表上虽然装得十分贞淑，其实却是一个鸨妇，让她死在你的剑下吧。也不要因为处女的秀颊而软下了你的锐利的剑锋；这些惯在窗棂里偷看男人的丫头们，都是可怕的叛徒，不值得怜惜的。也不要饶过婴孩，像一个傻子似的看见他的浮着酒窝的微笑而大发慈悲；你应当认为他是一个私生子，上天已经向你隐约预示他将来长大以后会割断你的咽喉，所以你必须硬着心肠把他剁死。你的耳朵上、眼睛上，都要罩着一重厚甲，让你听不到母亲、少女和婴孩们的啼哭，看不见披着圣服的祭司的流血。把这些金子拿去分给你的兵士们，让他们去造成一次大大的纷乱；等你的盛怒消释以后，愿你也不得好死！不必多说，快去。

艾西巴第斯　你还有金子吗？我愿意接受你给我的

金子,可是不能完全接受你的劝告。

泰门　接受也好,不接受也好,愿上天的诅咒降在你
　　　身上!

菲莉妮娅
提曼德拉　好泰门,给我们一些金子;你还有吗?

泰门　有,有,有,我有足够的金子,可以使一个妓女
　　　改业,自己当起老鸨来。揭起你们的裙子来,你们
　　　这两个贱婢。你们是不配发誓的,虽然我知道你
　　　们发起誓来,听见你们的天神也会浑身发抖,毛骨
　　　悚然;不要发什么誓了,我愿意信任你们。做你们
　　　一辈子的婊子吧;要是有什么仁人君子,想要劝你
　　　们改邪归正,你们就得施展你们的狐媚伎俩引诱
　　　他,使他在欲火里丧身。一辈子做你们的婊子吧;
　　　你们的脸上必须满涂着脂粉,让马蹄踏上去都会
　　　拔不出来。

菲莉妮娅
提曼德拉　好,再给我们一些金子。还有什么吩咐?

相信我们,只要有金子,我们是什么都愿意干的。

泰门　把痨病的种子播在人们枯干的骨髓里;让他
　　　们胫骨风瘫,不能上马驰驱。嘶哑了律师的喉咙,
　　　让他不再颠倒黑白,为非分的权利辩护,鼓弄他的
　　　如簧之舌。叫那痛斥肉体的情欲、自己不相信自
　　　己的话的祭司害起满身的癞病;叫那长着尖锐的
　　　鼻子、一味钻营逐利的家伙烂去了鼻子;叫那长着
　　　一头鬈曲秀发的光棍变成秃子;叫那不曾受过伤、
　　　光会吹牛的战士也从你们身上受到一些痛苦:让
　　　所有的人都被你们害得身败名裂。再给你们一些
　　　金子;你们去害了别人,再让这东西来害你们,愿

　　　"财迷心窍",即钱
财是迷人心窍的陷阱,
使得众多愚人纷纷堕
入其中。《圣经·提摩
太前书》中说:"贪财是
万恶之根。"

　　　法国作家左拉也
说:"金钱是最大的罪
人,很多人类的残酷与
肮脏的行为,都是金钱
导演出来的。"

第四单元　金钱与权力

199

你们一起倒在阴沟里死去!

菲莉妮娅
提曼德拉　宽宏慷慨的泰门,再给我们一些金子吧,

你还有什么话要对我们说呢?

泰门　你们先去多卖几次淫,多害几个人;回头来我还有金子给你们。

艾西巴第斯　敲起鼓来,向雅典进发! 再会,泰门,要是我此去能够成功,我会再来访问你的。

泰门　要是我的希望没有落空,我再也不要看见你了。

艾西巴第斯　我从来没有得罪过你。

泰门　可是你说过我的好话。

艾西巴第斯　这难道对你是有害的吗?

泰门　人们每天都可以发现说好话的人总是不怀好意。走开,把你这两条小猎狗带了去。

艾西巴第斯　我们留在这儿反而惹他生气。敲鼓!

(敲鼓;艾西巴第斯、菲莉妮娅、提曼德拉同下)

泰门　想不到在饱尝人世的无情之后,还会感到饥饿;你万物之母啊,(掘地)你的不可限量的胸腹,孳乳着繁育着一切;你的精气不但把傲慢的人类,你的骄儿,吹嘘长大,也同样生养了黑色的蟾蜍、青色的蝮蛇、金甲的蝾螈、盲目的毒虫以及一切光天化日之下可憎可厌的生物;请你从你那丰饶的怀里,把一块粗硬的树根给那痛恨你一切人类子女的我果果腹吧! 枯萎了你的肥沃多产的子宫,让它不要再生出负心的人类来! 愿你怀孕着虎龙狼熊,以及一切宇宙覆载之中所未见的妖禽怪兽! 啊! 一个根;谢谢。干涸了你的血液,枯焦了你的土壤;忘恩负义的人类,都是靠着你的供给,用酒

金钱可以令人的本性迷失,甚至导致人最终的败亡。

古罗马贺拉斯说:"金钱可以成为人的奴隶,也可以成为人的主人。"

老子《道德经》第十二章云:"五色令人目盲,五音令人耳聋,五味令人口爽,驰骋畋猎令人心发狂,难得之货令人行妨。"末句大意是,珍宝对人的品行会有所妨害。

唤醒尘世间的上帝

200

肉填塞了他的良心，以致迷失了一切的理性！

艾帕曼特斯上。

泰门　又有人来！该死！该死！

艾帕曼特斯　人家指点我到这儿来；他们说你学会了我的举止，模仿着我的行为。

泰门　因为你还不曾养一条狗，否则我倒宁愿学它；愿瘰病抓了你去！

艾帕曼特斯　你这种样子不过是一时的感触，因为命运的转移而发生的怯懦的忧郁。为什么拿起这柄锄头？为什么住在这个地方？为什么穿上这身奴才的装束？为什么露出这样忧伤的神色？向你献媚的家伙现在还穿的是绸缎，喝的是美酒，睡的是温软的被褥，彻底忘记了世上曾经有过一个名叫泰门的人。不要装出一副骂世者的腔调，害这些山林蒙羞吧。还是自己也去做一个献媚的人，在那些毁荡了你的家产的家伙手下讨生活吧。弯下你的膝头，让他嘴里的气息吹去你的帽子；尽管他发着怎样大的脾气，你都要把他恭维得五体投地。你应当像笑脸迎人的酒保一样，倾听着每一个流氓恶棍的话；你必须自己也做一个恶棍，要是你再发了财，也不过让恶棍们享用了去。可不要再学着我的样子啦。

泰门　要是我像了你，我宁愿把自己丢掉。

艾帕曼特斯　你因为像你自己，早已把你自己丢掉了；你做了这么久的疯人，现在却变成了一个傻子。怎么！你以为那凛冽的霜风，你那喧嚷的仆人，会把你的衬衫烘暖吗？这些寿命超过鹰隼、罩满苍苔的老树，会追随你的左右，听候你的使唤

泰门失财，深处丛林，犹如屈原既放，形容枯槁，披发行吟泽畔。渔父也曾规劝屈原要像圣人一样"不凝滞于物，而能与世推移。世人皆浊，何不淈其泥而扬其波？众人皆醉，何不餔其糟而歠其醨？何故深思高举，自令放为？"意即要随波逐流、随遇而安。

屈原回答："安能以身之察察，受物之汶汶者乎？宁赴湘流，葬于江鱼之腹中，安能以皓皓之白，而蒙世俗之尘埃乎？"不肯同流合污，宁愿高洁赴死。

吗？那冰冻的寒溪会替你在清晨煮好粥汤,替你消除昨夜的积食吗？叫那些赤裸裸地生存在上天的暴怒之中、无遮无掩地受着风吹雨打霜雪侵凌的草木向你献媚吧;啊！你就会知道——

泰门 你是一个傻子。快去。

艾帕曼特斯 我从来不曾像现在这样喜欢过你。

泰门 我从来不曾像现在这样讨厌过你。

艾帕曼特斯 为什么?

泰门 因为你向贫困献媚。

艾帕曼特斯 我没有献媚,我说你是一个下流的恶汉。

泰门 为什么你要来找我?

艾帕曼特斯 因为我要惹你恼怒。

泰门 这是一个恶徒或者愚人的工作。你以为惹人家恼怒对于你自己是一件乐事吗?

艾帕曼特斯 是的。

泰门 怎么！你又是一个无赖吗?

艾帕曼特斯 要是你披上这身寒酸的衣服,目的只是要惩罚你自己的骄傲,那么很好;可是你是出于勉强的,倘然你不再是一个乞丐,你就会再去做一个廷臣。自愿的贫困胜如不定的浮华;穷奢极欲的人要是贪得无厌,比最贫困而知足的人更要不幸得多了。你既然这样困苦,应该但求速死。

泰门 我不会听了一个比我更倒霉的人的话而去寻死。你是一个奴隶,命运的温柔的手臂从来不曾拥抱过你。要是你从呱呱坠地的时候就跟我们一样,可以随心所欲地享受这浮世的欢娱,你一定已经沉溺在无边的放荡里,把你的青春消磨在左拥

财富,只有当它为人类的幸福服务时才能被称作财富。

叔本华说:"金钱,是人类抽象的幸福。所以,一心扑在钱眼中的人,不可能会有具体的幸福。"

唤醒尘世间的上帝

右抱之中，除了一味追求眼前的淫乐以外，再也不会知道那些冷冰冰的人伦道德。可是我，整个的世界曾经是我的糖果的作坊；人们的嘴、舌头、眼睛和心都争先恐后地等候着我的使唤，虽然我没有这许多工作可以给他们做；无数的人像叶子依附橡树一般依附着我，可是经不起冬风的一吹，他们便落下枝头，剩下我赤裸裸的枯干，去忍受风雨的摧残；像我这样享福过来的人，一旦挨受这种逆运，那才是一件难堪的重荷；你却是从开始时候就尝到人世的痛苦的，经验已经把你磨炼得十分坚强了。你为什么厌恶人类呢？他们从来没有向你献过媚；你曾经有些什么东西给人家呢？倘然你要咒骂，你就得咒骂你的父亲，那个穷酸的叫花子，他因为一时起兴，和一个女乞婆养下了你这世袭的穷光蛋来。滚开！快去！倘然你不是生下来就是世间最下贱的人，你就是个奸佞的小人。

艾帕曼特斯　你现在还是这样骄傲吗？

泰门　是的，因为我不是你而骄傲。

艾帕受特斯　我也因为不是一个浪子而骄傲。

泰门　我因为现在是个浪子而骄傲。要是我所有的一切钱财都在你的手掌之中，我也不向你要。快去！但愿全体雅典人的生命都在这块根里，我要像这样把它一口吞下！（食树根）

艾帕曼特斯　你要我带些什么去给雅典人？

泰门　但愿一阵旋风把你卷到雅典去。要是你愿意，你可以告诉他们我这儿有金子；瞧，我有金子。

艾帕曼特斯　你在这儿用不着金子。

泰门　金子在这儿才是最好最真的，因为它安安静

泰门有钱时慷慨大方，与人共享，是钱财的主人而非奴隶。

《世说新语》记载，西晋的王衍"品行高尚"，口不谈"钱"，其妻欲探虚实，趁王衍熟睡时，让仆人绕着王衍的床铺上一大圈钱。王衍次日醒来看到床边的钱妨碍他行动，便叫来仆人说"举却阿堵物"，即拿开这些东西。于是"阿堵物"便成为"金钱"的代称之一。

静地躺在这儿，不被人利用去为非作歹。

艾帕曼特斯 晚上在什么地方睡觉，泰门？

泰门 在太虚的覆罩之下。你白天在什么地方吃东西，艾帕曼特斯？

艾帕曼特斯 在我的肚子找到肉食的地方；或者说，在我吃东西的地方。

泰门 我希望酖毒服从我的意志！

艾帕曼特斯 你要把它送到什么地方去？

泰门 撒在你的食物里。

艾帕曼特斯 你只知道人生中的两个极端，不曾度过中庸的生活。当你锦衣美服、麝香熏身的时候，他们讥笑你的繁文缛礼；现在你不衫不履，敝首垢面，他们又蔑视你的落拓疏狂。

泰门 艾帕曼特斯，要是全世界俯伏在你的脚下，你预备把它怎样处置？

艾帕曼特斯 把它送给野兽，吃尽了所有的人类。

泰门 你愿意置身于人类的混乱之中，而与众兽为伍，做一头畜生吗？

艾帕曼特斯 是的，泰门。

泰门 愿天神保佑你达到这一个畜生的愿望。要是你做了狮子，狐狸会来欺骗你；要是你做了羔羊，狐狸会来吃了你；要是你做了狐狸，万一驴子把你告发，狮子会对你起疑心；要是你做了驴子，你的愚蠢将使你受苦，而且你也不免做豺狼的一顿早餐；要是你做了狼，你的贪馋将使你烦恼，而且常常要为着求食而冒生命的危险；要是你做了犀牛，你的骄傲和凶暴将使你受罪，让你自己被你的盛怒所克服；要是你做了熊，你要死在马蹄的践踏之

程颐说："不偏之谓中，不易之谓庸。"中者，天下之正道。庸者，天下之定理。

"中庸"含义之一：中正平和、不走极端，防止过犹不及。

孟子说："人之异于禽兽者几希。庶民去之，君子存之。"

恩格斯说："人来源于动物界这一事实已经决定人永远不能摆脱兽性，所以问题永远只能在于摆脱得多些或少些，在于兽性或人性的程度上的差异。"强调人性、社会性与动物性的对抗。

唤醒尘世间的上帝

下;要是你做了马,你要被豹子所攫噬;要是你做了豹,你是狮子的近亲,你身上的斑纹将使你送命。你没有安全,没有保障。你要做一头什么野兽,才可以不受别的野兽的侵害呢? 你不知道你现在已经是一头什么野兽,你在变形以后将要遭到怎样的不幸。

艾帕曼特斯 你这番话讲得倒很有理;雅典已经变成一个众兽群居的林薮了。

泰门 那么驴子是怎样冲破了城墙,让你溜到城外来的?

艾帕曼特斯 那里有一个诗人和一个画师来了;愿来来往往的人们把你缠扰得不得安宁! 我可要敬谢不敏,抽身远避了。当我不知道还有什么事情可做的时候,我会再来瞧你的。

泰门 当世间除了你之外死得什么都不剩的时候,我会欢迎你的。我宁愿做乞丐手里牵着的狗,也不愿做艾帕曼特斯。

艾帕曼特斯 你是世上天字第一号的大傻瓜。

泰门 我希望你再干净点儿,可以让我把唾涎吐在你身上!

艾帕曼特斯 愿你遭瘟! 你太坏了,我简直不屑咒你!

泰门 所有的恶人站在你身边,相形之下也会变成正人君子。

艾帕曼特斯 你一说话,嘴里也会掉下癞病来。

泰门 要是我再提起你的名字的话。倘不是怕污了我的手,我早就打你了。去,你这癞狗生的杂种! 世上会有你这样的人活着,把我气也气死了;我一

雅典本来是古希腊的人文圣地,但中世纪黑暗的权欲以及日益成为社会主宰的金钱,使得雅典繁华落尽,成为一个美梦破碎的乌托邦。

见了你就要气昏了脑袋。

艾帕曼特斯　我希望你会气破了肚子!

泰门　去,你这讨厌的混蛋!算我倒霉,还要赔一块石子来扔你。(向艾帕曼特斯掷石)

艾帕曼特斯　畜生!

泰门　奴才!

艾帕曼特斯　蛤蟆!

泰门　混蛋,混蛋,混蛋!我讨厌这个虚伪的世界和这个世界上所有的一切。所以,泰门,赶快预备你的坟墓吧;安息在海水的泡沫可以每天打击你的墓碣的地方;刻下你的墓志铭,让你的一死讥刺着世人的偷生苟活。(视金)啊,你可爱的凶手,帝王逃不过你的掌握,亲生的父子会被你离间!你灿烂的奸夫,淫污了纯洁的婚床!你勇敢的战神!你永远年轻韶秀、永远被人爱恋的娇美的情郎,你的羞颜可以融化了狄安娜女神膝上的冰雪!你有形的神明,你会使冰炭化为胶漆,仇敌互相亲吻!你会说任何的方言,使每一个人唯命是从!你动人心坎的宝物啊!你的奴隶,那些人类,要造反了,快快运用你的法力,让他们互相砍杀,留下这个世界来给兽类统治吧。

(选自《雅典的泰门》)

鲁褒《钱神论》中有段话堪与此段媲美:

"钱能转祸为福,因败为成,危者得安,死者得生。性命长短,相禄贵贱,皆在乎钱,天何与焉?天有所短,钱有所长。四时行焉,百物生焉,钱不如天;达穷开塞,振贫济乏,天不如钱。"认为钱的神通有时不亚于上天。

206

3. 整个大海的海水也洗不净我手上的鲜血

第一幕 第五场 殷佛纳斯。麦克白的城堡

麦克白夫人上,读信。

麦克白夫人 "她们在我胜利的那天遇到我;我根据最可靠的说法,知道她们是具有超越凡俗的知识的。当我燃烧着热烈的欲望,想要向她们详细询问的时候,她们已经化为一阵风不见了。我正在惊奇不置,王上的使者就来了,他们都称我为'考特爵士';那一个尊号正是这些神巫用来称呼我的,而且她们还对我作这样的预示,说是'祝福,未来的君王'!我想我应该把这样的消息告诉你,我的最亲爱的有福同享的伴侣,好让你不至于因为对于你所将要得到的富贵一无所知,而失去你所应该享有的欢欣。把它放在你的心头,再会。"你本是葛莱密斯爵士,现在又做了考特爵士,将来还会达到那预言所告诉你的那样高位。可是我却为你的天性忧虑:它充满了太多的人情的乳臭,使你不敢采取最近的捷径;你希望做一个伟大的人物,你不是没有野心,可是你却缺少和那种野心相连属的奸恶;你的欲望很大,但又希望只用正当的手

> 高贵、勇敢的皇亲国戚麦克白本来追求的是荣誉和尊严,但在三个女巫的"预言"之下,内心的欲望之火被点燃,开始以暴力、非法手段谋求至高无上的王权。

> 法国的尚福尔说:"比起伟大的灵魂,野心更容易侵扰卑琐的灵魂,就像比起宫殿,火更容易在草房点燃一样!"

段;一方面不愿玩弄机诈,一方面却又要作非分的<u>攫夺;伟大的爵士,你想要的那东西正在喊:"你要到手,就得这样干!"你也不是不肯这样干,而是怕干。赶快回来吧,让我把我的精神力量倾注在你的耳中;命运和玄奇的力量分明已经准备把黄金的宝冠罩在你的头上,让我用舌尖的勇气,把那阻止你得到那顶王冠的一切障碍驱扫一空吧。</u>

一使者上。

麦克白夫人 你带了些什么消息来?

使者 王上今晚要到这儿来。

麦克白夫人 你在说疯话吗?主人是不是跟王上在一起?要是果真有这一回事,他一定会早就通知我们准备的。

使者 禀夫人,这话是真的。我们的爵爷快要来了;我的一个伙伴比他早到了一步,他跑得气都喘不过来,好容易告诉了我这个消息。

麦克白夫人 好好看顾他;他带来了重大的消息。(使者下)报告邓肯走进我这堡门来送死的乌鸦,它的叫声是嘶哑的。<u>来,注视着人类恶念的魔鬼们!解除我的女性的柔弱,用最凶恶的残忍自顶至踵贯注在我的全身;凝结我的血液,不要让怜悯钻进我的心头,不要让天性中的恻隐摇动我的狠毒的决意!来,你们这些杀人的助手,你们无形的躯体散满在空间,到处找寻为非作恶的机会,进入我的妇人的胸中,把我的乳水当作胆汁吧!来,阴沉的黑夜,用最昏暗的地狱中的浓烟罩住你自己,让我的锐利的刀瞧不见它自己切开的伤口,让青天不能从黑暗的重衾里探出头来,高喊"住手,</u>

住手!"

　　麦克白上。

麦克白夫人　伟大的葛莱密斯!尊贵的考特!比这二者更伟大、更尊贵的未来的统治者!你的信使我飞越蒙昧的现在,我已经感觉到未来的搏动了。

麦克白　我的最亲爱的亲人,邓肯今晚要到这儿来。

麦克白夫人　什么时候回去呢?

麦克白　他预备明天回去。

麦克白夫人　啊!太阳永远不会见到那样一个明天。您的脸,我的爵爷,正像一本书,人们可以从那上面读到奇怪的事情。您要欺骗世人,必须装出和世人同样的神气;让您的眼睛里、您的手上、您的舌尖,随处流露着欢迎;让人家瞧您像一朵纯洁的花朵,可是在花瓣底下却有一条毒蛇潜伏。我们必须准备款待这位将要来到的贵宾;您可以把今晚的大事交给我去办;凭此一举,我们今后就可以日日夜夜永远掌握君临万民的无上权威。

麦克白　我们还要商量商量。

麦克白夫人　泰然自若地抬起您的头来;脸上变色最易引起猜疑。其他一切都包在我身上。(同下)

第七场　同前。堡中一室

　　高音笛奏乐;室中遍燃火炬。一司膳及若干仆人持肴馔食具上,自台前经过。麦克白上。

麦克白　要是干了以后就完了,那么还是快一点干;要是凭着暗杀的手段,可以攫取美满的结果,又可以排除了一切后患;要是这一刀砍下去,就可以完

"周公恐惧流言日,王莽谦恭未篡时。向使当时身便死,一生真伪复谁知。"

王莽也好,麦克白也罢,篡权未成功时其伪装都要骗过世人。

王权、皇权是不少人梦寐以求的,不惜以命相搏。罗素《权力论》中说:"既然有权力的人所能实现的欲望多于没有权力的人,既然权力能获得别人的尊敬,那么,一个人除非怯懦性的限制,自然希望有权力了。"

基督教有"末日审判"一说。世界末日时,基督将会降临,审判世间人类的善恶,并决定他们是去天堂或是地狱。

罗素在《权力论》中说:"在人的各种无限欲望中,主要的是权力欲与荣誉欲。两者虽有密切关系,但并不等同:英国首相的权力多于荣誉,而英王的荣誉则多于权力。但是,获得权力往往是获得荣誉的最便捷的途径。"

唤醒尘世间的上帝

成一切、终结一切、解决一切——在这人世上,仅仅在这人世上,在时间这大海的浅滩上;那么来生我也就顾不到了。可是在这种事情上,我们往往逃不过现世的裁判;我们树立下血的榜样,教会别人杀人,结果反而自己被人所杀;把毒药投入酒杯里的人,结果也会自己饮鸩而死,这就是一丝不爽的报应。他到这儿来本有两重的信任:第一,我是他的亲戚,又是他的臣子,按照名分绝对不能干这样的事;第二,我是他的主人,应当保障他身体的安全,怎么可以自己持刀行刺? 而且,这个邓肯秉性仁慈,处理国政,从来没有过失,要是把他杀死了,他的生前的美德,将要像天使一般发出喇叭一样清澈的声音,向世人昭告我的弑君重罪;"怜悯"像一个赤身裸体在狂风中飘游的婴儿,又像一个御气而行的天婴,将要把这可憎的行为揭露在每一个人的眼中,使眼泪淹没叹息。没有一种力量可以鞭策我实现自己的意图,可是我的跃跃欲试的野心,却不顾一切地驱着我去冒颠蹶的危险。

麦克白夫人上。

麦克白 啊! 什么消息?

麦克白夫人 他快要吃好了;你为什么从大厅里跑了出来?

麦克白 他有没有问起我?

麦克白夫人 你不知道他问起过你吗?

麦克白 我们还是不要进行这一件事情吧。他最近给我极大的尊荣;我也好容易从各种人的嘴里博到了无上的美誉,我的名声现在正在发射最灿烂的光彩,不能这么快就把它丢弃了。

麦克白夫人 难道你把自己沉浸在里面的那种希望,只是醉后的妄想吗?它现在从一场睡梦中醒来,因为追悔自己的孟浪,而吓得脸色这样苍白吗?从这一刻起,我要把你的爱情看作同样靠不住的东西。你不敢让你在行为和勇气上跟你的欲望一致吗?你宁愿像一只畏首畏尾的猫儿,顾全你所认为的生命的装饰品的名誉,不惜让你在自己眼中成为一个懦夫,让"我不敢"永远跟随在"我想要"的后面吗?

麦克白 请你不要说了。<u>只要是男子汉做的事,我都敢做</u>;没有人比我有更大的胆量。

麦克白夫人 那么当初是什么畜生使你把这一种企图告诉我的呢?<u>是男子汉就应当敢作敢为;要是你敢做一个比你更伟大的人物,那才更是一个男子汉。那时候,无论时间和地点都不曾给你下手的方便,可是你却居然决意要实现你的愿望;现在你有了大好的机会,你又失去勇气了。我曾经哺乳过婴孩,知道一个母亲是怎样怜爱那吮吸她乳汁的子女;可是我会在他看着我的脸微笑的时候,从他的柔软的嫩嘴里摘下我的乳头,把他的脑袋砸碎,要是我也像你一样,曾经发誓下这样毒手的话。</u>

麦克白 假如我们失败了——

麦克白夫人 我们失败!只要你集中你的全副勇气,我们决不会失败。邓肯赶了这一天辛苦的路程,一定睡得很熟;我再去陪他那两个侍卫饮酒作乐,灌得他们头脑昏沉、记忆化成一阵烟雾;等他们烂醉如泥、像死猪一样睡去以后,我们不就可以

你要么享有权力,要么享有乐趣。两者不能兼而有之。

勇气是男性突出的美德。古希腊文化中 andreia 一词,既指"勇气",又可以表示"男子汉"。而要做个真正的男人,除了要把握命运和机遇,甚至还要"挑战命运"。

211

把那毫无防卫的邓肯随意摆布了吗？我们不是可以把这一件重大的谋杀罪案,推在他的酒醉的侍卫身上吗?

麦克白　愿你所生育的全是男孩子,因为你的无畏的精神,只应该铸造一些刚强的男性。要是我们在那睡在他寝室里的两个人身上涂抹一些血迹,而且就用他们的刀子,人家会不会相信真是他们干下的事?

麦克白夫人　等他的死讯传出以后,我们就假意装出号啕痛哭的样子,这样还有谁敢不相信?

麦克白　我的决心已定,我要用全身的力量,去干这件惊人的举动。去,用最美妙的外表把人们的耳目欺骗;奸诈的心必须罩上虚伪的笑脸。(同下)

第五幕　第七场　同前。
平原上的另一部分

号角声。麦克白上。

麦克白　他们已经缚住我的手脚;我不能逃走,可是我必须像熊一样挣扎到底。哪一个人不是妇人生下的? 除了这样一个人以外,我还怕什么人。

小西华德上。

小西华德　你叫什么名字?

麦克白　我的名字说出来会吓坏你。

小西华德　即使你给自己取了一个比地狱里的魔鬼更炽热的名字,也吓不倒我。

麦克白　我就叫麦克白。

小西华德　魔鬼自己也不能向我的耳中说出一个更

勇气是行动的美德,是反应的美德,其目的是征服。勇气是对自我限制的超越。麦克白佩服妻子之处正在于此:她不会因为这些限制而止步不前。

有人认为,麦克白的悲剧就在于他把人类美德当作勇气,把勇气等同于男性气质。他因为行为失当而受到公正的惩罚,其根源却在于他对勇气的始终坚守。

唤醒尘世间的上帝

可憎恨的名字。

麦克白 他也不能说出一个更可怕的名字。

小西华德 胡说,你这可恶的暴君;我要用我的剑证明你是说谎。(二人交战,小西华德被杀)

麦克白 你是妇人所生的;我瞧不起一切妇人之子手里的刀剑。(下)

　　号角声。麦克德夫上。

麦克德夫 那喧声是在那边。暴君,露出你的脸来;要是你已经被人杀死,等不及我来取你的性命,那么我的妻子儿女的阴魂一定不会放过我。我不能杀害那些被你雇佣的倒霉的士卒;我的剑倘不能刺中你,麦克白,我宁愿让它闲置不用,保全它的锋刃,把它重新插回鞘里。你应该在那边;这一阵高声的呐喊,好像是宣布什么重要的人物上阵似的。命运,让我找到他吧!我没有此外的奢求了。(下。号角声)

　　马尔康及老西华德上。

西华德 这儿来,殿下;那城堡已经拱手纳降。暴君的人民有的帮这一面,有的帮那一面;英勇的爵士们一个个出力奋战;您已经胜算在握,大势就可以决定了。

马尔康 我们也碰见了敌人,他们只是虚晃几枪罢了。

西华德 殿下,请进堡里去吧。(同下。号角声)

　　麦克白重上。

麦克白 我为什么要学那些罗马人的傻样子,死在我自己的剑上呢?我的剑是应该为杀敌而用的。

　　麦克德夫重上。

正如塔西佗所说,权力会奴化一切。用罪恶手段取得的权力不会用于正当的目的。为了维护统治,避免权力旁落,麦克白大开杀戒,所以也成了暴君,并遭受众人的反叛而最终走向末路。

麦克德夫 转过来,地狱里的恶狗,转过来!

麦克白 我在一切人中间,最不愿意看见你。可是你回去吧,我的灵魂里沾着你一家人的血,已经太多了。

麦克德夫 我没有话说;我的话都在我的剑上,你这没有一个名字可以形容你的狠毒的恶贼!(二人交战)

麦克白 你不过白费了气力;你要使我流血,正像用你锐利的剑锋在空气上划一道痕迹一样困难。让你的刀刃降落在别人的头上吧;我的生命是有魔法保护的,没有一个妇人所生的人可以把它伤害。

麦克德夫 不要再信任你的魔法了吧;让你所信奉的神告诉你,麦克德夫是没有足月就从他母亲的腹中剖出来的。

麦克白 愿那告诉我这样的话的舌头永受诅咒,因为它使我失去了男子汉的勇气!愿这些欺人的魔鬼再也不要被人相信,他们用模棱两可的话愚弄我们,听来好像大有希望,结果却完全和我们原来的期望相反。我不愿跟你交战。

麦克德夫 那么投降吧,懦夫,我们可以饶你不死,可是要叫你在众人的面前出丑:我们要把你的像画在篷帐外面,底下写着:"请来看暴君的原形。"

麦克白 我不愿投降,我不愿低头吻那马尔康小子足下的泥土,被那些下贱的民众任意唾骂。虽然勃南森林已经到了邓西嫩,虽然今天和你狭路相逢,你偏偏不是妇人所生下的,可是我还要擎起我的雄壮的盾牌,尽我最后的力量。来,麦克德夫,谁先喊"住手,够了"的,让他永远在地狱里沉沦。

所谓勇气只不过是一种心理暗示,如《曹刿论战》中所说:"一鼓作气,再而衰,三而竭。"所以弗兰西斯·培根也在《论勇敢》中说:"勇敢是愚昧无知和卑鄙下流的产儿,远比不上人的其他品质。"勇敢在很多情况下会受到心理的左右和蛊惑。

唤醒尘世间的上帝

214

（二人且战且下）

　　吹退军号。喇叭奏花腔。旗鼓前导，马尔康、老西华德、洛斯、众爵士及兵士等重上。

马尔康　我希望我们不见的朋友都能够安然到来。

西华德　总有人免不了牺牲；可是照我看见的眼前这些人说起来，我们这次重大的胜利所付的代价是很小的。

马尔康　麦克德夫跟您的英勇的儿子都失踪了。

洛斯　老将军，令郎已经尽了一个军人的责任；他刚刚活到成人的年龄，就用他的勇往直前的战斗精神证明了他的勇力，像一个男子汉似的死了。

西华德　那么他已经死了吗？

洛斯　是的，他的尸体已经从战场上搬走。他的死是一桩无价的损失，您必须勉抑哀思才好。

西华德　他的伤口是在前面吗？

洛斯　是的，在他的额部。

西华德　那么愿他成为上帝的兵士！要是我有像头发一样多的儿子，我也不希望他们得到一个更光荣的结局；这就作为他的丧钟吧。

马尔康　他是值得我们更深的悲悼的，我将向他致献我的哀思。

西华德　他已经得到他最大的酬报；他们说，他死得很英勇，他的责任已尽；愿上帝与他同在！又有好消息来了。

　　麦克德夫携麦克白首级重上。

麦克德夫　祝福，吾王陛下！你就是国王了。<u>瞧，篡贼的万恶的头颅已经取来；无道的虐政从此推翻了</u>。我看见全国的英俊拥绕在你的周围，他们心

自古以来，那些由篡权而登基者被称为"僭主"。色诺芬《论僭政》中说他们更没有自由，不能随心所欲，容易招致仇恨，遭到杀害，难分敌友，可信任的人几乎没有。

里都在发出跟我同样的敬礼；现在我要请他们陪着我高呼：祝福，苏格兰的国王！

众人 祝福，苏格兰的国王！（喇叭奏花腔）

马尔康 多承各位拥戴，论功行赏，在此一朝。各位爵士国戚，从现在起，你们都得到了伯爵的封号，在苏格兰你们是最初享有这样封号的人。在这去旧布新的时候，我们还有许多事情要做；那些因为逃避暴君的罗网而出亡国外的朋友们，我们必须召唤他们回来；这个屠夫虽然已经死了，他的魔鬼一样的王后，据说也已经亲手杀害了自己的生命，可是帮助他们杀人行凶的党羽，我们必须一一搜捕，处以极刑；此外一切必要的工作，我们都要按照上帝的旨意，分别先后，逐步处理。现在我要感谢各位的相助，还要请你们陪我到斯贡去，参与加冕大典。（喇叭奏花腔。众下）

（选自《麦克白》）

黑格尔则说他们为了得到他人的承认，就要去控制别人，把别人当作囚徒。

马基雅弗利认为，有的僭主如足够聪慧的话可以免遭仇恨。中国历史上的王莽、杨广是不成功的，而李世民和"黄袍加身"的赵匡胤则是比较聪慧的了。

唤醒尘世间的上帝

4. 他要是不倒，我们的权力也要动摇

《科利奥兰纳斯》取材于古罗马城邦时期，科利奥兰纳斯是古希腊英雄赫克托耳的后裔，勇猛善战，功劳卓著。

当一个人实现了自己的价值，取得了荣誉与地位后，似乎能够与那些高不可攀的天神相提并论，具有了神性的特点。

第二幕　第一场　罗马。广场

勃鲁托斯　所有的舌头都在讲他，眼光昏花的老头子也都戴了眼镜出来瞧他；饶舌的乳媪因为讲他讲得出了神，让她的孩子在一旁啼哭；灶下的丫头也把她最好的麻巾裹在她那油腻的颈上，爬上墙头去望他；马棚里、阳台上、窗眼里，全都挤满了，水沟里、田塍上，也都站满着各色各样的人，大家争先恐后地想看一看他的脸；难得露脸的祭司也在人丛里挤来挤去，跟人家占夺一个地位；蒙着面罩的太太奶奶们也让她们用心装扮过的面庞去接受阳光的热吻，吻得一块红、一块白的；真是热闹极了，简直像把他当作了一尊天神的化身似的。

西西涅斯　我说，他这次一定有做执政的希望。

勃鲁托斯　那么当他握权的时候，我们只好无所事事了。

西西涅斯　他初握政权，地位还不能巩固，可是他将要失去他已得的光荣。

勃鲁托斯　那就好了。

西西涅斯　你放心吧，我们所代表的平民，本来对他

勃鲁托斯与西西涅斯虽然是"护民官"，但从他们的话语中不难看出，他们并不真正关心民众的利益，而对即将执政的科利奥兰纳斯百般阻挠，原因则是担心他会妨碍自己的权力和地位。

抱着恶感，只要为了些微细故，就会忘记他新得的光荣，凭着他这副骄傲的脾气，我相信他一定会干出一些不慊人意的事来。

勃鲁托斯 我听见他发誓说，要是他被推为执政，他绝不到市场上去，也不愿穿上表示谦卑的粗衣；他也不愿按照习惯，把他的伤痕袒露给人民看，从他们恶臭的嘴里求得同意。

西西涅斯 正是这样。

勃鲁托斯 他是这样说的。啊！他宁愿放弃执政的地位，也不愿俯从绅士贵族们的请求去干这样的事。

西西涅斯 我但愿他坚持着这样的意思，把它见之实施。

勃鲁托斯 他大概会这么干的。

西西涅斯 要是真的这样，那么正像我们所希望的，他的崩溃一定无可避免了。

勃鲁托斯 他要是不倒，我们的权力也要动摇。为了促成他的没落，我们必须让人民知道他一向对于他们怀着怎样的敌意；要是他掌握了大权，他一定要把他们当作骡马一样看待，压制他们的申诉，剥夺他们的自由；认为他们的行动和能力是不适宜于处理世间的事务的，正像战争的时候用不着骆驼一样；豢养他们的目的，只是要他们担负重荷，要是他们在重负之下压得爬不起来，一顿痛打便是给他们的赏赐。

西西涅斯 只要给他一点刺激，他的傲慢不逊的脾气，一定会向人民发泄出来，正像嗾使一群狗去咬绵羊一样容易；那时候你这一番话就等于点在干

屈原说："众女嫉余之蛾眉兮，谣诼谓余以善淫。"大意即，众女子嫉妒我之眉毛，造谣说我品行不端。当时身居高位、深受怀王信任的屈原被周围的靳尚、子兰、郑袖所诋毁、排挤。

唤醒尘世间的上帝

218

柴上的一把烈火，那火焰可以使他的声名从此化
为灰烬。

第三幕　第三场　同前。大市场

西西涅斯及勃鲁托斯上。

勃鲁托斯　我们说他企图独裁专政，用这一点作为
他的最大的罪名；要是他在这一点上能够饰辞自
辩，我们就说他敌视人民，并且说他把从安息人那
里得到的战利品都中饱了自己的私囊。

一警吏上。

勃鲁托斯　啊，他来不来？

警吏　他就来了。

勃鲁托斯　什么人陪着他？

警吏　年老的米尼涅斯和那些一向袒护他的元老。

西西涅斯　你有没有把我们得到的票数记录下来？

警吏　我已经记下了。

西西涅斯　你有没有按着部族征询他们的意见？

警吏　我已经分别征询过了。

西西涅斯　快把民众立刻召集到这儿来；当他们听
见我说"凭着民众的权利和力量，必须如此如此"
的时候，不论是死刑、罚款或是放逐，我要是说"罚
款"，就让他们跟着我喊"罚款"；我要是说"死刑"，
就让他们跟着我喊"死刑"。

警吏　我一定这样吩咐他们。

西西涅斯　当他们开始呼喊的时候，叫他们不停地
喊下去，大家乱哄哄地高声鼓噪，要求把我们的判
决立刻实行。

"护民官"是罗马
民主政治中翻云覆雨
的好手，老奸巨猾，看
出了科利奥兰纳斯的
最大弱点就是傲慢，而
且容易动怒，于是打算
攻其一点不及其余，置
之于死地。

警吏　很好。

西西涅斯　叫他们留心我们的说话行事，不要退缩让步。

勃鲁托斯　去干你的事吧。（警吏下）一下子就激动他的怒气。他一向惯于征服别人，爱闹别扭；一受了拂逆，就不能控制自己的性子，那时候他心里想到什么便要说出口来，我们就可以看准他这个弱点致他死命。

西西涅斯　好，他来了。

　　科利奥兰纳斯、米尼涅斯、考密涅斯及元老贵族等上。

米尼涅斯　请您温和点儿。

科利奥兰纳斯　好，就像一个马夫似的，为了一点点的赏钱，愿意替无论哪个恶徒奔走。但愿尊荣的天神们护佑罗马的安全，让贤德的君子做我们的执法者！播散爱的种子在我们的中间，使我们宏大的神庙里充满和平的气象，不要使我们的街道为战争所扰乱！

元老甲　阿门，阿门。

米尼涅斯　好一个高尚的愿望！

　　警吏率市民等重上。

西西涅斯　过来，民众。

警吏　听你们的护民官说话；肃静！

科利奥兰纳斯　先听我说几句话。

西西涅斯
勃鲁托斯　好，说吧。喂，静下来！

科利奥兰纳斯　你们就在此刻宣布我的罪状吗？一切必须在这儿决定吗？

西西涅斯　我要请你答复,你是不是愿意服从人民的公意,承认他们的官吏的权力,当你的罪案成立以后,甘心接受合法的制裁?

科利奥兰纳斯　我愿意。

米尼涅斯　听着!各位市民,他说他愿意。想一想,他立过多少战功;想一想他身上的伤痕,就像墓地上的坟茔一样多。

科利奥兰纳斯　那些不过是荆棘抓破的伤痕,这点点的创痏,也不过供人一笑罢了。

米尼涅斯　再想一想,他说的话虽然不合一个市民的身份,可是却不失为军人的谈吐;不要把他粗暴的口气认为恶意的言辞,那正是他的军人本色,不是对你们的敌视。

考密涅斯　好,好,别说了。

科利奥兰纳斯　为了什么原因,我已经得到全体同意当选执政以后,你们又立刻撤销原议,给我这样的羞辱?

西西涅斯　回答我们。

科利奥兰纳斯　好,说吧;我是应该回答你们的。

西西涅斯　你企图推翻一切罗马相传已久的政制,造成个人专权独裁的地位,所以我们宣布你是人民的叛徒。

科利奥兰纳斯　怎么!叛徒!

米尼涅斯　不,温和点儿,你答应过的。

科利奥兰纳斯　地狱底层的烈火把这些人民吞了去!说我是他们的叛徒!你这害人的护民官!在你的眼睛里藏着二万个死亡,在你的两手中握着二千万种杀人的毒计,在你说谎的舌头上含着无

"欲加之罪,何患无辞。"

敌手总能找出理由来攻击对方。最美貌的可以被污为淫贱,最民主的可以被污为独裁,最忠诚的可以被污为叛乱。

所谓大丈夫者,泰山崩于前而色不变,无故加之而不怒。

放逐,即将有罪之人流放到偏远的地方。古已有之。《汉书》记载:"昔尧舜放逐骨肉,周公杀管蔡,天下称圣,不以私害公。"伟大的爱国诗人屈原亦被放逐,投汨罗江而死。此处两个"护民官"煽动百姓,放逐科利奥兰纳斯却正是"以私害公"。

数杀人的阴谋,我要用向神明祈祷一样坦白的声音,向你说:"你说谎!"

西西涅斯　民众,你们听见他的话吗?

众市民　把他送到山岩上去!把他送到山岩上去!

西西涅斯　静!我们不必再把新的罪名加在他的身上;你们亲眼看见他所做的事,亲耳听见他所说的话:殴打你们的官吏,辱骂你们自己,用暴力抗拒法律,现在他又公然藐视那些凭着他们的权力审判他的人,像这样罪大恶极的行为,已经应处最严重的死刑了。

勃鲁托斯　可是他既然为罗马立过功劳——

科利奥兰纳斯　你们还要讲什么功劳?

勃鲁托斯　我提起这一点,因为我知道你的功劳。

科利奥兰纳斯　你!

米尼涅斯　你怎样答应你的母亲的?

考密涅斯　你要知道——

科利奥兰纳斯　我不要知道什么。让他们宣判把我投身在高峻的大帕岩下,放逐,鞭打,每天给我吃一粒谷监禁起来,我也不愿用一句好话的代价购买他们的慈悲,更不愿为了乞讨他们的布施而抑制我的雄心,向他们道一声早安。

西西涅斯　因为他不但在思想上,而且在行动上不断敌对人民,企图剥夺他们的权利,到现在他居然擅敢在尊严的法律和执法的官吏之前,行使暴力反抗的手段,所以我们用人民的名义,秉着我们护民官的职权,宣布从即时起,把他放逐出我们的城市,要是以后他再进入罗马境内,就要把他投身在大帕岩下。用人民的名义,我说,这判决必须实行。

众市民 　这判决必须实行——这判决必须实行——把他赶出去！——把他放逐出境！

考密涅斯 　听我说，各位人民大众——

西西涅斯 　他已经受到判决；没有什么说的了。

考密涅斯 　让我说句话。我自己也曾当过执政；我可以向罗马公开展示她的敌人加在我身上的伤痕；我重视祖国的利益，甚于自己的生命和我所珍爱的儿女；要是我说——

西西涅斯 　我们知道你的意思，说什么？

勃鲁托斯 　不必多说，他已经被当作人民和祖国的敌人而放逐了；这判决必须实行。

众市民 　这判决必须实行——这判决必须实行。

科利奥兰纳斯 　你们这些狂吠的贱狗！我痛恨你们的气息，就像痛恨恶臭的沼泽的臭味一样；我轻视你们的好感，就像厌恶腐烂的露骨的尸骸一样。我驱逐了你们；让你们和你们那游移无定的性格永远留在这里吧！让每一句轻微的谣言震动你们的心，你们敌人帽上羽毛的摇闪，就会把你们扇进绝望的深渊！永远保留着把你们的保卫者放逐出境的权力吧，直到最后让你们自己的愚昧觉得人家已经不费一刀一枪，使你们成为最微贱的俘虏！对于你们，对于这一个城市，我只有蔑视；我这样离开你们，这世界上什么地方没有我的安身之处。

（科利奥兰纳斯、考密涅斯、米尼涅斯、元老、贵族等同下）

警吏 　人民的仇敌已经去了，已经去了！

众市民 　我们的敌人已经被放逐了！——他去

中国成语有"狗猛酒酸"一说。意为：因狗凶猛致使酒酸无人买。比喻权臣当道，阻塞贤路。《韩非子》载："夫国亦有狗。有道之士怀其术而欲以明万乘之主，大臣为猛狗，迎而龁（咬）之，此人主之所以蔽胁，而有道之士所以不用也。"

相似的俗语还有："狗咬吕洞宾，不识好人心""虎落平阳被犬欺"等。

可见"护民官"如恶狗当道，众市民亦随之狂吠的形象。当然也可以看出科利奥兰纳斯的高傲以及对他们的蔑视之情。

223

了！——呵！呵！（众欢呼，掷帽）

西西涅斯　去,把他赶出城门,像他从前驱逐你们一样驱逐他,尽量发泄你们的愤怒,让他也难堪难堪。让一队卫士卫护我们通过全城。

众市民　来,来——让我们把他赶出城门！来！神明保佑我们尊贵的护民官！来！（同下）

（选自《科利奥兰纳斯》）

唤醒尘世间的上帝

5. 我的权力得自那至高无上的法官

第二幕 第一场 法国。安及尔斯城前

约翰王、艾莉诺、白兰绮、庶子、群臣及军队同上。

约翰王 愿和平归于法兰西，要是法兰西容许我们和平进入我们自己的城市；不然的话，流血吧，法兰西，让和平升上天空；<u>我们将要躬行天讨，惩罚这蔑视神意、拒斥和平的罪人</u>。

腓力普王 愿和平归于英格兰，要是你们愿意偃旗息鼓，退出法兰西的领土，在你们本国安享和平的幸福。我们是爱英国的；为了英国的缘故，我们才不辞劳苦而来，在甲胄的重压之下流汗。这本来是你的责任，不该由我们越俎代庖；可是你不但不爱英国，反而颠覆她的合法的君主，斩断绵绵相承的王统，睥睨幼弱的朝廷，奸污纯洁的王冠。瞧这儿你的兄长吉弗雷的脸吧：这一双眼睛，这两条眉毛，都是照他的模型塑成的；这一个小小的雏形，具备着随吉弗雷同时死去的种种特征，时间之手将会把他扩展成一个同样雄伟的巨人。那吉弗雷是你的长兄，这是他的儿子；英格兰的主权是应该

双方都自称是秉承"上天"的旨意而对敌方进行讨伐。由此可见当时宗教的威慑力。

所谓"替天行道"，就是假借世人所敬畏的天帝、神明来申明正当的道义，一可以威吓敌方，二可以师出有名，但往往是狐假虎威而已。

属于吉弗雷和他的后嗣的。凭着上帝的名义,他应该戴上这一顶被你篡窃的王冠,热血还在他的脑门中跳动,你有什么权力擅自称王?

约翰王　谁给你这样伟大的使命,法兰西,使我必须答复你的质问呢?

腓力普王　我的权力得自那至高无上的法官,那在权威者的心中激发正直的思想,使他鉴照一切枉法背义的行为的神明;这神明使我成为这孩子的保护人;因为遵奉他的旨意,所以我来纠责你的过失,凭借他的默助,我要给不义者以应得的惩罚。

约翰王　唉!你这是篡窃上天的威权了。

腓力普王　恕我,我的目的是要击倒篡窃的奸徒。

艾莉诺　法兰西,你骂哪一个人是篡窃的奸徒?

康斯丹丝　让我回答你吧:你那篡位的儿子。

艾莉诺　呸,骄悍的妇人!你那私生子做了国王,你就可以做起太后来,把天下一手操纵了。

康斯丹丝　我对你的儿子恪守贞节,正像你对你的丈夫一样;虽然你跟约翰在举止上十分相像,就像雨点和流水,魔鬼和他的母亲一般难分彼此,可是还不及我这孩子在容貌上和他父亲吉弗雷那样酷肖。我的孩子是个私生子!凭着我的灵魂起誓,我想他的父亲生下来的时候,也不会比他更光明正大;有了像你这样一位母亲,什么都是说不定的。

艾莉诺　好一位母亲,孩子,把你的父亲都污辱起来了。

康斯丹丝　好一位祖母,孩子,她要把你污辱哩。

利摩琪斯　静些!

庶子 听传令官说话。

利摩琪斯 你是个什么鬼东西？

庶子 我是个不怕你，还能剥下你的皮来的鬼东西。你正是俗话所说的那只兔子，它的胆量只好拉拉死狮子的胡须。要是我把你捉住了，我一定要敲你的皮。嘿，留点儿神吧，我是不会骗你的。

白兰琦 啊！他穿着从狮子身上剥下来的皮衣，那样子是多么威武！

庶子 看上去是很体面的，就像一头蒙着狮皮的驴子一样；可是，驴子，我要剥下您的狮皮，要不然就敲碎您的肩骨。

利摩琪斯 这是哪儿来的吹法螺的狂徒，用他满口荒唐的胡说震聋我们的耳朵？王兄，路易，赶快决定我们应该采取怎样的行动吧。

腓力普王 妇女们和无知的愚人们，不要多说。约翰王，我的唯一的目的，就是代表亚瑟，向你要求归还英格兰、爱尔兰、安佐、妥伦和缅因的各部分领土。你愿意放弃它们，放下你的武器吗？

约翰王 我宁愿放弃我的生命。接受我的挑战，法兰西。布列塔尼的亚瑟，赶快归降；凭着我对你的眷宠，我要给你极大的恩典，远过于怯懦的法兰西所能为你赢得的。投降吧，孩子。

艾莉诺 到你祖母的身边来，孩子。

康斯丹丝 去吧，孩子，到你祖母的身边去，孩子；把王国送给祖母，祖母会赏给你一颗梅子、一粒樱桃和一枚无花果。好一位祖母！

亚瑟 我的好妈妈，别说了吧！我但愿自己躺在坟墓里；我是不值得你们为我闹起这一场纠纷来的。

用动物的某些特性来形容人类是常用的写作技巧。如这里的"兔子"指懦弱者，"狮子"指勇士，而"驴子"一般指蠢笨的人。

"富贵不能淫，贫贱不能移，威武不能屈"，此之谓大丈夫。

此时的约翰王，看似勇敢无畏，极其看重尊严，其实他更看重成为既得利益的权势，怎会轻易放权？

妇人干政，中国成语有一特定称谓：牝鸡司晨。意即母鸡报晓。

艾莉诺　他的母亲丢尽了他的脸,可怜的孩子,他
　　　哭了。

康斯丹丝　别管他的母亲,你才丢脸呢!是他祖母
　　　给他的损害,不是他母亲给他的耻辱,从他可怜的
　　　眼睛里激起了那些感动上天的珠泪,上天将要接
　　　受这一份礼物,是的,这些晶莹的珠玉将要贿赂上
　　　天,为他主持公道,向你们报复他的仇恨。

艾莉诺　你这诽谤天地的恶妇!

康斯丹丝　你这荼毒神人的妖媪!不要骂我诽谤天
　　　地;你跟你的儿子篡夺了这被迫害的孩子的领土、
　　　王位和主权;这是你长子的嫡子,他有的是生来的
　　　富贵,都是因为你才遭逢这样的不幸。这可怜的
　　　孩子头上顶着你的罪恶,因为他和你的淫邪的血
　　　液相去只有二代,所以他必须担负你的不祥的
　　　戾气。

约翰王　疯妇,闭嘴!

康斯丹丝　我只有这一句话要说,他不但因为她的
　　　罪恶而受难,而且上帝已经使她的罪恶和她自己
　　　本身把灾难加在她这隔代的孙儿身上;他必须为
　　　她受难,又必须担负她的罪恶;一切的惩罚都降在
　　　这孩子的身上,全是因为她的缘故。愿她不得
　　　好死!

艾莉诺　你这狂妄的悍妇,我可以给你看一张遗嘱,
　　　上面载明取消亚瑟继承的权利。

康斯丹丝　嗯,那是谁也不能怀疑的。一张遗嘱!
　　　一张奸恶的遗嘱!一张妇人的遗嘱!一张坏心肠
　　　的祖母的遗嘱!

腓力普王　静下来,夫人!停止你的吵闹,安静点儿

吧;当着这么多人的面前,尽是这样反复嚷叫,未免有失体统。吹起喇叭来,叫安及尔斯城里的人们出来讲话;让我们听听他们怎么说,究竟他们承认谁是他们合法的君王,亚瑟还是约翰。

第四幕　第二场　同前。宫中大厅

约翰王戴王冠,彭勃洛克、萨立斯伯雷及群臣等上。王就座。

约翰王　我在这儿再度升上我的宝座,再度戴上我的王冠,我希望再度为欢悦的眼睛所瞻仰。

彭勃洛克　这"再度"两字,虽然为陛下所乐用,其实是多余的;您已经加过冕了,您的至高的威权从来不曾失坠,臣民拥戴的忠诚从来不曾动摇;四境之内,没有作乱的阴谋,也没有人渴望着新的变化和改革。

萨立斯伯雷　所以,炫耀着双重的豪华,在尊贵的爵号之上添加饰美的谀辞,把纯金镀上金箔,替纯洁的百合花涂抹粉彩,紫罗兰的花瓣上浇洒人工的香水,研磨光滑的冰块,或是替彩虹添上一道颜色,或是企图用微弱的烛火增加那灿烂的太阳的光辉,实在是浪费而可笑的多事。

彭勃洛克　倘不是陛下的旨意必须成就,这一种举动正像重讲一则古老的故事,因不合时宜,而在复述中显得絮烦可厌。

萨立斯伯雷　那为众人所熟识的旧日的仪式,已经在这次典礼中毁损了它纯真的面目;像扯着满帆的船遇到风势的转变一样,它迷惑了人们思想的

约翰王拒绝与大主教合作从而被宣布逐出教会,失去了占有王位的资格。后来妥协后,再次登基,并想要表明自己的皇权是正大光明得来的,是合法的,以此得到世人的认可,未料却愈加显示其心虚,篡权的罪恶可谓欲盖弥彰。

方向,引起种种的惊疑猜虑,不知道披上这一件崭新的衣裳是什么意思。

彭勃洛克 当工人们拼命想把他们的工作做得格外精巧的时候,因为贪心不足,反而给他们原有的技能带来损害;为一件过失辩解,往往使这过失显得格外重大,正像用布块缝补一个小小的窟窿眼儿,反而欲盖弥彰一样。

用一句话来说,有些事情"越描越黑"。

萨立斯伯雷 在陛下这次重新加冕以前,我们就已经提出过这样的劝告;可是陛下不以为然,那我们当然只有仰体宸衷,不敢再持异议,因为在陛下的天聪独断之前,我们必须捐弃一切个人的私见。

约翰王 这一次再度加冕的一部分理由,我已经对你们说过了,我想这些理由都是很有力的;等我的忧虑减除以后,我还可以告诉你们一些更有力的理由。现在你们只要向我提出任何改革的建议,你们就可以看出我是多么乐于采纳你们的意见,接受你们的要求。

彭勃洛克 那么我就代表这里的一切人,说出他们心里所要说的话;为我自己、为他们,但更重要的是:为了我们大家都密切关怀的陛下的安全,我们诚意地要求将亚瑟释放;他的拘禁已经引起啧啧不满的人言,到处都在发表这样危险的议论:照他们说起来,只有做了错事的人,才会心怀戒惧,要是您所据有的一切都是您的合法的权益,那么为什么您的戒惧之心要使您把您的幼弱的亲人幽禁起来,用愚昧的无知闭塞他的青春,不让他享受一切发展身心活动的利益?为了不让我们的敌人利用这一件事实作为借口,我们敬如陛下所命,提出

唤醒尘世间的上帝

这一个要求：他的自由。这并不是为了我们自身的利益，我们的幸福是有赖于陛下的，他的自由才是陛下的幸福。

赫伯特上。

约翰王　那么很好，我就把这孩子交给你们教导。赫伯特，你有些什么消息？（招赫伯特至一旁）

彭勃洛克　这个人就是原定要执行那流血惨案的凶手，他曾经把他的密令给我的一个朋友看过。他的眼睛里隐现着一件万恶的重罪的影子；他那阴郁的脸上透露着烦躁不安的心情。我担心我们所害怕的事情他已经奉命执行了。

萨立斯伯雷　王上的脸色因为私心和天良交战，一会儿变红，一会儿变白，正像信使们在兵戎相见的两阵之间不停地奔跑。他的感情已经紧张到快要爆发了。

彭勃洛克　当它爆发的时候，我怕我们将要听到一个可爱的孩子惨遭毒手的消息。

约翰王　我们不能拉住死亡的铁手；各位贤卿，我虽然有意允从你们的要求，可惜你们所要求的对象已经不在人世；他告诉我们亚瑟昨晚死了。

萨立斯伯雷　我们的确早就担心他的病是无药可医的。

彭勃洛克　我们的确早就听说这孩子在自己还没有觉得害病以前，就已经与死为邻了。这件事情不管是在今生，还是在来生，总会遭到报应的。

约翰王　你们为什么向我这样横眉怒目的？你们以为我有操纵命运的力量，支配生死的威权吗？

萨立斯伯雷　这显然是奸恶的阴谋；可惜身居尊位

约翰王篡夺侄子亚瑟的皇位，担心其反攻而将其囚禁、杀害。此事正与明朝燕王朱棣篡夺其侄子皇位一样。他逼走侄子，还大开杀戒，要求臣子承认其合法性。方孝孺拒绝承认，即死于是。

众叛亲离，自取灭亡。

《召公谏厉王止谤》中有句名言："防民之口，甚于防川；川壅而溃，伤人必多。"

231

的人,却会干出这种事来。好,愿你王业昌隆!再会!

彭勃洛克 等一等,萨立斯伯雷伯爵;我也要跟你同去,找寻这可怜的孩子的遗产,一座被迫葬身的坟墓便是他的小小的王国。他的血统应该统治这岛国的全部,现在却只占有三英尺的土地;好一个万恶的世界! 这件事情是不能这样忍受下去的;我们的怨愤将会爆发,我怕这一天不久就会到来。

(群臣同下)

约翰王 他们一个个怒火中烧。我好后悔。<u>建立在血泊中的基础是不会稳固的,靠着他人的死亡换到的生命也决不会确立不败。</u>

一使者上。

约翰王 你的眼睛里充满着恐怖,你脸上的血色到哪儿去了? 这样阴沉的天空是必须等一场暴风雨来把它廓清的;把你的暴风雨倾吐出来吧。法国怎么样啦?

使者 法国到英国来啦。从来不曾有一个国家为了侵伐邻邦的缘故,征集过这样一支雄厚的军力。他们已经学会了您的敏捷的行军;因为您还没有听见他们在准备动手,已经传来了他们全军抵境的消息。

约翰王 啊! 我们这方面的探子都在什么地方喝醉了? 他们到哪儿睡觉去了? 我的母亲管些什么事,这样一支军队在法国调集,她却没有听到消息?

使者 陛下,她的耳朵已经为黄土所掩塞了;太后是在四月一日驾崩的。我还听人说,陛下,康斯丹丝夫人就在太后去世的三天以前发疯而死；可是这是我偶然听到的流言，不知道是真是假。

约翰王 停止你的快步吧，惊人的变故！啊！让我和你作一次妥协，等我先平息了我的不平的贵族们的怒气。什么！母后死了！那么我在法国境内的领邑都要保不住了！你说得这样确确实实在这儿登陆的那些法国军队是受谁节制的？

使者 他们都受太子的节制。

约翰王 你这些恶消息已经使我心神无主了。

　　庶子及彼得·邦弗雷特上。

约翰王 呀，世人对于你所干的事有些什么反响？不要把更多的恶消息塞进我的头脑，因为我的头里已经充满了恶消息。

庶子 要是您害怕听见最恶的消息，那么就让那最不幸的祸事不声不响地降在您的头上吧。

约翰王 原谅我，侄儿，意外的祸事像怒潮般冲来，使我一时失去了主意；可是现在我的头已经伸出水面，可以自由呼吸了，无论什么人讲的无论什么话，我都可以耐心听下去。

庶子 我所搜集到的金钱的数目，可以说明我在教士们中间工作的成绩。可是当我一路上回来的时候，我发现到处的人民都怀着诞妄的狂想，谣言和无聊的怪梦占据在他们的心头，不知道害怕些什么，可是充满了恐惧。这儿有一个预言者，是我从邦弗雷特的街道上带来的；我看见几百个人跟在他的背后，他用粗劣刺耳的诗句向他们歌唱，说是在升天节的正午以前，陛下将要除下王冠。

约翰王 你这愚妄的梦想者，为什么你要这样说？

彼得 因为我预知将会发生这样的事实。

约翰王 赫伯特,带他下去;把他关起来。他说我将要在那天正午除下我的王冠,让他自己也就在那时候上绞架吧。留心把他看押好了,再回来见我,因为我还要差遣你。(赫伯特率彼得下),啊,我的好侄儿,你听见外边的消息,知道谁到了吗?

庶子 法国人,陛下;人们嘴里都在谈论这件事。我还遇见俾高特勋爵和萨立斯伯雷伯爵,他们的眼睛都像赤热的火球,带领着其余的许多人,要去找寻亚瑟的坟墓;据他们说,他是昨晚您下密令杀掉的。

约翰王 好侄儿,去,把你自己插身在他们的中间。我有法子可以挽回他们的好感;带他们来见我。

庶子 我就去找寻他们。

约翰王 好,可是事不宜迟,越快越好。啊! 当异邦的敌人用他们强大的军容侵凌我的城市的时候,不要让我自己的臣民也成为我的仇敌。愿你做一个脚上插着羽翼的麦鸠利,像思想一般迅速地从他们的地方飞回到我的身边。

庶子 我可以从这激变的时世学会怎样迅速行动的方法。

约翰王 说这样的话,不愧为一个富于朝气的壮士。(庶子下)你也跟他同去;因为也许他需要一个使者在我和那些贵族之间传递消息,你就去担任这件工作吧。

使者 很好,陛下。(下)

约翰王 我的母亲死了!

　　赫伯特重上。

赫伯特　陛下,他们说昨晚有五个月亮同时出现:四个停着不动,还有一个围绕着那四个飞快地旋转。

约翰王　五个月亮!

赫伯特　老头儿和老婆子们都在街道上对这种怪现象发出危险的预言。小亚瑟的死是他们纷纷谈论的题目;当他们讲起他的时候,他们摇着头,彼此低声说话;那说话的人紧紧握住听话的人的手腕,那听话的人一会儿皱皱眉,一会儿点点头,一会儿滚动着眼珠,作出种种惊骇的姿态。我看见一个铁匠提着锤这样站着不动,他的铁已经在砧上冷了,他却张开了嘴恨不得把一个裁缝所说的消息一口吞咽下去;那裁缝手里拿着剪刀尺子,脚上趿着一双拖鞋,因为一时匆忙,把它们左右反穿了,他说起好几千善战的法国人已经在肯特安营立寨;这时候旁边就有一个瘦瘦的肮脏的工匠打断他的话头,提到亚瑟的死。

约翰王　为什么你要用这种恐惧充塞我的心头?为什么你老是开口闭口地提到小亚瑟的死?他是死在你手里的;我有极大的理由希望他死,可是你没有杀死他的理由。

赫伯特　没有,陛下!您没有指使我吗?

约翰王　国王们最不幸的事,就是他们的身边追随着一群逢迎取媚的奴才,把他们一时的喜怒当作了神圣的谕旨,狐假虎威地杀戮无辜的生命;这些佞臣往往会在君王的默许之下曲解法律,窥承主上的意志,虽然也许那只是未经熟虑的一时的愤怒。

赫伯特　这是您亲笔写下的敕令,亲手盖下的御印,

第四单元　金钱与权力

君王与臣子之间的关系十分微妙,可谓相辅相成,一荣俱荣,一损俱损。由《邹忌讽齐王纳谏》可知,因为偏爱、惧怕或者有求于君王等缘故,君王往往会被周围的人所蒙蔽。如果周围有贤臣如魏征者直言敢谏,则君王圣明有望;若君王身边尽是阿谀逢迎之辈,则君王如盲人骑瞎马一般危矣。

"天人合一",古人认为上天与人世之间有着必然的联系。不少文史作品中常用天象发生异变("天变")或用占卜、谶纬学说等来预示世事的动荡和人事的变迁。司马迁《史记》就常不脱此道。

指示我怎样行动。

约翰王　啊！当上天和人世举行最后清算的时候，这笔迹和这铃记将要成为使我沦于永劫的铁证。看见了罪恶的工具，多么容易使人造成罪恶！假如那时你不在我的身旁，一个天造地设的适宜于干这种卑鄙的恶事的家伙，这一个谋杀的念头就不会在我的脑中发生；可是我因为注意到你的凶恶的面貌，觉得你可以担当这一件流血的暴行，特别适宜执行这样危险的使命，所以我才向你略微吐露杀死亚瑟的意思，而你因为取媚一个国王，居然也就恬不为意地伤害了一个王子的生命。

赫伯特　陛下——

约翰王　当我隐隐约约提到我心里所蓄的念头的时候，你只要摇一摇头，或者略示踌躇，或者用怀疑的眼光瞧着我，好像要叫我说得明白一些似的，那么深心的羞愧就会使我说不出话来，我就会中止我的话头，也许你的恐惧会引起我自己心中的恐惧；可是你却从我的暗示中间懂得我的意思，并且用暗示跟我进行罪恶的谈判，毫不犹豫地接受我的委托，用你那粗暴的手干下了那为我们两人所不敢形诸唇舌的卑劣的行为。离开我的眼前，再也不要看见我！我的贵族们抛弃了我；外国的军队已经威胁到我的国门之前；在我这肉体的躯壳之内，战争和骚乱也在破坏这血液与呼吸之王国的平和，我的天良因为我杀死我的侄儿，正在向我兴起问罪之师。

赫伯特　准备抵抗您那其余的敌人吧，我可以替您和您的灵魂缔结和平。小亚瑟并没有死；我这手

唤醒尘世间的上帝

236

还是纯洁而无罪的,不曾染上一点殷红的血迹。在我这胸膛之内,从来不曾进入过杀人行凶的恶念;您单凭着我的外貌,已经冤枉了好人,虽然我的形状生得这般丑恶,可是它却包藏着一颗善良的心,断不会举起屠刀,杀害一个无辜的小儿。

约翰王 亚瑟还没有死吗? 啊! 你赶快到那些贵族的地方去,把这消息告诉他们,让他们平息怒火,重尽他们顺服的人臣之道。原谅我在一时气愤之中对你的面貌作了错误的批评;因为我的恼怒是盲目的,在想象之中,我的谬误的眼睛看你满身血迹,因此把你看得比你实际的本人更为可憎。啊! 不要回答;快去把那些愤怒的贵族带到我的密室里来,一分钟也不要耽搁。我吩咐你得太慢了;你快飞步前去。(各下)

(选自《约翰王》)

第五单元

法制、君王与邦国

DI WU DAN YUAN

单元导语

　　封建制度之下，人们难以改变法制，也无权改换自己所处的社会环境，更无法选择统治者，但毋庸置疑的是他们都希望法律公平、君王圣明、社会安定。所谓的君王"圣明"也就是希望他们能有人文关怀精神，不要把百姓当作牛马、当作奴隶来对待。孟子大胆地说："民为贵，社稷次之，君为轻。"黄宗羲在《原君》中更是将一些君王视为天下大害："屠毒天下之肝脑，离散天下之子女，以博我一人之产业……敲剥天下之骨髓，离散天下之子女，以奉我一人之淫乐……"可谓一针见血。

　　莎士比亚也看重社会法制，但他敏锐地捕捉到，法律不外乎人情，情与法并不是决然对立和矛盾的，掌权者更不可利用法律的公权行一己之私欲，如《一报还一报》中的安哲鲁。莎翁一生共创作了十部英国历史剧，其中有七部涉及亨利五世。经过一些艺术加工，他塑造了这个理想中的颇具人文情怀的君主。他是王位的合法继承人，且文韬武略，治国有方，德才兼备。由他主持国政乃民心所向，在他的治理下，国家团结统一，国富民强……而当法律被滥用，社会动荡不安，圣明的君王可遇而不可求时，莎士比亚也只好渴盼那种海中仙山及"共和国"的美景。

　　黄宗羲总结说，"明乎为君之职分"，则人人谦让，唐尧虞舜可再现；否，则人人充满欲望，理想的君王和社会也将绝迹不闻。

1. 掌握到暂时的权力,却会忘记了自己琉璃易碎的本来面目

第一幕　第三场　寺院

公爵及托马斯神父上。

公爵　不,神父,别那么想,不要以为爱情的微弱的箭镞会洞穿一个铠胄严密的胸膛。我之所以要请你秘密地收容我,并不是因为我有一般年轻人那种燃烧着的热情,而是为了另外更严肃的事情。

托马斯　那么请殿下告诉我吧。

公爵　神父,你是最知道我的,你知道我多么喜爱恬静隐退的生活,而不愿把光阴消磨在少年人奢华靡费、争奇炫饰的所在。我已经把我的全部权力交给安哲鲁——他是一个持身严谨、摒绝嗜欲的君子——叫他代理我治理维也纳。他以为我是到波兰去了,因为我向外边透露着这样的消息,大家也都是这样相信着。神父,你知道我为什么要这样做吗?

托马斯　我很愿意知道,殿下。

公爵　我们这儿有的是严峻的法律,对于放肆不驯

中国古代的法家,如商鞅、慎到、申不害等也重视法、术、势。韩非更是将三者紧密结合。

法是指健全法制,势指的是君主的权势,术是君王的权术、手段。

241

的野马,这是少不了的羁勒,可是在这十四年来,我们却把它当作具文,就像一头蛰居山洞、久不觅食的狮子,它的爪牙全然失去了锋利。溺爱儿女的父亲倘使把藤鞭束置不用,仅仅让它作为吓人的东西,到后来它就会被孩子们所藐视,不会再对它生畏。我们的法律也是一样,因为从不施行,变成了毫无效力的东西,胆大妄为的人,可以把它恣意玩弄;正像婴孩殴打他的保姆一样,法纪完全荡然扫地了。

托马斯　殿下可以随时把这束置不用的法律实施起来,那一定比交给安哲鲁大人执行更能令人畏服。

公爵　我恐怕那样也许会叫人过分畏惧了。因为我对于人民的放纵,原是我自己的过失;罪恶的行为,要是姑息纵容,不加惩罚,那就是无形的默许,既然准许他们这样做了,现在再重新责罚他们,那就是暴政了。所以我才叫安哲鲁代理我的职权,他可以凭借我的名义重整颓风,可是因为我自己不在其位,人民也不致对我怨谤。一方面我要默察他的治绩,预备装扮作一个贵宗的僧侣,在各处巡回察访,不论皇亲国戚或是庶民,我都要一一访问。所以我要请你借给我一套僧服,还要有劳你指教我一个教士所应有的一切行为举止。我这样的行动还有其他的原因,我可以慢慢告诉你,可是其中的一个原因,是因为安哲鲁这人平日拘谨严肃,从不承认他的感情会冲动,或是面包的味道胜过石子,所以我们倒要等着看看,要是权力能够转移人的本性,那么世上正人君子的本来面目究竟是怎样的。(同下)

没有法律约束的社会是可怕的,但"以刑止刑",重刑治国也会带来祸害,如秦朝二世而亡就是如此。公爵对此还是有比较明智的认识的。

子产曾经铸造"刑鼎",并说:"夫火烈,民望而畏之,故鲜死焉;水懦弱,民狎而玩之,则多死焉,故宽难。"大意即,火焰威猛,人们害怕而不敢靠近,所以少被烧死;水流柔弱,人们喜欢与它亲近,从而多被淹死,因此法律宽松反而导致灾难。这种主张可谓重刑学说的萌芽。

唤醒尘世间的上帝

242

第二幕　第一场　安哲鲁府中厅堂

安哲鲁、爱斯卡勒斯、陪审官、狱吏、差役及其他侍从上。

安哲鲁　我们不能把法律当作吓鸟用的稻草人，让它安然不动地矗立在那边，鸟儿们见惯以后，会在它顶上栖息而不再对它害怕。

爱斯卡勒斯　是的，可是我们的刀锋虽然要锐利，操刀的时候却不可大意，略伤皮肉就够了，何必一定要致人死命？唉！我所要营救的这位绅士，他有一个德高望重的父亲。我知道你在道德方面是一丝不苟的，可是你要想想当你在感情用事的时候，万一时间凑合着地点，地点凑合着你的心愿，或是你自己任性的行动，可以达到你的目的，你自己也很可能——在你一生中的某一时刻——犯下你现在给他判罪的错误，从而堕入法网。

安哲鲁　受到引诱是一件事，爱斯卡勒斯，堕落又是一件事。我并不否认，在宣过誓的十二个陪审员中间，也许有一两个盗贼在内，他们所犯的罪，也许比他们所判决的犯人所犯的更重；可是法律所追究的只是公开的事实，审判盗贼的人自己是不是盗贼，却是法律所不问的。我们俯身下去拾起掉在地上的珠宝，因为我们的眼睛看见它；可是我们没看见的，就毫不介意而践踏过去。你不能因为我也犯过同样的过失而企图轻减他的罪名；倒是应该这样告诫我：现在我既然判他的罪，有朝一日我若蹈他的覆辙，就要毫无偏袒地宣布自己的

后来的法家又主张"禁奸止过莫若重刑"，因为"刑重而必得，故民不敢试，故国无刑民"。由此法家也产生了不少"酷吏"。《史记》载有"酷吏列传"。而本剧中安哲鲁不但严酷，且品行卑劣。

死刑。至于他,是难逃一死的。

爱斯卡勒斯 既然如此,就照你的意思办吧。

安哲鲁 狱官在哪里?

狱吏 有,大人。

安哲鲁 明天早上九点钟把克劳狄奥处决;让他先在神父面前忏悔一番,因为他的生命的旅途已经完毕了。(狱吏下)

爱斯卡勒斯 上天饶恕他,也饶恕我们众人! <u>也有犯罪的人飞黄腾达,也有正直的人负冤含屈;十恶不赦的也许逍遥法外,一时失足的反而铁案难逃。</u>

"窃钩者诛,窃国者为诸侯。"司马迁也曾对"天道无亲,常与善人"的观点表示质疑。他说,伯夷、叔齐讲究仁义却饿死了;盗跖穷凶极恶,食人心肝,却得善终。这如何解释呢?

第二幕 第二场 同前。另一室

依莎贝拉及路西奥上。

狱吏 大人,卑职告辞了!(欲去)

安哲鲁 再等一会儿。(向依莎贝拉)有劳芳踪莅临,请问有何贵干?

依莎贝拉 我是一个不幸之人,要向大人请求一桩恩惠,请大人俯听我的哀诉。

安哲鲁 好,你且说来。

依莎贝拉 <u>有一件罪恶是我所深恶痛绝,切望法律把它惩治的,可是我却不能不违背我的素衷,要来请求您网开一面;我知道我不应当为它渎请,可是我的心里却徘徊莫决。</u>

安哲鲁 是怎么一回事?

依莎贝拉 我有一个兄弟已经判处死刑,我要请大人严究他所犯的过失,宽恕了犯过失的人。

狱吏 (旁白)上帝赐给你动人的辞令吧!

仁者无敌。

子曰:"道之以政,齐之以刑,民免而无耻;道之以德,齐之以礼,有耻且格。"

孔子这句话的意思是:"用政令来治理百姓,用刑法来整顿他们,老百姓只求能免于犯罪受惩罚,却没有廉耻之心;用道德引导百姓,用礼制去教化他们,百姓不仅会有羞耻之心,而且能恪守正道。"

唤醒尘世间的上帝

安哲鲁　严究他所犯的过失,而宽恕了犯过失的人吗？所有的过失在未犯以前,都已定下应处的惩罚,假使我只管严究已经有明文禁止的过失,而让犯过失的人逍遥法外,我的职守岂不等于是一句空话吗？

依莎贝拉　唉,法律是公正的,可是太残酷了！那么我已经失去了一个兄弟。上天保佑您吧！（转身欲去）

路西奥　（向依莎贝拉旁白）别这么就算了;再上前去求他,跪下来,拉住他的衣角;你太冷淡了,像你刚才那样子,简直就像向人家讨一枚针一样不算一回事。你再去说吧。

依莎贝拉　他非死不可吗？

安哲鲁　姑娘,毫无挽回余地了。

依莎贝拉　不,我想您会宽恕他的,您要是肯开恩的话,一定会得到上天和众人的赞许。

安哲鲁　我不会宽恕他。

依莎贝拉　可是要是您愿意,您可以宽恕他吗？

安哲鲁　听着,我所不愿意做的事,我就不能做。

依莎贝拉　可是您要是能够对他发生怜悯,就像我这样为他悲伤一样,那么也许您会心怀不忍而宽恕了他吧？您要是宽恕了他,对于这世界是毫无损害的。

安哲鲁　他已经定了罪,太迟了。

路西奥　（向依莎贝拉旁白）你太冷淡了。

依莎贝拉　太迟吗？不,我现在要是说错了一句话,就可以把它收回。相信我的话吧,任何大人物的章饰,无论是国王的冠冕、摄政的宝剑、大将的权标，或是法官的礼服，都比不上仁慈那样更能衬托出他们的庄严高贵。倘使您和他易地相处，也许您会像他一样失足，可是他决不会像您这样铁面无情。

安哲鲁　请你快去吧。

依莎贝拉　我愿我有您那样的权力，而您是处在我的地位！那时候我也会这样拒绝您吗？不，我要让您知道做一个法官是怎样的，做一个囚犯又是怎样的。

路西奥　（向依莎贝拉旁白）不错，打动他的心，这才对了。

安哲鲁　你的兄弟已经受到法律的裁判，你多说话也没有用处。

依莎贝拉　唉！唉！一切众生都是犯过罪的，可是上帝不忍惩罚他们，却替他们设法赎罪。要是高于一切的上帝毫无假借地审判到您，您能够自问无罪吗？请您这样一想，您就会恍然自失，嘴唇里吐出怜悯的话来的。

安哲鲁　好姑娘，你别伤心吧；法律判你兄弟的罪，并不是我。他即使是我的亲戚、我的兄弟，或是我的儿子，我也是一样对待他。他明天一定要死。

依莎贝拉　明天！啊，那太快了！饶了他吧！饶了他吧！他还没有准备去死呢。我们就是在厨房里宰一只鸡鸭，也要按着季节；为了满足我们的口腹之欲，尚且不能随便杀生害命，那么难道我们对于上帝所造的人类，就可以这样毫无顾虑地杀死吗？大人，请您想一想，有多少人犯过和他同样的罪，谁曾经因此而死去？

安哲鲁的话表明，这一判决是"法治"而非"人治"。

"王子犯法与庶民同罪"，比起先前"礼不下庶人，刑不上大夫"的确进步不少。唯独遗漏了君王，他是可以超越法律的。

唤醒尘世间的上帝

246

路西奥 （向依莎贝拉旁白）是，说得好。

安哲鲁 法律虽然暂时昏睡，它并没有死去。要是第一个犯法的人受到了处分，那么许多人也就不敢为非作恶了。现在法律已经醒了过来，看到了人家所做的事，像一个先知一样，它在镜子里望见了许多未来的罪恶，在因循怠息之中滋长起来，所以它必须乘它们尚未萌芽的时候，及时设法制止。

依莎贝拉 可是您也应该发发慈悲。

安哲鲁 我在秉公执法的时候，就在大发慈悲。因为我怜悯那些我所不知道的人，惩罚了一个人的过失，可以叫他们不敢以身试法。而且我也没有亏待了他，他在一次抵罪以后，也可以不致再在世上重蹈覆辙。你且宽心吧，你的兄弟明天是一定要死的。

依莎贝拉 那么您一定要做第一个判罪的人，而他是第一个受到这样刑罚的人吗？唉！有着巨人一样的膂力是一件好事，可是把它像一个巨人一样使用出来，却是残暴的行为。

路西奥 （向依莎贝拉旁白）说得好。

依莎贝拉 世上的大人先生们倘使都能够兴雷作电，那么天上的神明将永远得不到安静，因为每一个微僚末吏都要卖弄他的威风，让天空中充满了雷声。上天是慈悲的，它宁愿把雷霆的火力，去劈碎一株槎枒状硕的橡树，却不去损坏柔弱的郁金香；可是骄傲的世人掌握到暂时的权力，却会忘记了自己琉璃易碎的本来面目，像一头盛怒的猴子一样，装扮出种种丑恶的怪相，使天上的神明们因为怜悯他们的痴愚而流泪；其实诸神的脾气如果

法律具有威慑作用，也可以用来预防犯罪。商鞅说："故王者刑用于将过，则大邪不生；赏施于告奸，则细过不失。"

"刑用于将过"就是将罪恶扼杀于萌芽中。

和我们一样，他们笑也会笑死的。

路西奥 （向依莎贝拉旁白）说下去，说下去，他会懊悔的。他已经有点动心了，我看得出来。

狱吏 （旁白）上天保佑她把他说服！

依莎贝拉 我们不能按着自己去评判我们的兄弟；大人物可以戏侮圣贤，显露他们的才华，可是在平常人就是亵渎不敬。

路西奥 （向依莎贝拉旁白）你说得对，再说下去。

依莎贝拉 将官嘴里一句一时气愤的话，在兵士嘴里却是大逆不道。

路西奥 （向依莎贝旁白）你明白了吧？再说下去。

安哲鲁 你为什么要向我说这些话？

依莎贝拉 因为当权的人虽然也像平常人一样有错误，可是他却可以凭借他的权力，把自己的过失轻轻忽略过去。请您反躬自省，问一问您自己的心，有没有犯过和我的弟弟同样的错误；要是它自觉也曾沾染过这种并不超越人情的罪恶，那么请您舌上超生，恕了我弟弟的一命吧。

安哲鲁 她说得那样有理，倒叫我心思摇惑不定。——恕我失陪了。

依莎贝拉 大人，请您回过身来。

安哲鲁 我还要考虑一番。你明天再来吧。

依莎贝拉 请您听我说我要怎样报答您的恩惠。

安哲鲁 怎么！你要贿赂我吗？

依莎贝拉 是的，我要用上天也愿意嘉纳的礼物贿赂您。

路西奥 （向依莎贝拉旁白）亏得你这么说，不然事情又糟了。

掌握权力后便忘记了自己的本性，改变人的本质，所谓"沐猴而冠"是也。

世上不无执法犯法者。

人多宽于待己，严于律人。

依莎贝拉内心一片光风霁月，并未引诱安哲鲁。而安哲鲁却说自己受到诱惑。借用六祖慧能所言："不是风动，不是幡动，仁者心动。"当然，安哲鲁不是仁者而是好色者。

子曰："吾未见好德如好色者也。"此言不虚。

唤醒尘世间的上帝

248

依莎贝拉　我不向您呈献黄金铸成的钱财，也不向您呈献贵贱随人喜恶的宝石；我要献给您的，是黎明以前上达天听的虔诚的祈祷，它从太真纯璞的处女心灵中发出，是不沾染半点俗尘的。

安哲鲁　好，明天再来见我吧。

路西奥　（向依莎贝拉旁白）很好，我们去吧。

依莎贝拉　上天赐大人平安！

安哲鲁　（旁白）阿门；因为我已经受到诱惑了，我们两人的祈祷是貌同心异的。

依莎贝拉　明天我在什么时候访候大人呢？

安哲鲁　午前无论什么时候都行。

依莎贝拉　愿您消灾免难！（依莎贝拉、路西奥及狱吏下）

（选自《一报还一报》）

2. 让一切按照着真理而行，把他们的权力推下尘土里去吧

所谓"喉舌"，能代表一定群体发表看法和意见，具有一定的权威度和公信力。

马克思、梁启超等将新闻媒体视为人民喉舌。

护民官利用了平民，谋取死人权益，让科利奥兰纳斯极为不满。

第三幕　第一场　罗马　街道

西西涅斯及勃鲁托斯上。

科利奥兰纳斯　瞧！这两个是护民官，平民大众的喉舌；我瞧不起他们，因为他们擅作威福，简直到了叫人忍无可忍的地步。

西西涅斯　不要走过去。

科利奥兰纳斯　嘿！那是什么意思？

勃鲁托斯　前面有危险，不要过去。

科利奥兰纳斯　为什么有这样的变化？

米尼涅斯　怎么一回事？

考密涅斯　他不是已经由贵族平民双方通过了吗？

勃鲁托斯　考密涅斯，他没有。

科利奥兰纳斯　我不是已经得到孩子们的同意了吗？

元老甲　两位护民官，让开；他必须到市场上去。

勃鲁托斯　人民对他非常愤怒。

西西涅斯　站住，否则大家都要卷进一场骚动里了。

科利奥兰纳斯 你们不是他们的牧人吗？他们会把刚才出口的话当场否认，这样的人也可以让他们有发言的权利吗？你们管些什么事情？你们既然是他们的嘴巴，为什么不把他们的牙齿管住？你们没有指使他们吗？

米尼涅斯 安静点儿，安静点儿。

科利奥兰纳斯 这是一场有意的行动，全然是阴谋的结果，它的目的是要拘束贵族的意志。要是我们容忍这一种行为，我们就只好和那些既没有能力统治、又不愿被人统治的人们生活在一起了。

勃鲁托斯 不要说这是一个阴谋。人民高呼着说您讥笑了他们，说您在不久以前施放谷物的时候，曾经口出怨言，辱骂那些为人民请命的人，说他们是时势的趋附者、谄媚之徒、卑鄙的小人。

科利奥兰纳斯 这是大家早就知道的。

勃鲁托斯 他们有的人还不知道。

科利奥兰纳斯 那么是你后来告诉他们的吗？

勃鲁托斯 怎么！我告诉他们！

科利奥兰纳斯 你很可以干这种事的。

勃鲁托斯 像您干的这种事，我想我可以比您干得好一点。

科利奥兰纳斯 那么我为什么要做执政呢？凭着那边天上的云起誓，让我也像你们一样没有寸尺之功，跟你们一起做个护民官吧！

西西涅斯 您把悻悻之情表现得太露骨了，人民正是为了这个缘故才激动起来的。您现在已经迷失了道路，要是您想达到您的目的地，您必须用温和一点的态度向人家问路，否则您不但永远做不成

"牧人"在西方基督教文化中具有特殊的含义。

《圣经·诗篇》中说："耶和华是我的牧者，我必不至缺乏。他使我躺卧在青草地上，领我在可安歇的水边。"

科利奥兰纳斯如此说，有讽刺之意。

"满招损，谦受益。"你要看草根吗？那么你必须要脸皮紧贴到地皮才能看得到草根。

脱离了群众和人民的革命者很难取得胜利。还记得鲁迅《药》中的夏瑜的结局吗？他说"这大清的天下是我们大家的"，他说殴打他的牢头阿义"可怜"，其行为被视作造反，牺牲后鲜血被当成了"药"，几乎无人理解这个革命者……

一个尊荣的执政，就是要跟他并肩做一个护民官，也是一样办不到的。

米尼涅斯 让我们安静一点。

考密涅斯 人民一定被人利用、受人指使了。这一种纷争不应该在罗马发生；科利奥兰纳斯因功受禄，也不该在他坦荡的大路上遭遇这种用卑鄙手段安放上去的当途的障碍。

科利奥兰纳斯 向我提起谷物的事情！那个时候我是这样说的，我可以把它重说一遍——

米尼涅斯 现在不用说了。

元老甲 在这样意气相争的时候，还是不用说了吧。

科利奥兰纳斯 我一定要说。我的高贵的朋友们，请你们原谅。这种反复无常、腥臊恶臭的群众，我不愿恭维他们，让他们认清楚自己的面目吧。我要再说一遍，我们因为屈尊纡贵，与他们降身相伍，已经亲手播下了叛乱、放肆和骚扰的祸根，要是再对他们姑息纵容，那么这种莠草更将滋蔓横行，危害我们元老院的权力；我们不是没有道德，更不是没有力量，可是我们的力量已经送给一群乞丐了。

米尼涅斯 好，别说下去了。

元老甲 请您不要再说下去了。

科利奥兰纳斯对于民众的蔑视原因众多，其中重要的是身份、地位差别的因素。这容易令人想起中国古代的门阀制度。魏晋南北朝时期更是盛行，选拔官员也要看门第高低，所谓"上品无寒门，下品无贵族"。
贵族士大夫除了不与普通百姓家通婚之外，在很多方面都轻视、鄙视他们。《红楼梦》中林黛玉曾讥嘲刘姥姥为大蝗虫，妙玉更是将她用过的茶杯直接扔掉。

科利奥兰纳斯 怎么！不再说下去！我曾经不怕外力的凭陵，为国家流过血，现在我更要大声疾呼，直到撕破我的肺部为止，警告你们留意那些你们所厌恶、畏惧、唯恐沾染然而却又正在竭力招引上身的麻疹。

勃鲁托斯 您讲起人民的时候，好像您是一位膺惩

唤醒尘世间的上帝

罪恶的天神，忘记了您也是跟他们具有同样弱点的凡人。

西西涅斯　我们应当让人民知道他这种话。

米尼涅斯　怎么，怎么？他的一时气愤的话吗？

科利奥兰纳斯　一时气愤！即使我像午夜的睡眠一样善于忍耐，凭着乔武起誓，我也不会改变我这一种意思！

西西涅斯　您这一种意思必须让它留着毒害自己，不能让它毒害别人。

科利奥兰纳斯　必须让它留着！你们听见这个侏儒群中的高个子的话吗？你们注意到他那斩钉截铁的"必须"两个字吗？

考密涅斯　好像他的话就是神圣的律法似的。

科利奥兰纳斯　"必须"！啊，善良而不智的贵族！你们这些庄重而鲁莽的元老，为什么你们会允许这多头的水蛇选举一个官吏，让他代替怪物发言，凭着他的专横的"必须"两字，他会大胆宣布要把你们的水流向沟渠决注，把你们的河道侵为己有？放下你们的愚昧，从你们危险的宽容中间觉醒过来吧！你们是博学的人，不要像一般愚人一样，甘心替他们掇椅铺垫。要是他们做了元老，你们便要变成平民；当他们的声音和你们的声音混合在一起的时候，因为他们人数众多，你们将要完全为他们所掩盖，被他们所支配。他们可以选择他们自己的官长，就像这家伙一样，凭着他的"必须"、他的迎合民心的"必须"两字，就可以和最尊严的元老们对抗。凭着乔武本身起誓，执政官们将会因此失去他们的身份；当两种权力对峙的时候，混

> 多头水蛇、多头怪、多头群氓……代指缺乏思想的集体无意识的平民百姓。他们的特点正是偏执、自大、狂热、不负责任。

> 中国古代统治人民的政治策略就是对百姓采取"愚民政策"，即贾谊《过秦论》所说"以愚黔首"。孔子也曾说："民可使由之，不可使知之。"借此来避免平民们"以下犯上"，与王权形成对抗。

乱就会乘机而起，我一想到这种危机，心里就感到极大的痛苦。

考密涅斯　好，到市场上去吧。

科利奥兰纳斯　谁授权执政，使他散放仓库中的存谷，像从前希腊的情形——

米尼涅斯　得啦，得啦，别提起那句话啦。

科利奥兰纳斯　虽然希腊人民有更大的权力，可是我说，他们这一种举动，无异养成反叛的风气，酿成了国家的瓦解。

勃鲁托斯　嘿，人民可以同意说这种话的人当执政吗？

科利奥兰纳斯　我可以说出比他们的同意更好的理由来。他们知道这些谷不是我们名分中的酬报，自以为谁也不会把它从他们的嘴边夺下来，所以也从来不曾为它出过一丝劳力。当国家危急存亡的关头要他们出征的时候，他们懒得连城门也不肯走出；一到了战场，他们只有在叛变内讧这一类行动上表现了最大的勇气；像这样的功绩，是不该把谷物白白分给他们的。他们常常用莫须有的罪名指斥元老院，难道我们因为受到了他们那样的指斥，才会作这样慷慨的施舍吗？好，给了他们又怎样呢？这些盲目的群众会感激元老院的好意吗？他们的行动就可以代替他们的言语："我们提出要求；我们是大多数，他们畏惧我们，所以答应了我们的要求。"这样我们贬抑了我们自己的地位，让那些乌合之众把我们的谨慎称为恐惧；他们的胆子愈来愈大，总有一天会打开元老院的锁，让一群乌鸦飞进来向鹰隼乱啄。

科利奥兰纳斯的话还指出了"人民"的其他弱点：盲目无知、懦弱自私、胆小怕事，却敢于叛变内讧、无端构陷……

马基雅弗利在《君主论》中主张，与其对人民仁慈不如对其残酷，与其让人民爱戴不如让他们畏惧，这样更能保持统治。

唤醒尘世间的上帝

米尼涅斯　够了,够了。

勃鲁托斯　够了,已经说得太多了。

科利奥兰纳斯　不,再听我说下去。无论天上人间,一切可以凭着发誓的东西,愿它们为我的结论作证!元老贵族与平民两方面的权柄,一部分因为确有原因而轻视着另一部分,那一部分却毫无理由地侮辱着这一部分!身份、名位和智慧不能决定可否,却必须取决于无知的大众的一句是非,这样的结果必致忽略了实际的需要,让轻率的狂妄操纵着一切;正当的目的受到阻碍,一切事情都是无目的地胡作非为。所以,我请求你们,要是你们的谨慎过于你们的恐惧,你们爱护国家的基础甚于怀疑它的变化,你们喜欢光荣甚于长生,愿意用危险的药饵向一个别无生望的病体作冒险的一试,那么赶快拔去群众的舌头吧;让他们不要去舐那将要毒害他们的蜜糖。你们要是受到耻辱,是非的公论也要从此不明,政府将要失去它所应有的健全,因为它被恶势力所统治,一切善政都要无法推行。

勃鲁托斯　他已经说得很够了。

西西涅斯　他说的全然是叛徒的话;他必须受叛徒的处分。

科利奥兰纳斯　你这卑鄙的家伙!让你受众人的唾弃!人民要这种秃头的护民官干什么呢?因为信任了他们,所以人民才会不再服从比他们地位高的人。在叛乱的时候,一切不合理的事实都可以武断地成为法律,那时候他们才是应该受人拥戴的人物;可是在正常的时期,那么让一切按照着正

贵族轻视平民,平民侮辱贵族,群众是无知的,护民官是邪恶的……科利奥兰纳斯对此一清二楚,却难以扭转乾坤,因为他不愿纡尊降贵取得民众的支持,且骄傲自大,犯了众怒。

理而行，把他们的权力推下尘土里去吧。

勃鲁托斯　公然的叛逆！

西西涅斯　这还是个执政吗？不。

勃鲁托斯　喂！警官呢？把他逮捕起来。

　　一警吏上。

西西涅斯　去，叫民众来；（警吏下）我用人民的名义亲自逮捕你，宣布你是一个企图政变的叛徒，公众幸福的敌人；我命令你不得反抗，跟我去听候处分。

科利奥兰纳斯　滚开，老山羊！

众元老　我们可以替他担保。

考密涅斯　老人家，放开手。

科利奥兰纳斯　滚开，坏东西！否则我要把你的骨头一根根摇下来。

西西涅斯　诸位市民，救命啊！

　　若干警吏率侍从及一群市民同上。

米尼涅斯　两方面彼此客气一点。

西西涅斯　这个人要夺去你们一切的权利。

勃鲁托斯　抓住他，警官们！

众市民　打倒他！打倒他！——

众元老　（围绕科利奥兰纳斯忙作一团，狂呼）武器！——武器！——武器！——护民官！——贵族们！——市民们！——喂！——西西涅斯！——勃鲁托斯！——科利奥兰纳斯！——市民们！——静！——静！——静！——且慢！住手！——静！

米尼涅斯　事情将要闹得怎样呢？——我气都喘不过来啦。这一场乱子可不小。我话都说不出来

256

啦。你们这两位护民官！科利奥兰纳斯,忍耐些！好西西涅斯,说句话吧。

西西涅斯　听我说,诸位民众;静下来!

众市民　让我们听我们的护民官说话;静下来!说,说,说。

西西涅斯　你们快要失去你们的自由了,马歇斯将要夺去你们的一切;马歇斯,就是刚才你们选举他做执政的。

米尼涅斯　哎哟,哎哟,哎哟!这不是去灭火,明明是火上浇油。

元老甲　他要把我们这城市拆为平地。

西西涅斯　没有人民,还有什么城市?

众市民　对了,有人民才有城市。

勃鲁托斯　我们得到全体的同意,就任人民的长官。

众市民　你们继续是我们的长官。

米尼涅斯　他们也未必会放弃这一个地位。

考密涅斯　他们要把城市拆毁,把屋宇摧为平地,把整整齐齐的市面埋葬在一堆瓦砾的中间。

西西涅斯　这一种罪名应该判处死刑。

勃鲁托斯　<u>让我们执行我们的权力,否则让我们失去我们的权力</u>。我们现在奉人民的意旨,宣布马歇斯应该立刻受死刑的处分。

西西涅斯　抓住他,把他押送到大帕岩上,推下山谷里去。

勃鲁托斯　警官们,抓住他!

众市民　马歇斯,赶快束手就缚!

米尼涅斯　听我说一句话;两位护民官,请你们听我说一句话。

"扶犁黑手翻持笏,食肉朱唇却吃斋。""内库烧为锦绣灰,天街踏尽公卿骨。"这是黄巢农民军攻入长安后的景象。"红旗卷起农奴戟,黑手高悬霸主鞭。"毛泽东写出新中国农民翻身做主人的新气象。

257

警吏　静,静!

米尼涅斯　请你们做祖国的真正的友人,像你们表面上所装的一样;什么事情都可以用温和一点的手段解决,何必这样操切从事?

勃鲁托斯　要是病症凶险,只有投下猛药才可见效,谨慎反会误了大事。抓住他,把他押到山岩上去。

科利奥兰纳斯　不,我宁愿死在这里。(拔剑)你们中间有的人曾经瞧见我怎样跟敌人争战;来,你们自己现在也来试一试看。

米尼涅斯　放下那柄剑!两位护民官,你们暂时退下去吧。

勃鲁托斯　抓住他!

米尼涅斯　帮助马歇斯,帮助他,你们这些有义气的人;帮助他,年轻的和年老的!

众市民　打倒他!——打倒他!(在纷乱中护民官、警吏及民众均被打退)

(选自《科利奥兰纳斯》)

"君,舟也;人,水也。水能载舟,亦能覆舟。"唐太宗李世民接纳魏徵的这一劝谏后引以为戒。可知,民心向背是成功统治的关键所在,真可谓"得民心者得天下,失民心者失天下"。

唤醒尘世间的上帝

3. 我生下来就跟凯撒同样的自由

第一幕 第二场 同前。广场

凯歇斯 您也去看他们赛跑吗?

勃鲁托斯 我不去。

凯歇斯 去看看也好。

勃鲁托斯 我不喜欢干这种陶情作乐的事;我没有安东尼那样活泼的精神。不要让我打断您的兴致,凯歇斯;我先去了。

凯歇斯 勃鲁托斯,我近来留心观察您的态度,从您的眼光之中,我觉得您对于我已经没有从前那样的温情和友爱;您对于爱您的朋友,太冷淡而疏远了。

勃鲁托斯 凯歇斯,不要误会。要是我在自己的脸上罩着一层阴云,那只是因为我自己心里有些烦恼。我近来为某种情绪所困苦,某种不可告人的隐忧,使我在行为上也许有些反常的地方;可是,凯歇斯,您是我的好朋友,请您不要因此而不快,也不要因为可怜的勃鲁托斯和他自己交战,忘记了对别人的礼貌,而责怪我的怠慢。

凯歇斯 那么,勃鲁托斯,我大大地误会了您的心绪了；我因为疑心您对我有什么不满，所以有许多重要的值得考虑的意见我都藏在自己的心头，没有对您提起。告诉我，好勃鲁托斯，您能够瞧见您自己的脸吗？

勃鲁托斯　不，凯歇斯；因为眼睛不能瞧见它自己，必须借着反射，借着外物的力量。

凯歇斯　不错，勃鲁托斯，可惜您却没有这样的镜子，可以把您隐藏着的贤德照到您的眼里，让您看见您自己的影子。我曾经听见那些在罗马最有名望的人——除了不朽的凯撒以外——说起勃鲁托斯，他们呻吟于当前的桎梏之下，都希望高贵的勃鲁托斯睁开他的眼睛。

勃鲁托斯　凯歇斯，您要我在我自己身上寻找我所没有的东西，到底是要引导我去干什么危险的事呢？

凯歇斯　所以，好勃鲁托斯，留心听着吧；您既然知道您不能瞧见您自己，像在镜子里照得那样清楚，我就可以做您的镜子，并不夸大地把您自己所不知道的自己揭露给您看。不要疑心我，善良的勃鲁托斯；倘然我是一个胁肩谄笑之徒，惯用千篇一律的盟誓向每一个人矢陈我的忠诚；倘然您知道我会当着人家的面向他们献媚，把他们搂抱，背了他们就用飞语毁谤他们；倘然您知道我是一个常常跟下贱的平民酒食征逐的人，那么您就认为我是一个危险分子吧。（喇叭奏花腔。众欢呼声）

勃鲁托斯　这一阵欢呼是什么意思？我怕人民会选举凯撒做他们的王。

凯歇斯　嗯，您怕吗？那么看来您是不赞成这回事了。

老子云："知人者智也，自知者明也。"古希腊帕提侬神庙的廊柱上也刻有铭言："认识你自己。"

"以铜为镜，可以正衣冠；以古为镜，可以知兴替；以人为镜，可以明得失。"

唐太宗李世民善纳雅言，并将魏征喻为镜子，认为魏征去世后自己就失去了一面镜子。

唤醒尘世间的上帝

260

勃鲁托斯　我不赞成,凯歇斯;虽然我很敬爱他。可是您为什么在这儿拉住我?您有什么话要对我说?倘然那是对大众有利的事,那么让我的一只眼睛看见光荣,另一只眼睛看见死亡,我也会同样无动于衷地正视着它们;因为我喜爱光荣的名字,甚于恐惧死亡,这自有神明作证。

凯歇斯　我知道您有那样内心的美德,勃鲁托斯,正像我知道您的外貌一样。好,光荣正是我的谈话的题目。我不知道您和其他的人对于这一个人生抱着怎样的观念;可是拿我个人而论,假如要我为了自己而担惊受怕,那么我还是不要活着的好。我生下来就跟凯撒同样的自由;您也是一样。我们都跟他同样享受过,同样能够忍耐冬天的寒冷。记得有一次,在一个狂风暴雨的白昼,台伯河里的怒浪正冲击着它的堤岸,凯撒对我说:"凯歇斯,你现在敢不敢跟我跳下这汹涌的波涛里,泅到对面去?"我一听见他的话,就穿着随身的衣服跳了下去,叫他跟着我;他也跳了下去。那时候滚滚的急流迎面而来,我们用壮健的臂力拼命抵抗,用顽强的心破浪前进;可是我们还没有达到预定的目标,凯撒就叫起来说:"救救我,凯歇斯,我要沉下去了!"正像我们伟大的祖先埃涅阿斯从特洛亚的烈焰之中把年老的安喀西斯肩负而出一样,我把力竭的凯撒负出了台伯河的怒浪。这个人现在变成了一尊天神,凯歇斯却是一个倒霉的家伙,要是凯撒偶然向他点一点头,也必须俯下他的身子。他在西班牙的时候,曾经害过一次热病,我看见那热病在他身上发作,他的浑身都颤抖起来;是的,这

人生来是自由的,人生来是平等的。法国大革命时期宣布的纲领性文件《人权宣言》的第一条:"在权利方面,人们生来是而且始终是自由平等的。"

261

位天神也会颤抖；他的怯懦的嘴唇失去了血色，那使全世界惊悚的眼睛也没有了光彩；我听见他的呻吟；是的，他那使罗马人耸耳而听、使他们把他的话记载在书册上的舌头，唉！却吐出了这样的呼声，"给我一些水喝，凯歇斯"，就像一个害病的女儿一样。神啊，像这样一个心神软弱的人，却会征服这个伟大的世界，独占着胜利的光荣，真是我再也想不到的事。（喇叭奏花腔。欢呼声）

勃鲁托斯 又是一阵大众的欢呼！我相信他们一定又把新的荣誉加在凯撒的身上，所以才有这些喝彩的声音。

凯歇斯 嘿，老兄，他像一个巨人似的跨越这狭隘的世界；我们这些渺小的凡人一个个在他粗大的两腿下行走，四处张望着，替自己寻找不光荣的坟墓。人们有时可以支配他们自己的命运；要是我们受制于人，亲爱的勃鲁托斯，那错处并不在我们的命运，而在我们自己。勃鲁托斯和凯撒；"凯撒"那个名字又有什么了不得？为什么人们只是提起它而不提起勃鲁托斯？把那两个名字写在一起，您的名字并不比他的难看，放在嘴上念起来，它也一样顺口；称起重量来，它们是一样的重；要是用它们呼神召鬼，"勃鲁托斯"也可以同样感动幽灵，正像"凯撒"一样。凭着一切天神的名字，我们这位凯撒究竟吃些什么美食，才会长得这样伟大？可耻的时代！罗马啊，你的高贵的血统已经中断了！自从洪水以后，什么时代你不曾产生比一个更多的著名人物？直到现在为止，什么时候人们谈起罗马，能够说，她的广大的城墙之内，只是一

凯撒也会生病，也会有怯懦的时候，他也是人而不是神。但正是这样一个"人"却创立了不亚于神灵所创立的功业，使得人的价值和能力得以完全展现，令人颇感匪夷所思。

尧舜禹三王的"大同时代"，令人向往。从夏代开始，实行"家天下"，则可谓专制统治的开端。

凯歇斯也看出了凯撒的野心，不甘心罗马民主制度就此而亡，劝诱勃鲁托斯勠力同心，共举大事。

个人的世界？<u>要是罗马给一个人独占了去，那么它真的变成无人之境了。</u>啊！你我都曾听见我们的父老说过，从前罗马有一个勃鲁托斯，不愿让他的国家被一个君主所统治，正像他不愿让它被永劫的恶魔统治一样。

勃鲁托斯 我一点不怀疑您对我的诚意；我也有点明白您打算鼓动我去干什么事；我对于这件事的意见，以及对于目前这一种局面所取的态度，以后可以告诉您知道，可是现在却不愿作进一步的表示或行动，请您也不必向我多说。您已经说过的话，我愿意仔细考虑；您还有些什么话要对我说的，我也愿意耐心静听，等有了适当的机会，我一定洗耳以待，畅聆您的高论，并且还要把我的意思向您提出。在那个时候到来以前，我的好友，请您记住这一句话：<u>勃鲁托斯宁愿做一个乡野的贱民，不愿在这种将要加到我们身上来的难堪的重压之下自命为罗马的儿子。</u>

凯歇斯 我很高兴我的微弱的言辞已经在勃鲁托斯的心中激起了这一点点火花。

"不自由，毋宁死。"意即如果失去自由，那么不如去死。源于美国人帕特里克·亨利 1775 年 3 月 23 日于殖民地弗吉尼亚议会演讲中的最后一句：Give me liberty or give me death.

第二幕 第一场 罗马。勃鲁托斯的花园

　　勃鲁托斯上。

勃鲁托斯 喂，路歇斯！喂！我不能凭着星辰的运行，猜测现在离天亮还有多少时间。路歇斯，喂！我希望我也睡得像他一样熟。喂，路歇斯，你什么时候才会醒来？醒醒吧！喂，路歇斯！

　　路歇斯上。

路歇斯　您叫我吗，主人？

勃鲁托斯　替我到书斋里拿一支蜡烛，路歇斯；把它点亮了到这儿来叫我。

路歇斯　是，主人。（下）

勃鲁托斯　只有叫他死这一个办法；<u>我自己对他并没有私怨，只是为了大众的利益。</u>他将要戴上王冠；那会不会改变他的性格是一个问题；蝮蛇是在光天化日之下出现的，所以步行的人必须刻刻提防。<u>让他戴上王冠？——不！那等于我们把一个毒刺给了他，使他可以随意加害于人。把不忍之心和威权分开，那威权就会被人误用</u>；讲到凯撒这个人，说一句公平话，我还不曾知道他什么时候曾经一味感情用事，不受理智的支配。可是微贱往往是初期野心的阶梯，凭借着它一步步爬上了高处；当他一旦登上了最高的一级之后，他便不再回顾那梯子，他的眼光仰望着云霄，瞧不起他从前所恃为凭借的低下的阶段。凯撒何尝不会这样？所以，为了怕他有这一天，必须早一点防备。<u>既然我们反对他的理由，不是因为他现在有什么可以指责的地方，所以就得这样说：照他现在的地位要是再扩大些权力，一定会引起这样那样的后患；我们应当把他当作一颗蛇蛋，与其让他孵出以后害人，不如趁他还在壳里的时候就把他杀死。</u>

恩格斯《在马克思墓前的讲话》："他可能有过许多敌人，但未必有一个私敌。"可以看出他们所做的都是为公众的事业，而非出于私人恩怨。

未雨绸缪，防患于未然。蛇蛋寓意潜在的危险，即可能到来的专制。孵出，指这种势头形成后就难以控制。

第三幕　第一场　罗马。圣殿前。
元老院在上层聚会

狄歇斯　麦泰勒斯·辛伯在哪儿？叫他立刻过来，

唤醒尘世间的上帝

264

向凯撒呈上他的请愿。

勃鲁托斯　在叫麦泰勒斯了；我们站近些帮他说话。

西那　凯斯卡，你第一个举起手来。

凯撒　我们都预备好了吗？现在还有什么不对的事情，凯撒和他的元老们必须纠正的？

麦泰勒斯　至高无上、威严无比的凯撒，麦泰勒斯·辛伯在您的座前掬献一颗卑微的心——（跪）

凯撒　我必须阻止你，辛伯。这种打躬作揖的玩意儿，也许可以煽动平常人的心，使那已经决定了的命令宣判变成儿戏的法律。可是你不要痴心，以为凯撒也有那样卑劣的血液，会因为这种可以使傻瓜们感动的甘言美语、弯腰屈膝和无耻的摇尾乞怜而融化了他的坚强的意志。按照判决，你的兄弟必须放逐出境；要是你奴颜婢膝地为他说情，我就要把你像狗一样踢开去。<u>告诉你，凯撒是不会错误的，他所决定的事，一定有充分的理由。</u>

麦泰勒斯　这儿难道没有一个比我自己更有价值的、在伟大的凯撒耳中更动听的声音，愿意为我放逐的兄弟恳求撤回成命吗？

勃鲁托斯　我吻你的手，可是这不是向你献媚，凯撒；请你立刻下令赦免坡勃律斯·辛伯。

凯撒　什么，勃鲁托斯！

凯歇斯　开恩吧，凯撒；凯撒，开恩吧。凯歇斯俯伏在您的足下，请您赦免坡勃律斯·辛伯。

凯撒　要是我也跟你们一样，我就会被你们所感动；要是我也能够用哀求打动别人的心，那么你们的哀求也会打动我的心；<u>可是我像北极星一样坚定，它的不可动摇的性质，在天宇中是无与伦比的。</u>

　　人孰无过？凯撒的自负、对臣像的无礼，正是他专制野心的昭示。

　　孟子谈及臣民与君主之关系时曾说："君以国士待我，我当以国士报之。君以路人待我，我以路人报之。"

　　杜甫《登楼》："北极朝廷终不改，西山寇盗莫相侵。"

　　《论语》："为政以德，譬如北辰，居其所而众星拱之。"意即王朝坚定，如同北极星的恒定。君王统治，大臣辅佐，如众星拱月。凯撒以此自喻，气概非凡，又显示出其自大、自负、刚愎自用的一面。

天上布满了无数的星辰，每一个星辰都是一个火球，都有它各自的光辉，可是在众星之中，只有一颗星卓立不动。在人世间也是这样；无数的人生活在这世间，他们都是有血肉有知觉的，可是我知道只有一个人能够确保他的不可侵犯的地位，任何力量都不能使他动摇。我就是他；让我在这件小小的事上向你们证明，我既然已经决定把辛伯放逐，就要贯彻我的意旨，毫不含糊地执行这一个成命，而且永远不让他再回到罗马来。

西那　啊，凯撒——

凯撒　去！你想把俄林波斯山一手举起吗？

狄歇斯　伟大的凯撒——

凯撒　勃鲁托斯不是白白地下跪吗？

凯斯卡　好，那么让我的手代替我说话！（率众刺凯撒）

凯撒　勃鲁托斯，你也在内吗？那么倒下吧，凯撒！（死）

> 被自己最为信任的人背叛，正是凯撒感到绝望的原因之一。

西那　自由！解放！暴君死了！去，到各处街道上宣布这样的消息。

凯歇斯　去几个人到公共讲坛上，高声呼喊："自由，解放！"

> 凯撒与中国古代的夏桀、商纣等暴君相比，不过是小巫见大巫而已。

勃鲁托斯　各位民众，各位元老，大家不要惊慌，不要跑走；站定；野心已经偿了它的债了。

凯斯卡　到讲坛上来，勃鲁托斯。

狄歇斯　凯歇斯也上去。

勃鲁托斯　坡勃律斯呢？

西那　在这儿，他给这场乱子吓呆了。

麦泰勒斯　大家站在一起不要跑开，也许凯撒的同

唤醒尘世间的上帝

266

党们——

勃鲁托斯 别讲这种话。坡勃律斯,放心吧;我们不会加害于你,也不会加害任何其他的罗马人;你这样告诉他们,坡勃律斯。

凯歇斯 离开我们,坡勃律斯;也许人民会向我们冲来,连累您老人家受了伤害。

勃鲁托斯 是的,你去吧;我们干了这种事,我们自己负责,不要连累别人。

　　特莱包涅斯上。

凯歇斯 安东尼呢?

特莱包涅斯 吓得逃回家里去了。男人、女人、孩子,大家睁大了眼睛,乱嚷乱叫,到处奔跑,像是末日到来了一般。

勃鲁托斯 命运,我们等候着你的旨意。<u>我们谁都免不了一死;与其在世上偷生苟活,拖延着日子,还不如轰轰烈烈地死去。</u>

凯斯卡 嘿,切断了二十年的生命,等于切断了二十年在忧生畏死中过去的时间。

勃鲁托斯 照这样说来,死还是一件好事。所以我们都是凯撒的朋友,帮助他结束了这一段忧生畏死的生命。弯下身去,罗马人,弯下身去;让我们把手浸在凯撒的血里,一直到我们的肘上;让我们用他的血抹我们的剑。然后我们就迈步前进,到市场上去;把我们鲜红的武器在我们头顶挥舞,大家高呼着:"和平,自由,解放!"

凯歇斯 好,大家弯下身去,洗你们的手吧。<u>多少年以后,我们这一场壮烈的戏剧,将要在尚未产生的国家用我们所不知道的语言上演!</u>

　　司马迁说:"人固有一死,死有重于泰山,或轻于鸿毛。"关键看自己做出怎样的抉择。

　　所谓"人生如戏,戏如人生"。《红楼梦》中说:"乱烘烘,你方唱罢我登场,反认他乡是故乡,甚荒唐!"当时看来多么宏大的事件也不过是观众的一场唏嘘而已。

267

勃鲁托斯　凯撒将要在戏剧中流多少次的血，他现在却长眠在庞贝的像座之下，他的尊严化成了泥土！

凯歇斯　后世的人们搬演今天这一幕的时候，将要称我们这一群为祖国的解放者。

狄歇斯　怎么！我们要不要就去？

凯歇斯　好，大家去吧。让勃鲁托斯领导我们，让我们用罗马最勇敢纯洁的心跟随在他的后面。

（选自《裘力斯·凯撒》）

唤醒尘世间的上帝

4. 没有一只凡人的血肉之手可以攫夺我的神圣的御杖

第三幕　第三场　威尔士。弗林特堡前

　　旗鼓前导，波林勃洛克率军队上；约克、诺森伯兰及余人等随上。

波林勃洛克　从这一个情报中，我们知道威尔士军队已经解散，萨立斯伯雷和国王相会去了；据说国王带了少数的心腹，最近已经在这儿的海岸登陆。

诺森伯兰　这是一个大好的消息，殿下；理查一定躲在离此不远的地方。

约克　诺森伯兰伯爵似乎应该说"理查王"才是；唉，想不到一位神圣的国王必须把他自己躲藏起来！

诺森伯兰　您误会我的意思了；只是因为说起来简便一些，我才略去了他的尊号。

约克　要是在以往的时候，你敢对他这样简略无礼，他准会简单干脆地把你的头取了下来的。

波林勃洛克　叔父，您不要过分猜疑。

约克　贤侄，你也不要过分肯定，不要忘了老天就在我们的头上。

从臣下对理查二世的称谓中可以看到，他已经众叛亲离，不被人看重了。

中国古代对此似乎更加严格，直呼君王姓名属大逆不道，而且其名字中任何相同或相似的一个字都应该在口头或者书面表达中避开。

波林勃洛克 我知道,叔父;我决不违抗上天的意旨。可是谁来啦?

　　亨利·潘西上。

波林勃洛克 欢迎,哈利!怎么,这一座城堡不愿投降吗?

亨利·潘西 殿下,一个最尊贵的人守卫着这座城堡,拒绝您的进入。

波林勃洛克 最尊贵的!啊,国王不在里边吗?

亨利·潘西 殿下,正是有一个国王在里边;理查王就在那边灰石的围墙之内,跟他在一起的是奥墨尔公爵、萨立斯伯雷伯爵、史蒂芬·斯克鲁普爵士,此外还有一个道貌岸然的教士,我不知道他是什么人。

诺森伯兰 啊!那多半是卡莱尔主教。

波林勃洛克 (向诺森伯兰伯爵)贵爵,请你到那座古堡的顽强的墙壁之前,用铜角把谈判的信号吹进它的残废的耳中,为我这样传言:亨利·波林勃洛克屈下他的双膝,敬吻理查王的御手,向他最尊贵的本人致献臣服的诚意和不二的忠心;就在他的足前,我准备放下我的武器,遣散我的军队,只要他能答应撤销我的放逐的判决,归还我的应得的土地。不然的话,我要利用我的军力的优势,让那从被屠杀的英国人的伤口中流下的血雨灌溉夏天的泥土;可是我的谦卑的忠顺将会证明用这种猩红的雨点浸染理查王的美好的青绿的田野,绝不是波林勃洛克的本意。去,这样对他说;我们就在这儿平坦的草原上整队前进。让我们进军的时候不要敲起惊人的鼓声,这样可以让他们从那城

唤醒尘世间的上帝

堡的摇摇欲倾的雉堞之上，看看我们雄壮的军容。我想理查王跟我上阵的时候，将要像水火的交攻一样骇人，那彼此接触时的雷鸣巨响，可以把天空震破。让他做火，我愿意做柔顺的水；雷霆之威是属于他的，我只向地上浇洒我的雨露。前进！注意理查王的脸色。

　　吹谈判信号，内吹喇叭相应。喇叭奏花腔。理查王、卡莱尔主教、奥墨尔、斯克鲁普及萨立斯伯雷登城。

亨利·潘西　瞧，瞧，理查王亲自出来了，正像那赧颜而含愠的太阳，因为看见嫉妒的浮云要来侵蚀他的荣耀，污毁他那到西天去的光明的道路，所以从东方的火门里探出脸来一般。

约克　可是他的神气多么像一个国王！瞧，他的眼睛，像鹰眼一般明亮，射放出慑人的威光。唉，唉！这样庄严的仪表是不应该被任何的损害所污毁的。

理查王　（向诺森伯兰）你的无礼使我惊愕；我已经站了这一会儿工夫，等候你惶恐地屈下你的膝来，因为我想我是你的合法的君王；假如我是你的君王，你怎么敢当着我的面，忘记你的君臣大礼？假如我不是你的君王，请给我看那解除我的君权的上帝的敕令；因为我知道，除了用偷窃和篡夺的手段以外，没有一只凡人的血肉之手可以攫夺我的神圣的御杖。虽然你们以为全国的人心正像你们一样，都已经离弃了我，我现在众叛亲离，孤立无助；可是告诉你吧，我的君侯，万能的上帝正在他的云霄之中为我召集降散瘟疫的天军；你们这些

中国古人多以"太阳"喻君王，以"浮云"喻奸邪之臣。如李白《登金陵凤凰台》："总为浮云能蔽日，长安不见使人愁。"《行路难》："闲来垂钓碧溪上，忽复乘舟梦日边。"

中国古代较早使用太阳自喻的君王是夏桀。但人民痛恨他的暴虐，发出"时日曷丧？予及汝偕亡"的咒语。

真可谓"百足之虫，死而不僵"。兵临城下即将下台的理查二世仍是器宇轩昂，振振有词。

中外古代君王为了迷惑群众，使得他们信服自己，多借助文化宣扬"君权神授"的谬论，认为除了上天谁也无法取消或者夺取自己的权力。其实这不过是自欺欺人的一套把戏而已。

271

向我举起卑劣的手,威胁我的庄严的宝冕的叛徒们,可怕的天谴将要波及在你们尚未诞生的儿孙的身上。告诉波林勃洛克——我想在那边的就是他——他在我的国土上践踏着的每一个步伐都是重大的叛逆的行为;他要来展开一场猩红的血战,可是当那被他所追求的王冠安然套上他的头顶以前,一万颗血污的头颅将要毁损了英格兰的如花美颜,使她那处女一般苍白的和平的面容变成赤热的愤怒,把忠实的英国人的血液浇洒她的牧场上的青草。

诺森伯兰　上帝决不容许任何暴力侵犯我们的君主!您的高贵的兄弟哈利·波林勃洛克谦卑地吻您的手;凭着您的伟大的祖父的光荣的陵墓,凭着你们两人系出同源的王族的血统,凭着他的先人刚特的勇武的英灵,凭着他自己的身价和荣誉,以及一切可发的约誓和可说的言语——他宣誓此来的目的,不过是希望归还他的先人的遗产,并且向您长跪请求立刻撤销他的放逐的处分;王上要是能够答应他这两项条件,他愿意收起他的辉煌的武器,让它们生起锈来,把他的战马放归厩舍,他的一片忠心,愿意永远为陛下尽瘁效劳。这是他凭着一个王子的身份所发的正直的誓言,我相信他绝对没有虚伪。

理查王　诺森伯兰,你去说,国王的答复是这样的:他竭诚欢迎他的高贵的兄弟回来;他的一切正当的要求,都可以毫无异议地接受下来。请你运用你的美妙的口才,替我向他殷勤致意。(诺森伯兰伯爵退下至波林勃洛克处。向奥墨尔公爵)贤弟,

不少人争夺君王之位,并非为天下百姓,而是将其视作自己的利益与产业。汉高祖刘邦起初被家人轻视,等称帝后曾得意地问他兄弟:我和你所成就的家业谁更大呢?

黄宗羲《原君》中批判君主:"视天下为莫大之产业,传之子孙,受享无穷。汉高帝所谓'某业所就,孰与仲多'者,其逐利之情不觉溢之于辞矣。"

唤醒尘世间的上帝

我这样卑颜甘语,不是太自贬身份了吗? 你说我
要不要叫诺森伯兰回来,对他宣告我向那叛贼挑
战的意思,让我们拼着一战而死?

奥墨尔　不,陛下,让我们暂时用温和的言语作战,
等我们有了可以用实力帮助我们的朋友以后,再
来洗雪今天的耻辱吧。

理查王　上帝啊! 上帝啊! 想不到我的舌头向那骄
傲的汉子宣布了严厉的放逐的判决,今天却要用
柔和的字句撤销我的前言。啊! 我希望我是一个
像我的悲哀一样庞大的巨人,或者是一个比我的
名号远为渺小的平民;但愿我能够忘记我的以往
的尊严,或者茫然于我的目前的处境。高傲的心
灵啊,你是充满了怒气吗? 我将让你放纵地跳跃,
因为敌人正在对你和我耀武扬威。

奥墨尔　诺森伯兰从波林勃洛克那里回来了。

理查王　国王现在应该怎么办? 他必须屈服吗? 国
王就屈服吧。他必须被人废黜吗? 国王就逆来顺
受吧。他必须失去国王的名义吗? 凭着上帝的名
义,让它去吧。我愿意把我的珍宝换一串祈祷的
念珠,把我的豪华的宫殿换一所隐居的茅庵,把我
的富丽的袍服换一件贫民的布衣,把我的雕刻的
酒杯换一只粗劣的木盏,把我的王节换一根游方
僧的手杖,把我的人民换一对圣徒的雕像,把我的
广大的王国换一座小小的坟墓,一座小小的小小
的坟墓,一座荒僻的坟墓;或者我愿意埋葬在国王
的大道之中,商旅来往频繁的所在,让人民的脚每
小时践踏在他们君王的头上,因为当我现在活着
的时候,他们尚且在蹂躏着我的心,那么我一旦埋

骨地下,为什么不可以践踏我的头呢?奥墨尔,你在流泪了,我的软心肠的兄弟!让我们用可憎的眼泪和叹息造成一场狂风暴雨,摧折那盛夏的谷物,使这叛变的国土之内到处饥荒。或者我们要不要玩弄我们的悲哀,把流泪作为我们的游戏?我们可以让我们的眼泪尽流在同一的地面之上,直到它们替我们冲成了一对墓穴,上面再刻着这样的文字:"这儿长眠着两个亲人,他们用泪眼掘成他们的坟墓。"这不也是苦中求乐吗?好,好,我知道我不过在说些无聊的废话,你们都在笑我了。最尊严的君侯,我的诺森伯兰大人,波林勃洛克王怎么说?他允许让理查活命,直到理查寿命告终的一天吗?你只要弯一弯腿,波林勃洛克就会点头答应的。

诺森伯兰　陛下,他在阶下恭候着您,请您下来吧。

理查王　下来,下来,我来了;就像驾驭日轮的腓通,因为他的马儿不受羁勒,从云端翻身坠落一般。在阶下?阶下,那正在堕落了的国王奉着叛徒的呼召,颠倒向他致敬的所在。在阶下?下来?下来吧,国王!因为冲天的云雀的歌鸣,已经被夜枭的叫声所代替了。(自上方下)

波林勃洛克　王上怎么说?

诺森伯兰　悲哀和忧伤使他言语痴迷,像一个疯子一般。可是他来了。

　　理查王及侍从等上。

波林勃洛克　大家站开些,向王上敬礼。(跪)我的仁慈的陛下——

理查王　贤弟,你这样未免有屈你的贵膝,使卑贱的

此处的"下来"一语双关,既指从台阶上走下来,也指从王位上被赶下来。而此时,他仍然是以驾驭太阳的神灵自喻。

中国古代神话中,是羲和驾驶六龙神车,载着太阳飞驰。李白《蜀道难》:"上有六龙回日之高标,下有冲波逆折之回川。"李贺《秦王饮酒》:"羲和敲日玻璃声,劫灰飞尽古今平。"

唤醒尘世间的上帝

274

泥土因为吻着它而自傲了；我宁愿我的心感到你的温情，我的眼睛却并不乐于看见你的敬礼。起来，兄弟，起来；虽然你低屈着你的膝，我知道你有一颗奋起的雄心，至少奋起到——这儿。（指头上王冠）

波林勃洛克　陛下，我不过是来要求我自己的权利。

理查王　你自己的一切是属于你的，我也是属于你的，一切全都是属于你的。

波林勃洛克　我的最尊严的陛下，但愿我的微诚能够辱邀眷注，一切都是出于陛下的恩赐。

理查王　你尽可以受之无愧；谁要是知道用最有力而最可靠的手段取得他所需要的事物，他就有充分享受它的权利。叔父，把你的手给我；不，揩干你的眼睛；眼泪虽然可以表示善意的同情，却不能挽回已成的事实。兄弟，我太年轻了，不配做你的父亲，虽然按照年龄，你很有资格做我的后嗣。你要什么我都愿意心悦诚服地送给你，因为我们必须顺从环境压力的支配。现在我们要向伦敦进发，贤弟，是不是？

波林勃洛克　正是，陛下。

理查王　那么我就不能说一个不字。（喇叭奏花腔。同下。）

（选自《理查二世》）

"周公恐惧流言日，王莽谦恭未篡时。"下跪的膝盖，掩饰不住他勃勃野心。

成者为王，败者为寇。识时务者为俊杰。理查二世十分清楚，自己的政权已经被篡夺，并认可了对方的权利。从此他被扣押，直至被关进伦敦塔而死。

中国汉代末年曹操"挟天子以令诸侯"，直到三国鼎立，最后归于魏国，其子曹丕登基称帝。

5. 就像一颗彗星一般,受到众人的惊愕

第三幕　第二场　伦敦。宫中一室

亨利王、亲王及众臣上。

亨利王　各位贤卿,请你们退下,亲王跟我要作一次私人的谈话;可是不要走远,因为我立刻就需要你们。(众臣下)我不知道这是不是上帝的意思,因为我干了些使他不快的事情,他才给我这种秘密的处分,使我用自己的血液培养我的痛苦的祸根;你的一生的行事,使我相信你是上天注定惩罚我的过失的灾殃。否则像这种放纵的下流的贪欲,这种卑鄙荒唐、恶劣不堪的行动,这种无聊的娱乐、粗俗的伴侣,怎么会跟你的伟大的血统结合起来,使你尊贵的心成为所有这一切的同侪呢?

亲王　请陛下恕我,我希望我能够用明白的辩解解脱我的一切过失,可是我相信我能够替自己洗涤许多人家所加在我身上的罪名。让我向您请求这一个恩典:一方面唾斥那些笑脸的佞人和那些无中生有的人所捏造的谣言,他们是惯爱在大人物的耳边搬弄是非的;一方面接受我的真诚的服罪,原宥我那些无可讳言的少年的错误。

父亲对儿子的教诲在古代称"庭训"。《论语·季氏》记载了孔子教育儿子孔鲤之事。

"(孔子)尝独立,鲤趋而过庭,曰:'学《诗》乎?'对曰:'未也。''不学诗,无以言。'鲤退而学《诗》。他日又独立,鲤趋而过庭,曰:'学礼乎?'对曰:'未也。''不学礼,无以立。'鲤退而学礼。"

陈亢听伯鱼说了此事后,退而喜曰:"问一得三,闻《诗》、闻礼,又闻君子之远其子也。"

亨利王　上帝宽恕你！可是我不懂，哈利，你的性情为什么和你的祖先们大不相同。你已经大意地失去了你在枢密院里的地位，那位置已经被你的兄弟取而代之了；整个宫廷和王族都把你视同路人；世人对你的希望和期待已经毁灭，每一个人的心里都在预测着你的倾覆。要是我也像你这样不知自爱，因为过度的招摇而引起人们的轻视；要是我也像你这样结交匪类，自贬身价；那帮助我得到这一顶王冠的舆论，一定至今拥戴着旧君，让我在默默无闻的放逐生涯中做一个庸庸碌碌毫无希望的人物。因为我在平时是深自隐藏的，所以<u>不动则已，一有举动，就像一颗彗星一般，受到众人的惊愕</u>；人们会指着我告诉他们的孩子："这就是他。"还有的人会说："在哪儿？哪一个是波林勃洛克？"然后我就利用一切的礼貌，装出一副非常谦恭的态度，当着他们正式的国王的面前，我从人们的心头取得了他们的臣服，从人们的嘴里博到了他们的欢呼。<u>我用这一种方法，使人们对我留下一个新鲜的印象；就像一件主教的道袍一般，我每一次露脸的时候，总是受尽人们的注目。这样我维持着自己的尊严，避免和众人作频繁的接触，只有在非常难得的机会，才一度显露我的华贵的仪态，使人们像置身于一席盛筵之中一般，感到衷心的满足。</u>至于那举止轻浮的国王，他总是终日嬉游，无所事事，陪伴他的都是一些浅薄的弄臣和卖弄才情的妄人，他们的机智是像枯木一般易燃易灭的；他把他的君主的尊严作为赌注，自侪于那些嬉戏跳跃的愚人之列，不惜让他的伟大的名字被他们

《易经·乾卦》曰："潜龙在渊。"意即君子待时而动，要善于保存自己，不可轻举妄动。

韬光养晦，深居简出。"不鸣则已，一鸣惊人。不飞则已，一飞冲天。"

正是通过这些手段，波林勃洛克夺取了理查二世的王位，成为亨利四世。当然，他即位后所面对的第一场叛乱也是他当年的朋友所发起的。

的嘲笑所亵渎,任何的戏谑都可以使他展颜大笑,每一种无聊的辱骂都可以加在他的头上;他常常在市街上游逛,使他自己为民众所狎习;人们的眼睛因为每天饱餍着他,就像吃了太多的蜂蜜一般,对任何的甜味都发生厌恶起来;世间的事情,往往失之毫厘,就会造成莫大的差异。所以当他有什么正式的大典接见臣民的时候,他就像六月里的杜鹃鸟一般,人家都对他抱着听而不闻的态度!他受到的只是一些漠然的眼光,不再像庄严的太阳一样为众目所瞻仰;人们因为厌倦于他的声音笑貌,不是当着他的面前闭目入睡,就是像看见敌人一般颦眉蹙额。哈利,你现在的情形正是这样;<u>因为你自甘下流,已经失去你的王子的身份,谁见了你都生厌,只有我却希望多看见你几面,我的眼睛不由我自己做主,现在已经因为满含着痴心的热泪而昏花了。</u>

亲王 我的最仁慈的父王,从此以后,我一定痛改前非。

亨利王 如今的你,就像当我从法国出发在雷文斯泊登岸那时候的理查一样;那时的我,正就是现在的潘西。凭着我的御杖和我的灵魂起誓,他才有充分的跃登王座的资格,你的继承大位的希望,却怕只是一个幻影;因为他以一个毫无凭借的匹夫,使我们的国土之内充满了铁骑的驰骤,凭着一往无前的锐气,和张牙舞爪的雄狮为敌,虽然他的年纪和你一样轻,年老的贵族们和高龄的主教们都服从他的领导,参加杀人流血的战争。他和素著威名的道格拉斯的鏖战,使他获得了多大的不朽的荣誉!那道格拉斯的英勇的战绩和善斗的名

君王应该有君王的身份、地位和尊严,而不能自甘堕落,要始终给臣民以神秘感、威严感,这样才能更好地维护自己的统治。亨利四世的这一番告诫,道出君王驭人之法门。

俗话说"点将不如激将",看来千言万语不如一个"激将法"来得有效。亨利四世用那些年轻有为的地方将领激励威尔士亲王(王子),效果非同一般。

唤醒尘世间的上帝

278

声,在所有基督教国家中是被认为举世无敌的。这霍茨波,襁褓中的战神,这乳臭的骑士,却三次击败这伟大的道格拉斯,一次把他捉住了又释放,和他结为朋友,为了进一步表示他的强悍无忌,并且摇撼我的王座的和平与安全。你有什么话说?潘西、诺森伯兰、约克大主教、道格拉斯、摩提默,都联合起来反抗我了。可是我为什么要把这种消息告诉你呢?哈利,你才是我的最亲近最危险的敌人,我何必告诉你我有些什么敌人呢?也许你因为出于卑劣的恐惧、下贱的习性和一时意志的动摇,会去向潘西卖身投靠,帮助他和我作战,追随在他的背后,当他发怒的时候,忙不迭地打躬作揖,表示你已经堕落到怎样的地步。

亲王　不要这样想;您将会发现事实并不如此。<u>上帝恕宥那些煽惑陛下的圣听、离间我们父子感情的人! 我要在潘西身上赎回我所失去的一切,在一个光荣的日子结束的时候,我要勇敢地告诉您我是您的儿子;那时候我将要穿着一件染满了血的战袍,我的脸上涂着一重殷红的脸谱,当我洗清我的血迹的时候,我的耻辱将要随着它一起洗去;</u>不论这一个日子是远是近,这光荣和名誉的宠儿,这英勇的霍茨波,这被众人所赞美的骑士,将要在这一天和您的被人看不起的哈利狭路相逢。但愿他的战盔上顶着无数的荣誉,但愿我的头上蒙着双倍的耻辱! 总有这么一天,我要使这北方的少年用他的英名来和我的屈辱交换。我的好陛下,潘西不过是在替我挣取光荣的名声;就要和他算一次账,让他把生平的荣誉全部缴出,即使世人对

古人云"兼听则明,偏信则暗""众口铄金,积毁销骨",别人的诋毁,完全可以毁掉一个人。不过,历史上的威尔士亲王在亨利四世病重、危急时的确曾经逼宫。

"君子之过也,如日月之食焉,过也,人皆见之;更也,人皆仰之。"人谁无过? 有过能改,善莫大焉。从此后威尔士亲王果然洗心革面,重塑形象,成就一代明君亨利五世。

他最轻微的钦佩也不例外,否则我就要直接从他的心头挖取下来。凭着上帝的名义,我立愿做到这一件事情;要是天赐我这样的机会,请陛下恕免我这一向放浪形骸的过失;否则生命的终结可以打破一切的约束,我宁愿死十万次,也绝不破坏这誓言中的最微细的一部分。

亨利王 你能够下这样的决心,十万个叛徒也将要因此而丧生。你将要独当一面,受我的充分的信任。

　　　　华特·勃伦特爵士上。

亨利王 啊,好勃伦特!你脸上充满了一股急迫的神色。

勃伦特 我现在要来说起的事情,也是同样的急迫。苏格兰的摩提默伯爵已经通知道格拉斯和英国的叛徒们本月十一日在索鲁斯伯雷会合,要是各方面都能够践约,这一支叛军的声势是非常雄壮而可怕的。

亨利王 威斯摩兰伯爵今天已经出发,我的儿子约翰·兰开斯特也跟着他同去了;因为我们在五天以前就得到这样的消息。哈利,下星期三应该轮到你出发;我自己将要在星期四御驾亲征;我们在勃力琪诺斯集合;哈利,你必须取道葛罗斯特郡进军,这样兼程行进,大概十二天以后,我们的大军便可以在勃力琪诺斯齐集了。我们现在还有许多事情要办;让我们去吧,因循迟延的结果,徒然替别人造成机会。(同下)

（选自《亨利四世》上）

亨利王对威尔士亲王疾言厉色的训斥,可要比孔圣人教育儿子孔鲤的庭训、颜之推教育后人的《颜氏家训》要迅猛有力得多。

陈亢所说的"君子之远其子",大意是君子不偏爱、溺爱自己的孩子。亨利四世对于自己的儿子亦然。

唤醒尘世间的上帝

6. 皇上就跟我一样，也是一个人罢了

第四幕　第一场　阿金库尔。英军阵地

培茨、考特、威廉斯上。

考特　约翰·培茨兄弟，瞧那边不是天亮了吗？

培茨　我想是天亮了吧；不过我们并没有什么了不起的理由，巴望白天快来到呀。

威廉斯　我们从那边看到一天的开始，可是我想，我们永远也看不到这一天的结束了。来者是谁？

亨利王　自己人。

威廉斯　在哪一位上尉的麾下？

亨利王　在托马斯·欧平汉爵士的麾下。

威廉斯　一位很好的老将军，还是一位最仁爱的老人家。我请问你，他对咱们的处境怎么个看法？

亨利王　就像一个人沉了船，落在沙滩上，只等第二次潮来把他卷去。

培茨　他没有把他自个儿的想法告诉国王吧？

亨利王　没有，而且也不应当去跟他说。因为我认为——虽则我这话是对你们说——皇上就跟我一样，也是一个人罢了。一朵紫罗兰花儿他闻起来，跟我闻起来还不是一样；他头上和我头上合顶着

君王离开高贵的宫廷，隐去身份下到普通市民中间或军队中视察，如同中国文化中所说的"微服私访"。这种追求自由、个性解放、关爱国事、人民的形象，也是文艺复兴时期的时代精神。

亨利五世对王权的认识是清醒而冷静的。他厌弃宫廷生活、权力禄位，要求享受一个常人的自由和幸福，体现他对于人性的关怀，对于人的价值的肯定，对于人的前途、命运的探寻。

一方天；他也不过用眼睛来看、耳朵来听啊。把一切荣衔丢开，还他一个赤裸裸的本相，那么他只是一个人罢了；虽说他的心思寄托在比我们高出一层的事物上，可是好比一头在云霄里飞翔的老鹰，他有时也不免降落下来，栖息在枝头和地面上。所以，当他有理由害怕的时候，他就像我们一样，感到了害怕；不用问，那心头的滋味也跟我们的感觉差不多。可是照理说，谁也不能叫他感到一丝恐惧，否则的话，他一流露出来，可能要瓦解军队的士气。

培茨 尽管他外表装得怎样勇敢，今夜又这样冷，可是我相信，他心里希望自己宁可浸在泰晤士河里，哪怕河水齐到了脖子；我也但愿他在那儿，而我呢，就在他身边——只要能离开此地，我们还有什么好计较的？

亨利王 不跟你们说瞎话——我愿意代替国王捧着良心说句话——我认为他不会希望不在眼前这个地方，跑到任何别的地方去。

培茨 那么我但愿他独个儿守在这块地方吧。这样，他当然免不了要献出一笔赎金来，许许多多可怜虫因此也就保全了生命啦。

亨利王 我敢说，你对他不至于一点儿敬爱都没有，竟希望就只他一个人守在这儿；你这么说，无非是试探别人的口气罢了。照我看，我无论死在什么地方，也没有像跟国王死在一块儿那样叫我称心了，因为他是师出有名的，他的战争是正义的。

威廉斯 这就不是我们所能了解的了。

培茨 啊，或者说，这就不是我们所该追究的了；因

孟子曰："春秋无义战。"但也认为救民于水火之中，安天下之民的战争为正义之战，如武王伐纣就是义战。

如同李维说："对那些需要战争的人来说，战争是正义的；对那些失去一切希望的人来说，战争是合理的。"可见需要战争的人可以随意扭曲正义。

欧洲谚语说："战争是死神的盛宴。"它会导致无数的人丧命。因此贺拉斯说："所有的母亲都憎恨战争。"

唤醒尘世间的上帝

为说到了解不了解，只要我们知道自己是国王的臣民，那就够了。即使他是站在理亏的一边，我们这些人是服从我们的国王，那么也就消除了我们的罪名。

威廉斯 可是，如果这不是师出有名，那么国王头上的这笔账可有得他算了。打一场仗，有多多少少的腿、多多少少的胳膊、多多少少的头要给砍下来；将来有一天，它们又结合在一起了，就会一齐高声呼号："我们死在这样一个地方！"有的在咒天骂地，有的在喊叫军医，有的在哭他抛下了苦命的妻，有的高嚷他欠了人家的债还没还，也有的一声声叫他甩手不管的孩子——我只怕死在战场上的人很少有死得像个样儿的！人家既然要流你的血，还能跟你讲什么慈悲？我说，如果这班人不得好死，那么把他们领到死路上去的国王就是罪孽深重了。苦的是小百姓，他们要是违抗了君命，那就是违反了做百姓的名分。

亨利王 照这样说来，假如有个儿子，父亲派他出洋去做生意，他结果却带着一身罪孽葬身在海里了，那么照你的一套看法，这份罪孽就应当归在把他派出去的父亲的头上。或者是，有一个奴仆，受了主人的嘱咐，运送一笔钱，却在半路上遭了打劫，还没来得及忏悔，就给强盗杀死了，你也许要把那个主人叫作害这个仆人堕入地狱的主使者。不过，这不是那么一回事。<u>国王手下的兵士他们一个个怎样结局、收场，国王用不到负责。做父亲的对于儿子，做主人的对于奴仆，也是这样；因为，他们派给他们任务的时候，并没有把死派给他们。</u>

中国古代的统治术也是如此，将"忠"与"孝"连接起来。以家庭为单位来看，父母是一家之主，子女要孝敬父母。以国家为单位来看，君王就是最高首脑，对他就要尽忠守节。

对百姓而言，君王无异于父亲，所以对君王自古有"君父"之称，对臣民则有"臣子""子民"之称。按照这种逻辑就产生了诸如"事君如事父""君叫臣死，臣不得不死"等不合情理的所谓"礼制"。

再说,国王出兵,就算他是完全理直气壮的,一旦到了在战场上见个高低,他也无从叫所有的兵士都免除了罪孽。很难说,有些兵士曾经蓄意谋杀过人——有些兵士拿虚伪的山盟海誓骗取了姑娘的贞操——有一些,曾经犯过抢劫的案子,破坏了安宁和秩序,正好拿战争做避难所。现在,这班人逃脱了法网,躲过了罪有应得的惩罚——虽然人们是给他瞒过了,他却插翅难逃过上帝的手心!战争是他的一张拘票,战争是他的报应;这班人过去触犯了王法,现在就在国王的战争中领受惩罚。他们为了怕死就投了军;他们以为这样就得救了,不料反而遭了殃。那么要是他不得好死,入了地狱,国王负什么责任? 正像他们从前犯下不敬上帝的罪不能由他负责一样。为着这罪恶,他们现在得了报应! 每个臣民都有为国效忠的本分,可是每个臣民的灵魂却是属于他自己掌管的。所以,每个在战场上的兵士,好比在床上的病人,就该把自己良心上的每个污点都洗雪了;像这样死去,死对于他就是好处;如果不死,为了做好这样的准备费去这些时间,也十分值得。凡是逃过这道生死关口的人,如果有下面这种想法,那也不算罪过:他已先向上帝作了毫无保留的贡献,上帝却让他在那样的一天活了下来,为的是要他看到上帝的伟大,将来好教给旁人该怎样替自己准备。

马基雅弗利在《君主论》中极力强调军事、战争的重要性:"君主除了战争、军事制度和训练之外,不应该有其他的目标、其他的思想,也不应该把其他事情作为自己的专业,因为这是进行统率的人应有的唯一的专业。"

唤醒尘世间的上帝

威廉斯 真是这样,凡是不得好死的人,那罪孽落在他自己的头上,国王不负这责任。

培茨 我并不要叫他为我负责,不过我还是决定为他拼命打一仗。

亨利王　我亲耳听到国王说,他决不愿向敌人献上赎金。

威廉斯　啊,他这么说,是为了好鼓舞士气;等咱们的脖子给人割断了,说不定他就赎出了自己,而我们却永远蒙在鼓里!

亨利王　要是我活着看见有这样一回事,那以后我永远也不能相信他的话了。

威廉斯　那时候你就要叫他知道你的厉害了! 区区小百姓居然对于国王不乐意,这岂不像孩子玩的气枪里射出来的纸弹那样危险啊! 你还不如拿起一根孔雀毛,想把太阳扇到它结冰吧。你"永远也不能相信他的话了"! 喂,这真是句傻话呀。

亨利王　你这话太欺人了。要不是今天不便,我决不跟你罢休。

威廉斯　要是你还活下去,咱们还可以对今天的这一场争吵作个交代。

亨利王　我赞成。

威廉斯　我以后又怎样把你认出来呢?

亨利王　不管你拿什么东西给我做挑战品,在那一天我就把它戴在帽子上;要是你还敢前来认账的话,我就会跟你干起来。

威廉斯　这儿是我的手套。你换一只手套给我。

亨利王　拿去。

威廉斯　这只手套我也要把它戴在帽子上。过了明天,要是你跑上前来对我说:"这是我的手套。"凭我这只手起誓,我就要给你一耳光。

亨利王　要是我活到这一天,我也决不会放过你。

威廉斯　那你简直连上绞刑架都不怕了。

亨利王和属下插科打诨、逗趣玩闹,此处的他似乎不再是君权神授、高高在上、不可一世的冷冰冰的偶像和君王,而是同寻常人一样,有着顽劣不羁的少年时代,有改过自新,也有常人的情感需要,更具有了人文气息。

亨利王 好吧,我一定办到,哪怕当着国王,我也要来找你算账。

威廉斯 你得言而有信。再会吧。

培茨 别闹翻吧,你们这班英国傻子,别闹翻吧!只要你们还懂得一些好歹,那就会明白,咱们眼前跟法国人吵架都来不及呢。

亨利王 真的,法国人可以用二十比一的法国"人头"来跟我们打赌,说他们一定能战胜我们;因为他们的赌注就长在他们的肩膀上;可是咱们英国人割法国人的人头却算不得罪过,到了明天,就是国王本人也要亲自动手呢。(兵士们下)要国王负责!那不妨把我们的生命、灵魂,把我们的债务、我们的操心的妻子、我们的孩子以及我们的罪恶,全都放在国王头上吧!他得一股脑儿担当下来。随着"伟大"而来的,是多么难堪的地位啊;听凭每个傻瓜来议论他——他们想到、感觉到的,只是个人的苦楚!做了国王,多少民间所享受的人生乐趣他就得放弃!而人君所享有的,有什么是平民百姓所享受不到的——只除了排场,只除了那众人前的排场?你又算是什么呢——你偶像似的排场?你比崇拜者忍受着更大的忧患,又是什么神明?你收到多少租金,又带来了多少进账?啊,排场,让我看一看你的价值是多少吧!你凭什么法宝叫人这样崇拜?除了地位、名衔、外表引起人们的敬畏与惶恐外——你还有些什么呢?你叫人惶恐,为什么反而不及那班诚惶诚恐的人来得快乐呢?你天天喝下肚去的,除了有毒的谄媚代替了纯洁的尊敬外,还有什么呢?啊,伟大的"伟大"

亨利五世此言道尽君王的痛苦。其实他们有山珍海味却体会不到其中的美味;他们妃嫔众多,却难有真正的爱情;他们行动并不自由,反而要受到臣子等人的束缚;他们日夜思虑,夜不能寐,提心吊胆,时刻害怕自己会被胁迫、软禁、刺杀、篡权……

历代君王多短命。骄奢淫逸者如此,殚精竭虑者又何尝不如此?

做君王未必享幸福。黄宗羲《原君》:"昔人愿世世无生帝王家,而毅宗之语公主,亦曰:'若何为生我家!'痛哉斯言!"

唤醒尘世间的上帝

呀,且等你病倒了,吩咐你那套排场来给你治病吧!你可认为那沸烫的发烧,会因为一大堆一味奉承的字眼而退去吗?凭着那打躬作揖,病痛就会霍然而愈吗?当你命令乞丐向你双膝跪下的时候,你能同时命令他把康健献给你吗?不,你妄自尊大的幻梦啊,你这样善于戏弄帝王的安眠。我这一个国王早已看破了你。我明白,无论帝王加冕的圣油、权杖和那金球,也无论那剑、那御杖、那皇冠、那金线织成和珍珠镶嵌的王袍、那加在帝号前头的长长一连串荣衔;无论他高踞的王位,或者是那煊赫尊荣,像声势浩大的浪潮泛滥了整个陆岸——不,不管这一切辉煌无比的排场,也不能让你睡在君王的床上,就像一个卑贱的奴隶那样睡得香甜。一个奴隶,塞饱了肚子,空着脑子,爬上床去——干了一天辛苦活儿,就再看不见那阴森森的、从地狱里产生的黑夜。他倒像是伺候太阳神的一个小厮,从日出到日落,只是在阳光里挥汗,到了晚上,就在乐园里睡个通宵;第二天天一亮,又一骨碌起身,赶着替太阳神把骏马套上了车;年年月月,他就干着这营生,直到进入了坟墓。像这样,一个奴隶,欠缺的就只是煊赫的排场,要不然,他日出而作,日入而息,远远地胜过了做一个皇帝。他浑浑噩噩、安安稳稳地过着太平日子,全没想到做人君的为了维护这太平世界,对着孤灯,操着怎样一片心;他宵旰勤劳,到头来却是那村夫最受用。

　　欧平汉上。

欧平汉　　皇上,大臣们看见你不来都发了急,他们跑

元代张养浩的散曲《山坡羊·潼关怀古》:"伤心秦汉经行处,宫阙万间都做了土。兴,百姓苦;亡,百姓苦。"元代张可久散曲《[黄钟]人月圆·山中书事》:"兴亡千古繁华梦,诗眼倦天涯。孔林乔木,吴宫蔓草,楚庙寒鸦。"

　　两曲关涉帝王功业、兴亡繁华,诗意庶几近之。

中国古代有《击壤歌》。当时天下大治,百姓无事,老父击壤于道,观者叹息道:"大哉帝德!"认为这是君王统治的伟大功绩。

　　老父回答:"日出而作,日入而息,凿井而饮,耕田而食,帝力于我何有哉!"

　　可见,百姓并不认为这种理想的自给自足、和平安静、顺应自然的生活方式,与帝王统治有多大关系。反而是帝王羡慕起他们来了。

第五单元　法制、君王与邦国

287

遍了营帐在找你哪。

亨利王 我的老爵士，把他们都召集到我的营帐里来。我可以比你先赶到。

欧平汉 遵命，陛下。（下）

亨利王 啊，战神！使我的战士们的心像钢铁样坚强，不要让他们感到一点儿害怕！假使对方的人数吓破了他们的胆，那就叫他们忘了怎样计数吧。别在今天——神啊，请别在今天——追究我父王在谋王篡位时所犯下的罪孽！我已经把理查的骸骨重新埋葬过，我为它洒下的忏悔之泪比当初它所迸流的鲜血还多。我长年供养着五百个苦老头儿，他们每天两次，举起枯萎的手来，向上天呼吁，祈求把这笔血债宽恕；我还造了两座礼拜堂，庄重又严肃的牧师经常在那儿为理查的灵魂高唱着圣歌。我还准备多做些功德！虽说，这一切并没多大价值，因为到头来，必须我自己忏悔，向上天请求宽恕。

　　葛罗斯特上。

葛罗斯特 陛下！

亨利王 我那葛罗斯特弟弟的声音吗？啊，我知道你来干什么；我就跟你走。白天，还有朋友们——全都在那儿等待我。（同上）

　　　　　　（选自《亨利五世》）

　　父债子还。有点类似佛教中的"因果报应"。所谓"善有善报，恶有恶报，不是不报，时辰未到"。

　　亨利五世能够做到忏悔这一切，且德才兼备，是合法的王位继承人，这正是莎士比亚心目中较为理想的君王。

唤醒尘世间的上帝

7. 我要照着这样的理想统治，足以媲美往古的黄金时代

第二幕 第一场 岛上的另一处

贡柴罗 当您为愁云笼罩的时候，大王，我们也都一样处于阴沉的天气中。

西巴斯辛 阴沉的天气？

安东尼奥 阴沉得很。

贡柴罗 如果这一个岛归我所有，大王——

安东尼奥 他一定要把它种满了荨麻。

西巴斯辛 或是酸模草，锦葵。

贡柴罗 而且我要是这岛上的王的话，请猜我将做些什么事？

西巴斯辛 使你自己不致喝醉，因为无酒可饮。

贡柴罗 在这共和国中我要实行一切与众不同的设施；我要禁止一切的贸易；没有地方官的设立；没有文学；富有、贫穷和雇佣都要废止；契约、承袭、疆界、区域、耕种、葡萄园都没有；金属、谷物、酒、油都没有用处；废除职业，所有的人都不做事；妇女也是这样，但她们是天真而纯洁的；没有君主——

财产共有，人民平等，私有制是万恶之源……令人不禁想起托马斯·莫尔的"乌托邦"、中国上古时期的"大同社会"。

大有老子学说遗风：小国寡民。鸡犬之声相闻，民至老死不相往来。

西巴斯辛 但是他说他是这岛上的王。

安东尼奥 他的共和国的后面的部分把开头的部分
忘了。

贡柴罗 <u>大自然中一切的产物都须不用血汗劳力而
获得；叛逆、重罪、剑、戟、刀、枪、炮以及一切武器
的使用，一律杜绝；但是大自然会自己产生出一切
丰饶的东西，养育我那些纯朴的人民。</u>

西巴斯辛 他的人民中间没有结婚这一件事吗？

安东尼奥 没有的，老兄；大家闲荡着，尽是些娼妓
和无赖。

贡柴罗 <u>我要照着这样的理想统治，足以媲美往古
的黄金时代。</u>

西巴斯辛 上帝保佑吾王！

安东尼奥 贡柴罗万岁！

贡柴罗 而且——您在不在听我，大王？

阿隆佐 算了，请你别再说下去了吧！你对我尽说
些没意思的话。

贡柴罗 我很相信陛下的话。我的本意原是要让这
两位贵人把我取笑取笑，他们的天性是这样敏感
而伶俐，常常会无缘无故发笑。

安东尼奥 我们笑的是你。

贡柴罗 在这种取笑讥讽的事情上，我在你们的眼中
简直不算什么名堂，那么你们只管笑个没名堂吧。

安东尼奥 好一句厉害的话！

西巴斯辛 可惜不中要害。

贡柴罗 你们是血气奋发的贵人们，假使月亮连续
五个星期不生变化，你们也会把她撵走。

（选自《暴风雨》）

唤醒尘世间的上帝

古希腊的神话中
有黄金、白银、青铜、黑
铁几个时代。在黄金
时代，宙斯的父亲克洛
诺斯统治着世界。人
类无忧无虑，没有疾
病，没有衰老，无须劳
作，没有纷争，与神仙
一样……